铁道行业高技能人才培训系列教材

电力机车司机

主编 冯新立 申英杰

西南交通大学出版社
·成 都·

图书在版编目（CIP）数据

电力机车司机/冯新立，申英杰主编. —成都：西南交通大学出版社，2014.7（2024.8 重印）

铁道行业高技能人才培训系列教材

ISBN 978-7-5643-3100-9

Ⅰ. ①电… Ⅱ. ①冯… ②申… Ⅲ. ①电力机车－驾驶员－技术培训－教材 Ⅳ. ①U268.48

中国版本图书馆 CIP 数据核字（2014）第 121409 号

铁道行业高技能人才培训系列教材
电力机车司机
Dianli Jiche Siji

主编　冯新立　申英杰

责 任 编 辑	李芳芳
助 理 编 辑	张少华
封 面 设 计	原谋书装
出 版 发 行	西南交通大学出版社
	（四川省成都市二环路北一段 111 号 西南交通大学创新大厦 21 楼）
发 行 部 电 话	028-87600564　028-87600533
邮 政 编 码	610031
网　　　　址	http://www.xnjdcbs.com
印　　　　刷	四川森林印务有限责任公司
成 品 尺 寸	185 mm×260 mm
印　　　张	16.75
字　　　数	401 千字
版　　　次	2014 年 7 月第 1 版
印　　　次	2024 年 8 月第 8 次
书　　　号	ISBN 978-7-5643-3100-9
定　　　价	38.00 元

图书如有印装质量问题　本社负责退换

版权所有　盗版必究　举报电话：028-87600562

高技能人才培训系列教材编审委员会

顾　问　　康宏玲

主　任　　孟毅军

副主任　　陈　光　　刘欣宇　　陈永疆
　　　　　王　伦　　郭晓华

委　员：（按姓氏笔划排序）
　　　　　冯新立　　申英杰　　刘彦龙
　　　　　买买提　　陈纯北　　张建军
　　　　　张　磊　　陆秀琴　　周　迪
　　　　　郭　嘉　　赵树海　　谢继成

序　言

　　近年来，按照党中央、国务院的统一部署和要求，我国高技能人才工作的政策措施逐步完善，工作机制逐步健全，发展环境逐步优化，高技能人才工作取得了新进展。

　　2006年，中共中央办公厅、国务院制定出台了《关于进一步加强高技能人才工作的意见》（中办发〔2006〕15号），对今后一个时期高技能人才工作做出了总体部署。2010年《国家中长期人才发展规划纲要（2010—2020年）》出台，将高技能人才队伍建设纳入国家人才队伍建设总体规划。为落实规划要求，中共中央组织部、人力资源和社会保障部共同制定了《高技能人才队伍建设中长期规划（2010—2020年）》，明确了到2020年我国高技能人才工作的主要任务和相关措施。2010年，《国务院关于加强职业培训促进就业的意见》（国发〔2010〕36号）出台，也对做好高技能人才工作提出了相应要求。2011年，人力资源和社会保障部、财政部制定了《关于印发国家高技能人才振兴计划实施方案的通知》（人社部发〔2011〕109号），提出实施技师培训、高技能人才培训基地建设、技能大师工作室建设三个工作项目。2012年，《国务院办公厅转发人力资源社会保障部、财政部、国资委关于加强企业技能人才队伍建设意见的通知》（国办发〔2012〕34号）。这些政策对今后一个时期高技能人才队伍建设的目标任务、重要举措以及体制机制创新提出了明确要求，为做好新时期高技能人才工作指明了方向。

　　目前，已基本形成以企业行业为主体、技工院校等职业院校为基础、学校教育与企业培养紧密联系、政府推动与社会支持相互结合的高技能人才培养体系。技工院校作为后备技能人才培养的重要阵地，承担着通过学制教育和社会培训等方式培养高技能人才的重要任务。

　　教材是劳动者终身教育和职业生涯发展的重要学习工具，教材开发是构建完备、系统的高技能人才培训体系的重要环节。技工院校在高技能人才培训工作中如何体现"以提高素质为基础，以职业能力为本位，以提高技能水平为核心"的教学指导思想，如何处理职业岗位需要与终身学习需要的关系，如何处理提高人才素质与加强职业岗位针对性的关系，这些都是职教工作者需要思考的问题。

　　正是在这样一个背景下，我校联合企业专家，结合新疆铁路事业蓬勃发展、大规模铁路建设全面展开、牵引动力装备电气化的实际，按照铁道行业特有职业（工种）国家职业标准，注重应用性、普适性和前瞻性，以够用、实用为原则，共同开发编写了这套教材。

　　没有高质量的教材，就没有高质量的教学。希望这套教材能为新疆铁路建设大发展服务，为高技能人才队伍建设服务。

2013年12月

前　言

根据新时期下我国高技能人才培训工作的政策和国家职业技能鉴定的有关规定，结合新疆铁路牵引动力水平快速提升、运输生产能力快速扩充的实际，以客观反映现阶段铁路特有职业（工种）对从业人员的职业技能要求为目标，我们组织编写了这套高技能人才培训系列教材。

本教材依据电力机车司机《国家职业标准》、《铁路职业技能鉴定参考丛书》和我国有关技术规章的要求，从铁路运输生产实际出发，在编写中做到与《铁路职业技能培训规范》相匹配。

本教材有以下特点：

（1）遵循以职业能力为导向，以胜任工作为重点的原则。

（2）在内容上，既尊重和体现我国的现行规定，满足当前铁路高技能人才考核鉴定和岗位达标的需要，又前瞻铁路新技术、新设备的发展趋势，并合理确定技能人才应具备的能力结构和知识结构，从而确定教材的难度和深度。

（3）在教材编写模式上采用项目教学，加强实践性教学内容，以满足企业对高技能人才的需求。

（4）教材学时参考电力机车司机《铁路职业技能培训规范》。

全书共分四个单元，由新疆铁道职业技术学院冯新立、乌鲁木齐铁路局哈密机务段申英杰任主编。冯新立编写第三单元，申英杰编写第二单元项目九、项目十，新疆铁道职业技术学院郭嘉编写第一单元项目一、项目二和第二单元项目四、项目五、项目七、项目八，新疆铁道职业技术学院买买提编写第二单元项目六，新疆铁道职业技术学院张建军编写第一单元项目三，新疆铁道职业技术学院郭晓华、周迪编写第四单元。全书每个任务后都附有知识检测题。

本教材在编写过程中得到了乌鲁木齐铁路局职业教育处、乌鲁木齐铁路局职工培训中心、乌鲁木齐机务段、哈密机务段有关领导和专家的大力帮助，在此表示感谢！

本教材可以作为铁路机务部门高技能人才培训的教材，也可作为铁路高职院校学生用书及教师参考用书。

由于编者水平有限，编写时间匆忙，书中疏漏之处在所难免，恳请专家及读者批评指正。

编　者
2013 年 12 月

目 录

第一单元 基础知识

项目一　机车运用及乘务员作业程序 ·· 3
　　任务一　机车运用基本概念学习 ·· 3
　　任务二　乘务员常规作业 ··· 5
项目二　行车安全装备 ·· 25
　　任务一　一体化机车信号应急故障处理 ··· 25
　　任务二　LKJ2000 型列车运行监控装置操作 ·· 28
项目三　安全生产 ··· 46
　　任务一　电力机车乘务员的安全生产知识学习 ·· 46
　　任务二　铁路交通事故发生后的救援与起复 ·· 51

第二单元 专业知识

项目四　机车概述 ··· 59
　　任务一　SS_4 改型机车整体介绍 ·· 59
　　任务二　HX_D1C 型机车整体介绍 ·· 62
项目五　机车的高低压试验 ·· 72
　　任务一　SS_4 改型电力机车的高、低压试验 ·· 72
　　任务二　HX_D1C 型电力机车的高、低压试验 ·· 80
项目六　机车制动机 ··· 91
　　任务一　SS_4 改电力机车"五步闸"试验 ··· 91
　　任务二　CCB-Ⅱ制动机"五步闸"试验 ·· 94

项目七　机车检查与保养 ································· 99
　　任务一　机车检查、给油及保养 ························· 99
　　任务二　机车主要部件的保养 ·························· 105
　　任务三　机车全面检查 ······························· 110

项目八　机车常见故障处理 ······························ 114
　　任务一　SS_4改型机车常见故障处理 ··················· 114
　　任务二　HX_D1C型电力机车故障处理 ················· 140

项目九　机车操纵规则 ································· 161
　　任务一　列车安全操纵 ······························· 161
　　任务二　旅客列车与货物列车操纵 ····················· 165

第三单元　行车规章与非正常行车

项目十　列车编组 ····································· 177
　　任务一　编组列车的要求与牵引定数的确定 ············· 177
　　任务二　列车中机车的编挂及单机挂车 ················· 179
　　任务三　列车中车辆的编挂 ··························· 183
　　任务四　列车中"关门车"的编挂 ····················· 186

项目十一　行车闭塞法 ································· 190
　　任务一　行车闭塞法基本知识学习 ····················· 190
　　任务二　自动闭塞法知识学习 ························· 193
　　任务三　半自动闭塞办理 ····························· 198
　　任务四　电话闭塞的办理 ····························· 200

项目十二　列车运行 ··································· 206
　　任务一　列车运行的基本要求 ························· 206
　　任务二　列车在区间被迫停车的处理与防护 ············· 211
　　任务三　列车的分部运行与退行 ······················· 215
　　任务四　救援列车与路用列车的开行 ··················· 218
　　任务五　列车在区间发生伤亡事故的处理 ··············· 221

项目十三　非正常行车办法 ····························· 223
　　任务一　非正常行车时的应急处理 ····················· 223

任务二　非正常情况下的监控操作 ………………………………………………… 229

第四单元　职业道德

项目十四　职业道德 …………………………………………………………………… 243
　任务一　对职业道德内涵与特征的分析 ……………………………………………… 243
　任务二　对铁路职业道德内涵和特点的分析 ………………………………………… 249
参考文献 ………………………………………………………………………………… 255

第一单元

基础知识

项目一　机车运用及乘务员作业程序

任务一　机车运用基本概念学习

【任务目标】

知识目标：掌握机车运用知识与管理知识。

能力目标：能够熟练运用机车运用的基本知识。

【任务内容】

一、机车运用知识

（一）机车交路和乘务制度

机车交路是机车自出段（折返段）担当牵引任务再回到机务段（折返段）的1个往复走行路程，是机车固定担当运输任务的周转区段。按用途不同，分为客运机车交路和货运机车交路；按区段长度不同，分为一般机车交路和长交路；按机车运转制不同，分为循环运转制、半循环运转制、肩回运转制和环形小运转制交路等。

机车乘务制度是机车乘务员使用机车的制度，主要分两种：一是包乘制，二是轮乘制。

（二）牵引定数

机车牵引定数，即机车在某一区段最困难区间运行时的最大牵引吨数，它一般受该区段的最大坡道的限制。机车牵引定数，应根据线路纵断面、机车类型、地区海拔高度、站场设备及运量等条件，进行周密计算和实地试验后确定。铁路局管内的由铁路局确定，并报国家铁路主管部门备案，跨铁路局的由国家铁路主管部门负责确定。

（三）机车周转图

机车周转图是根据列车运行图来制定的，是机务部门组织机车运输生产的依据。机车周转图分为：基本机车周转图、分号机车周转图、旬间记名式机车周转图、日计划机车周转图。

（四）机车运用指标

机车按运用工作种别主要分为：客运机车、行包专运机车、货运机车、路用机车、调车机车、小运转机车、补机等。

机车运用主要指标有：机车技术速度、机车日车公里、机车平均牵引总重、机车日产量。

二、机车管理知识

（一）机车配属

新造机车配属和局与局之间调拨机车配属及机车报废由国家铁路主管部门决定；铁路局管内各机务段之间的配属、调拨由铁路局决定，并报国家铁路主管部门核备。

（二）机车调拨

调拨机车一般应按运用状态交接。监控装置、机车信号、列车无线调度通信设备、列尾装置、轴温报警装置等行车安全装备和国家铁路主管部门技改部件不得拆卸。

（三）机车回送

铁路机车回送方式有：单机、专列、附挂、托运。铁路局所属内燃机车采用有动力附挂直通（直达）货物列车回送。铁路局所属电力机车在回送全程均为电气化区段时，应采用有动力附挂直通（直达）货物列车回送。回送全程不全是电气化区段时应采用无动力托运方式回送。

（四）机车备用

备用机车须符合《铁路技术管理规程》（简称《技规》）规定的出段牵引列车的条件。机车备用分长期备用和短期备用。长期备用指备用时间1个月以上的机车；短期备用指备用时间不少于12 h且不超过1个月的机车。备用机车的加入、解除由铁路局批准。

（五）机车调度

机车调度工作实行国家铁路主管部门、铁路局、机务段分级管理，各级机车调度实行逐级负责制，下级调度必须服从上级调度的指挥；机车乘务员及机务行车工作人员必须服从机车调度的指挥。

（六）登乘机车管理

机车司机对登乘机车人员，要认真查验登乘机车的有关证件，并要求其在司机手册或记录簿上签署单位、姓名、登乘区段。对无合法证件、证件有涂改现象、超越登乘区段等不符合规定者，要拒绝其登乘机车。机车乘务员对非法登乘机车的人员劝阻无效时，有权不开车，报请车站处理。登乘机车的人员数量，除特殊情况外一般不得超过2人。

【知识检测】

填空题

1. 机车交路是机车自_____担当_____任务再回到机务段（折返段）的1个往复走行路程。

2. 机车牵引定数是机车在_____区间运行时的最大牵引吨数，它一般受该区段的_____限制。

3. 机车周转图是根据_____来制定的，是机务部门组织机车运输生产的依据。机车周转图分为：_____周转图、_____周转图、_____周转图、_____周转图。

4. 机车运用主要指标有：_____、_____、_____、_____。

5. 备用机车须符合_____规定的出段牵引列车的条件。机车备用分_____备用和_____备用。

任务二　乘务员常规作业

【任务目标】

知识目标：掌握乘务员作业的程序。
能力目标：能够熟练按照乘务员作业程序完成乘务作业。

【任务内容】

一、出勤及段内作业

（一）出　勤

（1）出乘前必须充分休息或按规定待乘休息，严禁饮酒，保持良好的精神状态。

（2）按规定时间和着装，携带工作证、驾驶证到机车调度室，接受测酒仪器测试，领取司机手册、添乘指导簿、报单、列车时刻表等有关业务资料，将IC卡交机车调度员进行写卡。

（3）领取（抄写）运行揭示并核对，做到不错、不漏、全员清楚。遇重要施工要认真阅读《施工行车明示图》，掌握行车、监控装置操作方法和安全注意事项。根据担当列车种类、天气等情况制订运行安全注意事项，记录于司机手册。

（4）到机车调度员处报到，复诵运行揭示，认真听取指导，将司机手册交机车调度员审核签章，领回 IC 卡。

（二）段内作业

（1）机班了解机车停留股道及运用、检修情况，领取机车钥匙、工具备品等。

（2）司机按规定进行 IC 卡设定，确认运行揭示内容正确，检查、确认各安全装备及检验合格证齐全良好，及时开启各安全装备并确认其工作正常。

（3）按规定范围和顺序对机车进行检查、试验、给油，并进行机车预报、修理项目的复查。遇机车紧交路，出、退勤机班应实行对口交接，地（外）勤检车人员及出退勤乘务员实行分工检查、试验、给油，确认符合出段牵引列车要求。

二、出段与挂车

（一）出　　段

（1）机车整备完毕机班全员上车后，将机车移动至接近警冲标处停车，要道准备出段。

（2）按规定出段时间准时出段，出段时必须确认出段（调车）信号或股道号码信号、道岔开通信号、道岔标志显示正确，厉行呼唤应答，鸣笛（限鸣区除外）动车出段，严守规定速度及距离。

（3）设有前后司机室的机车，必须在运行方向的前端操纵机车。移动机车前，应注意人员及邻线机车、车辆的移动情况；由近及远，依次逐架确认调车信号（道岔）正确。

（4）机车到达站、段分界点停车，签认出段时分，了解挂车股道和经路，按信号显示出段。站段分界处未设值班人员时，司机应用列车无线调度通信设备与车站直接联系。经路不清，不得动车。

（二）挂车、待发作业

（1）进入挂车线路要严格控制速度，按规定确认呼唤防护信号、脱轨器和停留车位置，严格按十、五、三、……车距控制速度，距脱轨器、防护信号、车列前不少于 10 m 停车。

（2）确认脱轨器、防护信号撤除后，指挥学习司机（双班单司机由待值乘司机）从无车列移动线路侧下机车，学习司机调整好车钩钩位，显示连挂信号，司机根据连挂信号以不超过 5 km/h 的速度平稳连挂。

（3）连挂时，根据需要适量撒砂。连挂后要试拉。

（4）司机确认机车与第一辆车辆的车钩、制动软管连接和折角塞门状态，并再次检查机车走行部主要部件。

（5）向运转车长或车站值班员（助理值班员）了解编组情况、途中甩挂计划及其他有关事项。正确输入列车运行监控记录装置（简称监控装置）有关数据。

（6）列车管达到定压后，司机按规定及检车人员的要求进行列车制动机试验，试验完毕，电空制动控制器减压 100 kPa 及以上，使列车制动保压。

（7）掌握排风时间，确认列车管漏泄量 1 min 内不超过 20 kPa，发现制动机排风异常或列车管漏泄 1 min 内超过 20 kPa 时，通知检车人员及时检查处理。

（8）安装列尾装置的货物列车在列车充风或列车制动机试验时，检查机车与列尾装置主机是否已形成"一对一"的对应关系以及列尾装置作用是否良好，电空制动控制器充、排风时，应确认"列尾风压"是否与列车管风压表显示一致。列车制动机试验完毕后进行列尾装置排风试验。

（9）制动关门车辆数超过规定或列车制动机进行持续一定时间的保压试验时，应在试验完毕后，接受制动效能证明书。

司机接到制动效能证明书后，应校核每百吨列车重量换算闸瓦压力，不符合《技规》及本区段的规定时，应要求车站值班员（助理值班员）进行处理或由列车调度员发给限速运行命令。

（10）牵引由机车供电的旅客列车时，司机应在确认供电系统在断开位后将供电钥匙交给客列检作业人员或车辆乘务员并签认，待电气连接线连接，拿到供电钥匙并签认后，方可向列车供电。

（11）货运票据、列车编组单，须由机车乘务组携带时，应按规定办理交接，妥善保管，并根据"货运票据"上加盖的车种，正确设置列车"车速等级"。

三、发车与列车运行

（一）发　　车

（1）起动列车前，必须确认行车凭证、机车信号、发车信号显示正确及列车缓解，厉行呼唤应答，鸣笛起动列车，起动后进行后部瞭望。

（2）列车起动后，司机应再次确认机车制动机手柄在运转位，风、仪表显示正确，进行报点。做到起车稳、加速快、不空转、不过载；电力机车进级时，应使牵引电流或牵引力矩稳定上升。货物列车起动困难时，可适当压缩车钩，但不应超过总辆数的 2/3。压缩车钩后，在机车加载前，不得缓解机车制动。当列车不能起动或起动过程中空转不能及时消除时，应及时退级或将主手柄回零位。

（3）按规定地点及时、正确按压监控装置的"开车"键。

（二）列车运行

（1）与运转车长（车辆乘务员）校对风表压力。旅客列车在列车运行速度达 45 km/h 左右时，必须对列车制动机制动主管进行贯通试验。货物列车在第一停车站或关键站停车前必须严格控制速度，提前制动。挂有列尾装置且作用良好的列车，机车乘务员负责检查列车的完整性。在进站前、开车后，司机必须通过列尾装置确认列车管尾部风压。

对未设列尾装置的货物列车，在第一停车站应提前进行制动机作用试验。

（2）服从命令，听从指挥，遵守列车运行图规定的运行时刻和各项容许、限制速度以及监控装置速度控制模式设定的限制速度，不盲目赶点、等待和超速运行。旅客列车应严格按"机车停车位置标"一次稳、准停妥；货物列车应根据牵引辆数和站场设备，尽量做到一次停妥。

（3）彻底瞭望，确认信号，高声呼唤，手比眼看，按规定鸣笛，认真执行车机联控制度，严格按信号显示要求行车，严禁臆测行车，确保列车安全、正点。

（4）遇有信号显示不明或危及行车、人身安全时，应及时采取减速或停车措施。特快、重载及单班单司机值乘的列车以及有特殊规定的列车运行途中发生意外，在不危及本列安全的情况下可不停车，并及时用列车无线调度通信设备报告前方站车站值班员。

（5）停站列车，应减弱或熄灭头灯灯光，不得停止压缩机的工作。

（6）中间站停车应坚守岗位，严禁擅自离开机车。

四、中间站作业

（一）本务机车调车

（1）认真核对调车计划及调车作业示意图。作业前，应将监控装置转为调车作业状态（作业完毕及时退出）。使用无线灯显设备调车时，作业前应进行"试机"，根据信号显示和语音指示的要求进行作业。

（2）没有计划、计划不清，不准动车，变更计划必须停车传达，信号中断或不清，应立即停车。调车司机必须在运行方向的前端司机室操纵机车（推进调车时除外）。

（3）未看到调车指挥人的启动信号，不得缓解车列制动；推进运行前，必须进行试拉；严禁采用列车无线调度通信设备指挥调车作业。

（4）时刻注意确认信号，不间断地进行瞭望，认真执行要道、还道和呼唤应答制度，对调车信号、道岔标志必须由近及远，逐架依次呼唤确认。

（5）调车作业中应严守道岔、线路、信号显示规定的调车速度，天气不良时，应适当降低调车速度。

（二）中间站调班（继乘）作业

（1）继乘机班按规定时间到机调（派班室）出勤，领取并核对运行揭示，做好预想，听取机车调度员指示，审核运行揭示并签章。

（2）在本列车到达前 10 min 在交接地点等候接车。

（3）认真做好对口交接（运行揭示、调度命令及途中机车运行情况、行车安全装备合格证及货票等其他事项），按分工进行机车检查。

（4）接班司机应重点检查走行部状态；确认车钩、软管连接状态，防关措施，进行列车制动机试验，对监控装置进行设定，做好开车前的准备工作。

五、终点站及到达入库作业

（1）列车到达终点站，司机根据检车员要求试验列车制动机。
（2）机车不能及时入段时，将机车移动至脱轨器外方、信号机前或警冲标内方停车。
（3）机车到达站、段分界点处应一度停车，签认入段时分，了解段内走行经路。
（4）确认入段信号、股道号码信号、道岔开通信号及道岔标志显示正确后，厉行呼唤应答，鸣笛（限鸣区除外）动车入段，严守走行线路的速度规定。
（5）需转向的机车在上转盘前应一度停车，在转盘上应使机车保持全制动；电力机车断开主断路器，降下受电弓，牵引手柄置于"0"位。上、下转盘时，确认开通位置，严守"上三下三"的速度规定。转盘转动时，司机不得离座，不得换端及做其他工作。
（6）司机根据使用机型、乘务方式和段内技术作业时间，按规定进行机车检查、给油、清扫等工作。
（7）配合做好行车安全装备的测试检验工作并签字换取合格证。对途中行车安全装备不良的情况，应及时预报。
（8）检查机车时，发现故障处应及时处理或报修。
（9）认真填写运行日志记录簿，按规定做好防溜、防寒、防火工作，与外（地）勤值班人员办理交接。

六、退　勤

（1）退勤前认真做好总结，分析本次乘务工作情况。司机应复核司机报单填记是否正确，对本次列车的早、晚点情况进行分析并做出记录。
（2）向机车调度员汇报途中运行、安全正点、机车质量、行车安全装备使用、车机联控执行等情况。交出 IC 卡、列车时刻表、司机报单、行车安全装备合格证和车机联控信息卡。
（3）听取机车调度员对本次列车监控装置的检索、分析结果，对检索分析的问题及超劳、运缓等情况做出说明。交出司机手册和添乘指导簿，办理退勤手续。

七、确认呼唤（应答）基本要求

（1）一次乘务作业全过程必须认真执行，确认呼唤（应答）制度。
（2）确认呼唤（应答）必须执行"彻底瞭望、确认信号、手比眼看、准确呼唤"，并掌握"清晰短促、提示确认、全呼全比、手势正确"的作业要领。
（3）列车运行中必须对所有地面主体信号显示全部进行确认呼唤（应答），自动闭塞区段分区通过信号显示绿灯，值乘速度 120 km/h 及以上客运列车时，只手比不呼唤（带有三斜杠标志预告功能的分区通过信号机除外）。
（4）遇有显示须经侧向径路运行的信号时，在呼唤信号显示的同时，必须呼唤侧向限速值。

八、信号确认呼唤时机和手比姿势

（一）信号确认呼唤时机

应遵循"信号好了不早呼、信号未好提前呼"的原则，瞭望条件良好时，进站（进路）信号不少于 800 m；出站、通过、接近、预告信号不少于 600 m；信号表示器不少于 100 m。

（二）手比规范

（1）信号显示要求通过（显示绿灯、绿黄灯）时：右手伸出食指和中指并拢，拳心向左，指向确认对象。

（2）信号显示要求正向径路准备停车（显示黄灯）时：右手拢拳伸拇指直立，拳心向左。

（3）信号显示要求侧向径路运行（显示双黄灯、黄闪黄）时：右手拢拳伸拇指和小指，拳心向左。

（4）信号显示要求停车（显示红灯，包括固定和临时）时：右臂拢拳，举拳与眉齐，拳心向左，小臂上下摇动3次。

（5）注意警惕运行时：右臂拢拳，大小臂成 90°，举拳与眉齐，拳心向左。

（6）确认仪表显示时：右手伸出食指和中指并拢，拳心向左，指向相关确认设备。

（7）确认非集中操纵道岔、各类手信号、防护信号（脱轨器）时：右手伸出食指和中指并拢，拳心向左，指向确认的非集中操纵道岔、各类手信号、防护信号（脱轨器）。

（8）列车运行中，LKJ提示前方列车运行限制速度有变化时，司机必须在变速点前，对变化的速度值及时进行确认呼唤；确认呼唤时，右手伸出食指和中指并拢，拳心向左，指向LKJ显示部位。

（9）手比以注意警惕姿势开始和收回，手比动作稍作停顿。

九、机车乘务员单岗值乘确认呼唤标准用语

（一）出段至发车（见表1.1）

表 1.1　出段至发车的机车乘务员单岗值乘确认呼唤标准用语

序号	呼唤时机	呼唤项目	确认呼唤标准用语
1	电力机车升弓	升弓作业	升弓注意，升弓好了
2	整备完毕，人员就岗	出段准备作业	出段准备好了
3	出段前	还道信号及出段手信号显示（非集中操纵道岔）	××道，出段手信号好了
4		出段信号显示（含出段简易信号）	出段信号，白（绿）灯 出段信号，蓝（红）灯停车

续表 1.1

序号	呼唤时机	呼唤项目	确认呼唤标准用语
5	经过非集中操纵道岔前	道岔开通位置	道岔开通正确
6	经过其他要道还道地点前	还道信号及道岔开通手信号显示	一度停车 ××道，手信号好了
7	行至站段分界点	站段分界点（或一度停车牌）	一度停车
8	调车信号前	调车信号显示	调车信号，白灯 调车信号，蓝（红）灯停车
9	调车复示信号前	调车复示信号	复示信号，白灯 复示信号，注意
10	换端作业时	制动防溜	注意防溜
11	进入挂车线	脱轨器	脱轨器，撤除好了、（红灯、红牌）停车
12	连挂车时	连挂距离	十辆、五辆、三辆、停车
13		防护信号	防护信号，撤除好了 防护信号，注意
14	列车制动机试验时	列车制动机试验作业	制动、缓解 试风好了
15		行车安全装备设置作业	LKJ设置，设置好了 CIR(或通信装置)设置，设置好了 列尾装置设置，设置好了 机车信号确认，确认好了
16		出站（发车进路）信号显示一个绿灯	绿灯，出站（发车进路）好了
17		出站（发车进路）信号显示两个绿灯	双绿灯，××（线、站）方向出站好了
18		出站（发车进路）信号显示一个绿灯一个黄灯	绿黄灯，出站（发车进路）好了
19	发车前	出站（发车进路）信号显示一个黄灯	黄灯，出站（发车进路）好了
20		非正常行车确认行车凭证时	确认行车凭证，路票正确 确认行车凭证，绿色许可证正确 确认行车凭证，红色许可证正确 确认行车凭证，调度命令正确
21		进路表示器显示	进路表示器，××（线、站）方向好了 进路表示器，正、反方向好了
22		发车信号	一圈、两圈、三圈，发车信号好了 联控发车好了
23		发车表示器	发车表示器白灯
24	起动列车后	确认开车时刻	正点（或晚点××分)开车
25		监控装置对标点及道岔限速	对标好了，道岔限速××公里
26	出站后	操纵台各仪表、指示灯、机车微机工况屏显示	各仪表（网压）显示正常

11

（二）途中运行（见表1.2）

表1.2　途中运行的机车乘务员单岗值乘确认呼唤标准用语

序号	呼唤时机	呼唤项目	确认呼唤标准用语
1	贯通试验或试闸点	贯通试验或试闸作业	贯通试验，贯通试验好了 试闸，试闸好了
2	查询列尾时	列尾查询作业	列尾查询，尾部风压××千帕
3	接近慢行地段限速标	慢行标识及限速值	慢行限速××公里
4	慢行减速地点（始端）标	慢行减速地点（始端）标位置	慢行开始
5	慢行减速地点（终端）标	慢行减速地点（终端）标位置	严守速度
6	越过减速防护地段终端信号标	减速防护地段终端信号标位置	慢行结束
7	乘降所	乘降所	××乘降所停车
8	分相前	分相位置	过分相注意
9	禁止双弓标前	禁止双弓标	单弓好了
10	断电标前	断电标（T断标）	断电好了
11	越过合电标后	合电标	闭合好了
12	准备降弓标	准备降弓标	准备降弓
13	降弓标前	降弓标	降弓好了
14	越过升弓标后	升弓标	升弓好了
15	遮断信号	遮断信号显示	遮断信号，红灯停车、无显示
16	半自动闭塞区段进站（进路）信号机处 自动闭塞区段进站信号前一架通过信号机、进站（进路）信号机处	监控距离与地面信号机实际距离核对	确认车位，车位正确 确认车位，校正好了
17	进站、接车进路复示信号	复示信号显示	复示信号，直向、侧向 复示信号，注意信号
18	出站、发车进路复示信号	复示信号显示	复示信号，好了 复示信号，注意信号
19	通过手信号	通过手信号显示	通过手信号，好了（站内停车）
20	防护信号前	防护信号	防护信号，红灯（红旗）停车、火炬停车、撤除好了
21	预告信号前	预告信号显示	预告信号，好了、注意信号
22	CIR接收接车进路预告信息时	进路预告信息内容	××站(线路所)××道通过(停车)、机外停车
23	接收临时调度命令时	调度命令号及内容	确认调度命令，确认好了

续表 1.2

序号	呼唤时机	呼唤项目	确认呼唤标准用语
24	通信模式转换时	模式转换	通信转换注意，转换好了
25	机车信号转换时	机车信号转换	机车信号转换，转换好了
26	接近信号前	接近信号显示	绿灯 绿黄灯 黄灯减速
27	进站（接车进路）信号前	进站（进路）信号机显示一个绿灯	绿灯，正线通过
28		进站（进路）信号机显示一个绿灯一个黄灯	绿黄灯，正线通过，注意运行
29		进站（进路）信号机显示一个黄灯	黄灯，正线停车
30		进站（进路）信号机显示两个黄灯	双黄灯，侧线，限速××公里
31		进站（进路）信号机显示黄闪黄	黄闪黄，侧线，限速××公里
32		进站（进路）信号机显示红灯	红灯，机外停车
33		非正常行车确认行车凭证时	一红一白，引导信号好了 黄旗、黄灯，引导手信号好了 绿旗、绿灯，特定引导手信号好了 机外停车
34	出站（发车进路）信号前	出站（发车进路）信号显示一个绿灯	绿灯，出站（发车进路）好了
35		出站（发车进路）信号显示两个绿灯	双绿灯，××（线、站）方向出站好了
36		出站（发车进路）信号显示一个绿灯一个黄灯	绿黄灯，出站（发车进路）好了
37		出站（发车进路）信号显示一个黄灯	黄灯，出站（发车进路）好了
38		出站（发车进路）信号显示一个红灯	红灯，站内停车
39	出站（发车进路）信号前	非正常行车确认行车凭证时	确认行车凭证，路票正确 确认行车凭证，绿色许可证正确 确认行车凭证，红色许可证正确 确认行车凭证，调度命令正确
40	进路表示器前	进路表示器显示	进路表示器，××（线、站）方向好了 进路表示器，正、反方向好了
41	确认仪表时	操纵台各仪表、指示灯、机车微机工况屏显示	各仪表（网压）显示正常

续表 1.2

序号	呼唤时机	呼唤项目	确认呼唤标准用语
42	自动闭塞区段闭塞分区通过信号前	闭塞分区通过信号显示	绿灯 绿黄灯 黄灯减速 红灯停车
43	线路所通过信号机前	线路所通过信号显示	通过信号, 绿灯,(××方向好了) 绿黄灯,(××方向好了) 黄灯减速,(××方向好了) 侧线限速××公里、××方向好了 机外停车
44		非正常行车确认行车凭证时	确认行车凭证,凭证正确
45	列车运行限制速度变速点前(由高速变低速)	变速点低速值	前方限速××公里,注意控速
46	输入侧线股道号	侧线股道号	××道输入好了
47	输入支线号	支线号	支线号输入好了
48	接近限制鸣笛标前	限制鸣笛标	进入限鸣区段
49	接近防洪地点标前	防洪地点标	防洪地点,注意运行
50	接近道口前	道口位置	道口注意
51	列车客运停点、终到	报点	正点(晚点或早点××分)到达(通过、开车)

（三）到达至入段（见表 1.3）

表 1.3　到达至入段的机车乘务员单岗值乘确认呼唤标准用语

序号	呼唤时机	呼唤项目	确认呼唤标准用语
1	列车终到后	行车安全装备设置	LKJ设置,设置好了 CIR(或通信装置)设置,设置好了 列尾装置设置,设置好了
2	调车转线作业	调车信号显示	调车信号,白灯 调车信号,蓝(红)灯停车
3	调车复示信号前	调车复示信号	复示信号,白灯 复示信号,注意
4	行至站段分界点	站段分界点(或一度停车牌)	一度停车
5	入段前	还道信号及入段手信号显示(非集中操纵道岔)	××道,入段手信号好了
6		入段信号显示(含简易信号显示)	入段信号,白(绿)灯 入段信号,蓝(红)灯停车

续表 1.3

序号	呼唤时机	呼唤项目	确认呼唤标准用语
7	经过非集中操纵道岔前	道岔位置	道岔开通正确
8	经过其他要道还道地点前	还道信号及道岔开通手信号	一度停车 ××道，手信号好了
9	换端作业时	制动防溜	注意防溜
10	进入段内尽头线或有车线	确认停车距离	十辆、五辆、三辆、停车
11	整备线防护信号前	防护信号显示	防护信号，撤除好了 防护信号，（红灯、蓝灯、红旗、红牌）停车

十、机车乘务员双岗值乘确认呼唤（应答）标准用语

（一）出段至发车（见表 1.4）

表 1.4 出段至发车的机车乘务员双岗值乘确认呼唤（应答）标准用语

序号	呼唤时机	呼唤		应答		复诵	
		呼唤者	标准用语	应答者	标准用语	复诵者	标准用语
1	电力机车升弓	操纵司机	升弓	学习司机非操纵司机	升弓注意	操纵司机	升弓好了
2	整备完毕，人员就岗	学习司机非操纵司机	出段准备	操纵司机	准备好了		
3	出段前	学习司机非操纵司机	还道信号出段信号（非集中操纵道岔呼唤内容）	操纵司机	××道出段手信号好了	学习司机非操纵司机	××道出段手信号好了
4		学习司机非操纵司机	出段信号	操纵司机	白（绿）灯蓝（红）灯停车	学习司机非操纵司机	白（绿）灯蓝（红）灯停车
5	经过非集中操纵道岔前	学习司机非操纵司机	道岔注意	操纵司机	道岔开通正确	学习司机非操纵司机	道岔开通正确
6	经过其他要道还道地点前	学习司机非操纵司机	一度停车还道信号道岔开通信号	操纵司机	一度停车××道手信号好了	学习司机非操纵司机	××道手信号好了
7	行至站段分界点（或一度停车牌）	学习司机非操纵司机	一度停车	操纵司机	一度停车		
8	调车信号前	学习司机非操纵司机	调车信号	操纵司机	白灯、蓝（红）灯停车	学习司机非操纵司机	白灯、蓝（红）灯停车

续表 1.4

序号	呼唤时机	呼唤		应答		复诵	
		呼唤者	标准用语	应答者	标准用语	复诵者	标准用语
9	调车复示信号前	学习司机非操纵司机	复示信号	操纵司机	白灯注意信号	学习司机非操纵司机	白灯注意信号
10	换端作业时	学习司机非操纵司机	注意防溜	操纵司机	注意防溜		
11	进入挂车线	学习司机非操纵司机	脱轨器注意	操纵司机	撤除好了（红灯、红牌）停车	学习司机非操纵司机	撤除好了（红灯、红牌）停车
12	连挂车时	学习司机非操纵司机	十辆、五辆、三辆、停车	操纵司机	十辆、五辆、三辆、停车		
13		学习司机非操纵司机	防护信号	操纵司机	撤除好了注意信号	学习司机非操纵司机	好了注意
14	列车制动机试验时	学习司机非操纵司机	制动、缓解试风好了	操纵司机	制动、缓解试风好了		
15	发车前	学习司机非操纵司机	确认行车安全装备	操纵司机	LKJ设置好了CIR(或通信装置)设置好了列尾装置设置好了机车信号确认好了	学习司机非操纵司机	LKJ设置好了CIR(或通信装置)设置好了列尾装置设置好了机车信号确认好了
16		学习司机非操纵司机	出站（发车进路）信号	操纵司机	绿灯，出站（发车进路）好了双绿灯，××（线、站）方向出站好了绿黄灯，出站（发车进路）好了。黄灯，出站（发车进路）好了	学习司机非操纵司机	绿灯，出站（发车进路）好了双绿灯，××（线、站）方向出站好了绿黄灯，出站（发车进路）好了。黄灯，出站（发车进路）好了
17		学习司机非操纵司机	确认路票确认绿色许可证确认红色许可证确认调度命令	操纵司机	路票正确绿色许可证正确红色许可证正确调度命令正确	学习司机非操纵司机	路票正确绿色许可证正确红色许可证正确调度命令正确
18		学习司机非操纵司机	进路表示器	操纵司机	××（线、站）方向好了正、反方向好了	学习司机非操纵司机	××（线、站）方向好了正、反方向好了

续表 1.4

序号	呼唤时机	呼唤		应答		复诵	
		呼唤者	标准用语	应答者	标准用语	复诵者	标准用语
19		学习司机非操纵司机	发车信号	操纵司机	一圈、两圈、三圈，发车信号好了 联控发车好了	学习司机非操纵司机	一圈、两圈、三圈，发车信号好了 联控发车好了
20		学习司机非操纵司机	发车表示器	操纵司机	发车表示器白灯	学习司机非操纵司机	发车表示器白灯
21	起动列车后	学习司机非操纵司机	确认开车时刻	操纵司机	正点（或晚点××分）开车	学习司机非操纵司机	好了
22	起动列车后	学习司机非操纵司机	注意对标	操纵司机	对标好了 道岔限速××公里	学习司机非操纵司机	好了 道岔限速××公里
23		学习司机非操纵司机	后部注意	操纵司机	后部好了	学习司机非操纵司机	后部好了
24	出站后	学习司机非操纵司机	仪表注意	操纵司机	各仪表（网压）显示正常		

（二）途中运行（见表1.5）

表1.5 途中运行的机车乘务员双岗值乘确认呼唤（应答）标准用语

序号	呼唤时机	呼唤		应答		复诵	
		呼唤者	标准用语	应答者	标准用语	复诵者	标准用语
1	机械间巡视及巡视后	学习司机非操纵司机	机械间检查各部正常	操纵司机	注意安全好了	学习司机非操纵司机	加强瞭望
2	贯通试验或试闸点	学习司机非操纵司机	贯通试验或试闸	操纵司机	贯通试验或试闸好了	学习司机非操纵司机	好了
3	查询列尾时	学习司机非操纵司机	列尾查询	操纵司机	尾部风压××千帕	学习司机非操纵司机	好了
4	接近慢行地段限速标	学习司机非操纵司机	慢行注意	操纵司机	限速××公里	学习司机非操纵司机	限速××公里
5	慢行减速地点（始端）标	学习司机非操纵司机	慢行开始	操纵司机	慢行开始		

续表 1.5

序号	呼唤时机	呼唤		应答		复诵	
		呼唤者	标准用语	应答者	标准用语	复诵者	标准用语
6	慢行减速地点（终端）标	学习司机非操纵司机	严守速度	操纵司机	严守速度		
7	越过减速防护地段终端信号标	学习司机非操纵司机	慢行结束	操纵司机	慢行结束		
8	乘降所	学习司机非操纵司机	xx乘降所	操纵司机	停车	学习司机非操纵司机	停车
9	接近分相前	学习司机非操纵司机	过分相注意	操纵司机	注意	学习司机非操纵司机	注意
10	禁止双弓标前	学习司机非操纵司机	禁止双弓	操纵司机	单弓好了	学习司机非操纵司机	好了
11	断电标（T断标）前	学习司机非操纵司机	断电	操纵司机	断电好了	学习司机非操纵司机	好了
12	越过合电标后	学习司机非操纵司机	闭合	操纵司机	闭合好了	学习司机非操纵司机	好了
13	准备降弓标前	学习司机非操纵司机	准备降弓	操纵司机	准备降弓		
14	降弓标前	学习司机非操纵司机	降弓	操纵司机	降弓好了	学习司机非操纵司机	好了
15	越过升弓标后	学习司机非操纵司机	升弓	操纵司机	升弓好了	学习司机非操纵司机	好了
16	遮断信号前	学习司机非操纵司机	遮断信号	操纵司机	红灯停车，无显示	学习司机非操纵司机	红灯停车，无显示
17	半自动闭塞区段进站（进路）信号机处；自动闭塞区段进站信号前一架通过信号机、进站（进路）信号机处	学习司机非操纵司机	确认车位	操纵司机	车位正确校正好了	学习司机非操纵司机	车位正确好了

续表 1.5

序号	呼唤时机	呼唤		应答		复诵	
		呼唤者	标准用语	应答者	标准用语	复诵者	标准用语
18	进站、接车进路复示信号前	学习司机非操纵司机	复示信号	操纵司机	直向、侧向或注意信号	学习司机非操纵司机	直向、侧向或注意信号
19	出站、发车进路复示信号前	学习司机非操纵司机	复示信号	操纵司机	复示好了、注意信号	学习司机非操纵司机	复示好了、注意信号
20	通过手信号	学习司机非操纵司机	通过手信号	操纵司机	手信号好了站内停车	学习司机非操纵司机	手信号好了站内停车
21	防护信号前	学习司机非操纵司机	防护信号	操纵司机	红灯（红旗）停车 火炬停车 撤除好了	学习司机非操纵司机	红灯（红旗）停车 火炬停车 撤除好了
22	预告信号前	学习司机非操纵司机	预告信号	操纵司机	预告好了注意信号	学习司机非操纵司机	预告好了注意信号
23	CIR接收接车进路预告信息时	学习司机非操纵司机	确认进路预告信息	操纵司机	××站(线路所)××道通过(停车)、机外停车	学习司机非操纵司机	××站(线路所)××道通过(停车)、机外停车
24	接收临时调度命令时	学习司机非操纵司机	确认调度命令	操纵司机	调度命令确认好了	学习司机非操纵司机	调度命令确认好了
25	通信模式转换时	学习司机非操纵司机	通信转换注意	操纵司机	转换好了	学习司机非操纵司机	好了
26	转换机车信号时	学习司机非操纵司机	机车信号转换注意	操纵司机	转换好了	学习司机非操纵司机	好了
27	接近信号前	学习司机非操纵司机	接近信号	操纵司机	绿灯 绿黄灯 黄灯减速	学习司机非操纵司机	绿灯 绿黄灯 黄灯减速
28	进站(接车进路)信号前	学习司机非操纵司机	进站(进路)信号	操纵司机	绿灯，正线通过 绿黄灯，正线通过，注意运行 黄灯，正线 双黄灯，侧线，限速××公里 黄闪黄，侧线，限速××公里 红灯，机外停车	学习司机非操纵司机	绿灯，正线通过 绿黄灯，正线通过，注意运行 黄灯，正线 双黄灯，侧线，限速××公里 黄闪黄，侧线，限速××公里 红灯，机外停车

续表 1.5

序号	呼唤时机	呼唤		应答		复诵	
		呼唤者	标准用语	应答者	标准用语	复诵者	标准用语
29		学习司机非操纵司机	引导信号 引导手信号 特定引导手信号 机外停车	操纵司机	一红一白,引号信号好了 黄旗、黄灯,引导手信号好了 绿旗、绿灯,特定引导手信号好了 机外停车	学习司机非操纵司机	一红一白,引号信号好了 黄旗、黄灯,引导手信号好了 绿旗、绿灯,特定引导手信号好了 机外停车
30	出站(发车进路)信号前	学习司机非操纵司机	出站(发车进路)信号	操纵司机	绿灯,出站(发车进路)好了 双绿灯,××(线、站)方向出站好了 绿黄灯,出站(发车进路)好了。 黄灯,出站(发车进路)好了 红灯,停车	学习司机非操纵司机	绿灯,出站(发车进路)好了 双绿灯,××(线、站)方向出站好了 绿黄灯,出站(发车进路)好了。 黄灯,出站(发车进路)好了 红灯,停车
		学习司机非操纵司机	确认路票 确认绿色许可证 确认红色许可证 确认调度命令	操纵司机	路票正确 绿色许可证正确 红色许可证正确 调度命令正确	学习司机非操纵司机	路票正确 绿色许可证正确 红色许可证正确 调度命令正确
31	进路表示器前	学习司机非操纵司机	进路表示器	操纵司机	××(线、站)方向好了 正、反方向好了	学习司机非操纵司机	××(线、站)方向好了 正、反方向好了
32	确认仪表时	学习司机非操纵司机	仪表注意	操纵司机	各仪表(网压)显示正常		
33	自动闭塞区段闭塞分区通过信号前	学习司机非操纵司机	通过信号	操纵司机	绿灯 绿黄灯 黄灯减速 红灯停车	学习司机非操纵司机	绿灯 绿黄灯 黄灯减速 红灯停车
34	线路所通过信号机前	学习司机非操纵司机	通过信号 确认行车凭证	操纵司机	绿灯,(××方向好了) 绿黄灯,(××方向好了) 黄灯减速,(××方向好了) 侧线限速××公里、××方向好了 机外停车线路所凭证正确	学习司机非操纵司机	绿灯,(××方向好了) 绿黄灯,(××方向好了) 黄灯减速,(××方向好了) 侧线限速××公里、××方向好了 机外停车线路所凭证正确

续表 1.5

序号	呼唤时机	呼唤		应答		复诵	
		呼唤者	标准用语	应答者	标准用语	复诵者	标准用语
35	列车运行限制速度变速点前（由高速变低速）	操纵司机	前方限速××公里	学习司机非操纵司机	注意控速	操纵司机	注意控速
36	交会列车时	学习司机非操纵司机	会车注意	操纵司机	注意		
37	输入侧线股道号	学习司机非操纵司机	输入侧线股道号	操纵司机	××道输入好了		
38	输入支线号	学习司机非操纵司机	输入支线号	操纵司机	支线号输入好了		
39	接近限制鸣笛标前	学习司机非操纵司机	进入限鸣区段	操纵司机	限制鸣笛	学习司机非操纵司机	限制鸣笛
40	接近防洪地点标	学习司机非操纵司机	进入防洪地点	操纵司机	注意运行	学习司机非操纵司机	注意运行
41	接近道口前	学习司机非操纵司机	道口注意	操纵司机	注意		
42	途中换班时	接班司机	换班注意	交班司机	加强瞭望；（前方限速）；注意安全	接班司机	明白

（三）到达至入段（见表 1.6）

表 1.6　到达至入段的机车乘务员双岗值乘确认呼唤（应答）标准用语

序号	呼唤时机	呼唤		应答		复诵	
		呼唤者	标准用语	应答者	标准用语	复诵者	标准用语
1	列车终到后	学习司机非操纵司机	确认行车安全装备	操纵司机	LKJ设置好了 CIR(或通信装置)设置好了 列尾装置设置好了	学习司机非操纵司机	LKJ设置好了 CIR(或通信装置)设置好了 列尾装置设置好了
2	调车转线作业	学习司机非操纵司机	调车信号	操纵司机	白灯、蓝（红）灯停车	学习司机非操纵司机	白灯、蓝（红）灯停车

续表 1.6

序号	呼唤时机	呼唤		应答		复诵	
		呼唤者	标准用语	应答者	标准用语	复诵者	标准用语
3	调车复示信号前	学习司机非操纵司机	复示信号	操纵司机	白灯注意信号	学习司机非操纵司机	白灯注意信号
4	行至站段分界点(或一度停车牌)	学习司机非操纵司机	一度停车	操纵司机	一度停车		
5	入段前	学习司机非操纵司机	还道信号入段信号（非集中操纵道岔呼唤内容)	操纵司机	××道入段手信号好了	学习司机非操纵司机	××道入段手信号好了
6		学习司机非操纵司机	入段信号	操纵司机	白（绿）灯蓝（红）灯停车	学习司机非操纵司机	白（绿）灯蓝（红）灯停车
7	经过非集中操纵道岔前	学习司机非操纵司机	道岔注意	操纵司机	道岔开通正确	学习司机非操纵司机	道岔开通正确
8	经过其他要道还道地点前	学习司机非操纵司机	一度停车还道信号道岔开通信号	操纵司机	一度停车××道手信号好了	学习司机非操纵司机	××道手信号好了
9	换端作业时	学习司机非操纵司机	注意防溜	操纵司机	注意防溜		
10	进入段内尽头线或有车线	学习司机非操纵司机	十辆、五辆、三辆、停车	操纵司机	十辆、五辆、三辆、停车		
11	整备线防护信号前	学习司机非操纵司机	防护信号	操纵司机	撤除好了（红灯、蓝灯、红旗、红牌）停车	学习司机非操纵司机	撤除好了（红灯、蓝灯、红旗、红牌）停车

十一、标准用语说明

（1）同时具有接车进路和发车进路的进路信号机，列车在该信号机前停车及发出时，按照发车进路信号机进行呼唤，信号指示列车在该信号机前不停车通过该信号时，按照接车进路信号机进行呼唤。

（2）设有出站信号机的线路所，线路所通过信号比照进站信号机呼唤内容进行呼唤。

（3）双线自动闭塞区段 2 灯位进路表示器显示，根据灯位显示确认呼唤"正、反方向好了"；双线自动闭塞区段 1 灯位进路表示器显示，反方向行车着灯时确认呼唤"反方向好了"，正方向行车不着灯时不呼唤；除上述之外的进路表示器，在确认进路表示器显示灯位后，呼唤"××（线、站）方向好了"。

（4）慢行地点限速标未标明限速值时，按限速 25 km/h 进行呼唤。

（5）机车监控装置正线开车对标，无侧向道岔限速时，不呼唤道岔限速。

（6）对发车信号的呼唤，含使用手信号及无线通信设备发车。

（7）防洪地点标仅在防洪期间进行呼唤。

（8）上述表中"其他要道、还道地点"，是指办理出段或入段作业走行进路上，显示出段或入段手信号之外的扳道房前的停车要道地点。

（9）双岗值乘时，首、末次机械间巡视需对巡视主要内容进行汇报。

（10）双岗值乘途中换班作业，运行当前区间或前方第一区间有临时限速时需进行呼唤。

（11）单岗值乘时，操纵司机按照《单岗值乘确认呼唤标准》执行，添乘指导司机对操纵司机确认呼唤内容进行复诵。

（12）双岗值乘时，值乘人员按照《双岗值乘确认呼唤（应答）标准》执行，添乘指导司机按照《标准》中复诵者内容进行复诵。

（13）货运列车在车站开车、通过、到达可不报告和呼唤列车正晚点时分。

（14）司机途中操纵牵引、制动手柄及操作行车安全装备遇有需要进行呼唤和手比的项目时，可只呼唤不手比。

（15）机车乘务员途中担当调车作业及专调机车调车作业确认呼唤（应答）标准，由各铁路局根据担当车型及作业方式自行制定。

【知识检测】

填空题

1. 出乘前必须_____待乘休息，严禁_____，保持良好的精神状态。

2. 按规定时间和_____，携带_____、_____到机车调度室，接受_____测试，领取_____、_____、_____、列车时刻表等有关业务资料，将 IC 卡交机车调度员进行写卡。

3. 机班了解机车停留_____及运用、检修情况；领取机车_____、工具备品等。

4. 机车整备完毕机班全员上车后，将机车移动至_____处停车，要道准备出段。

5. 进入挂车线路要严格_____，按规定确认呼唤防护信号、脱轨器和停留车位置，严格按十、五、三、……车距控制速度，距脱轨器、防护信号、车列前不少于_____停车。

6. 起动列车前，必须确认_____、_____、发车信号显示_____及列车缓解，厉行呼唤应答，鸣笛起动列车，起动后进行后部瞭望。

7. 没有_____、计划_____，不准动车，变更计划必须停车传达，信号中断或不清，应立即停车。调车司机必须在运行方向的_____司机室操纵机车（推进调车时除外）。

8. 退勤前认真做好_____，分析_____。司机应复核司机报单填记是否正确，对本次列车的早、晚点情况进行分析并做出记录。

9. 确认呼唤（应答）必须执行"_____、_____、_____、准确呼唤"，并掌握"清晰短促、_____、全呼全比、_____"的作业要领。

10. 信号确认呼唤时机：应遵循"_____、信号未好提前呼"的原则，瞭望条件_____，进站（进路）信号不少于_____；出站、通过、接近、预告信号不少于_____；信号表示器不少于_____。注意警惕运行时：右臂_____，大小臂成90°，举拳与眉齐，拳心_____。

11. 呼唤应答是机车乘务工作中协同动作、紧密配合、互相监督、确保_____的有效制度。

12. 列车通过、停车和开车时分由_____报点，由学习司机或协助瞭望者填记司机手册或司机报单。

13. 列车运行速度超过120 km/h自动闭塞分区通过信号机显示_____灯光时，可不进行呼唤。

14. 设有出站信号机的线路所，线路所通过信号比照_____呼唤内容进行呼唤。

15. 双岗值乘途中换班作业，运行当前区间或前方第一区间_____需进行呼唤。

16. 双岗值乘时，值乘人员按照_____执行，添乘指导司机按照《标准》中_____内容进行复诵。

项目二　行车安全装备

任务一　一体化机车信号应急故障处理

【任务目标】

知识目标：了解一体化机车信号的组成和使用。

能力目标：掌握一体化机车信号的使用。

【任务内容】

一、基础知识

（1）机车信号分为连续式、接近连续式和点式三种。它们都从轨道电路采集信息，连续式机车信号主要在自动闭塞区段使用，接近连续式机车信号主要用于非自动闭塞，点式机车信号主要用于无源地区非自动闭塞区段。

（2）机车信号设备主要有接收线圈、接收机、报警器、机车信号机、电控阀、警惕手柄、电源等。其原理如图 2.1 所示。机车上的接收线圈接收轨道移频电流信息后，经接收机内的变压器、微机芯电处理将信号信息提供给司机，若超出规定限制，则报警，从而指示司机动作，使列车安全运行。

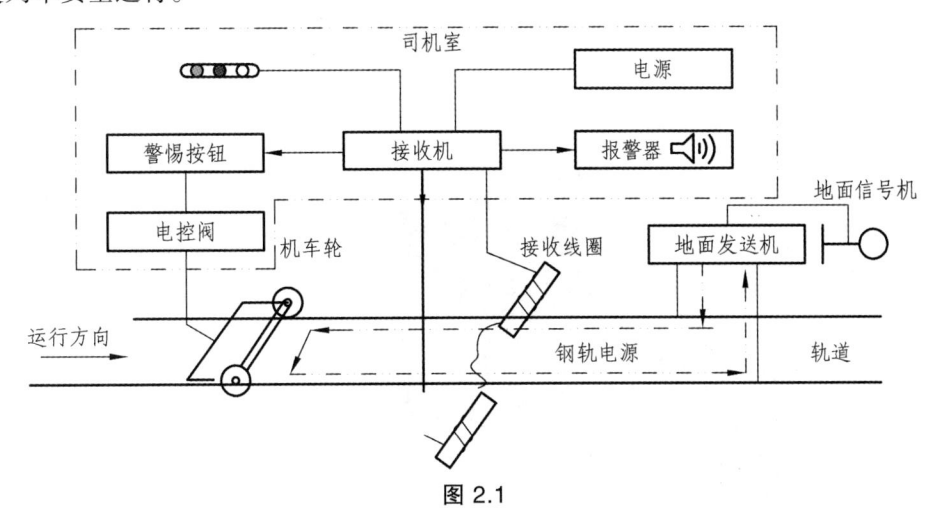

图 2.1

机车信号机目前普遍采用一体化形式。机车信号在自动闭塞区段有 8 种信号显示，地面信号与机车信号的对应关系如表 2.1 所示。

表 2.1

地面信号机类别	地面信号机显示	机车信号机显示
通过信号机	绿灯	绿灯
	一绿一黄	半绿半黄
	黄灯	黄灯
	红灯	半黄半红
预告信号机	黄灯	黄灯（进站信号机红灯）
		黄2灯（进站信号机双黄灯）
进站信号机	绿灯	绿灯
	黄灯	黄灯（出站信号机或进路信号机红灯）
		黄2灯（出站信号机或进路信号机开放侧向进路）
	两个黄灯	双半黄
	黄闪黄	双半黄
	红灯	半黄半红
	一绿一黄	半绿半黄
	一红一白（引导）	半黄半红
出站信号机	绿灯	绿灯（正线发车或通过）
		双半黄（侧线发车或通过）
	一绿一黄	半绿半黄
	黄灯	黄灯
	红灯	半黄半红

二、机车信号故障应急处理

图 2.2 所示为机车信号"上/下行"开关、"运行/测试"开关、Ⅰ（Ⅱ）端指示灯、Ⅰ（Ⅱ）端按钮位置图。一体化机车信号如图 2.3 所示。

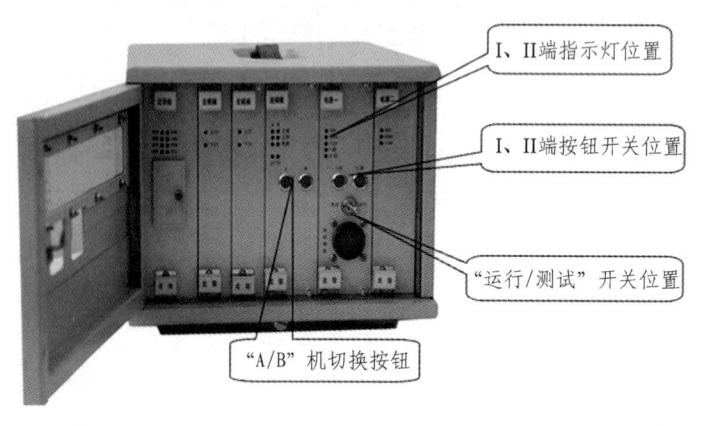

图 2.2

图 2.3

其余类型机车信号大致如图 2.4 所示。

当机车在电码化区段接收不上机车信号时：

（1）确认"运行/测试"开关置"运行"位，"上/下行"开关位置正确，I（II）端对应指示灯点亮。

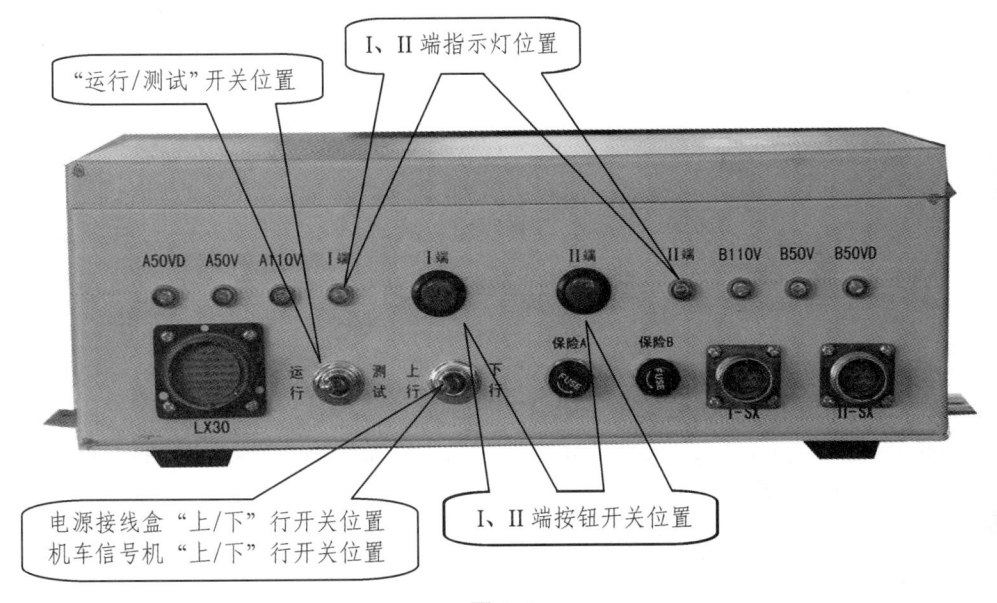

图 2.4

（2）上述开关位置及指示灯均正常时，仍然接收不上机车信号时，按照下述步骤进行处理：

① 按压"A/B 机切换按钮"，切换主/备板（机车信号"A/B 机切换按钮"在主机上）；

② 如机车信号未恢复正常，将"运行/测试"开关置"测试"位，再次确认"上/下行"开关位置正确，按压对应端（I、II 端）按钮，相应操纵端（I、II 端）指示灯点亮，实现机车信号换端；

③ 如机车信号仍未恢复正常，机车乘务员可关闭机车信号电源，间隔 5 s 后再打开电源（一体化机车信号"电源"开关在主机后面板上，其余"电源"开关在电源接线盒上）。

【知识检测】

一、填空题

1. 机车信号分为_____、_____和_____三种。

2. 机车信号设备主要有_____、_____、_____、_____、_____、电源等。

二、简答题

1. 简述当机车在电码化区段接收不上机车信号应怎样操作?

任务二　LKJ2000型列车运行监控装置操作

【任务目标】

知识目标：了解LKJ2000型列车运行监控装置。
能力目标：掌握LKJ2000型列车运行监控装置的使用。

【任务内容】

一、LKJ2000型列车运行监控记录装置的组成及工作原理

（一）装置的组成

LKJ2000型列车运行监控记录装置（简称LKJ 2000型监控装置）按安装的场所分为车载设备和车下设备。车载设备主要包括主机箱、彩色液晶显示器、事故状态记录器、速度传感器、压力传感器以及双针速度表等，车下设备包括转储器、地面数据分析处理微型计算机、地面分析处理软件、打印输出设备等，如图2.5所示。

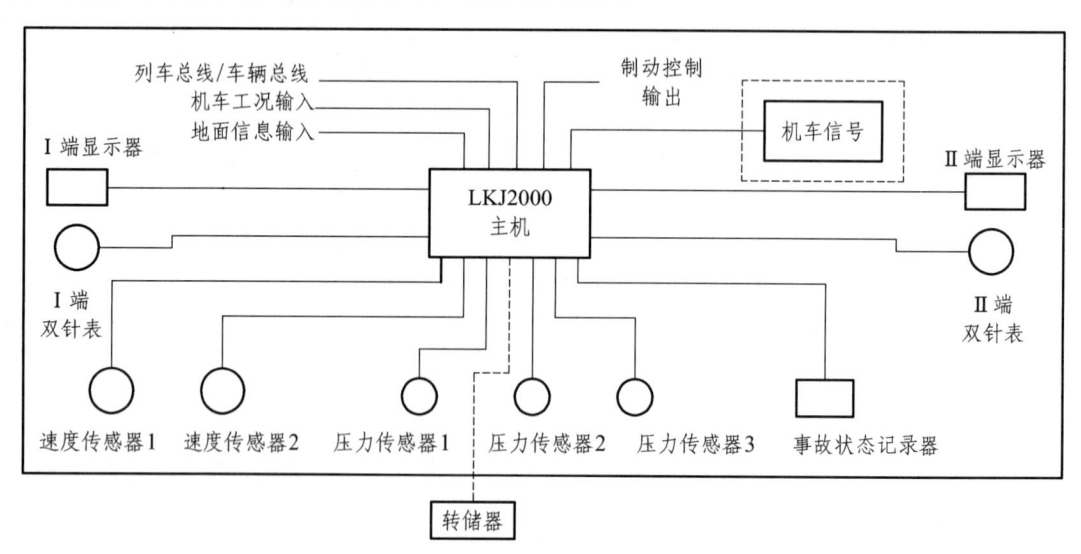

图2.5　LKJ2000型监控装置系统结构图

1. 主机箱

LKJ2000 型监控装置的主机箱采用标准 6U 插件及机箱，主机箱是系统的控制中心，内部由 A、B 两组完全相同的控制单元组成，每组有 8 个插件位置（包括一个预留位置），从插件箱中心线开始往左（右），依次排列着监控记录、地面信息、通信、模拟量输入/输出、预留、数字量输入、数字量输入/输出、电源插件，如图 2.6 所示。主机箱面板为透明有机玻璃，并可加锁。LKJ2000 型监控装置双主机采用模块冗余工作方式，当一台机工作时，另一台机处于热备状态，一旦工作机的某一插件（模块）故障后，备用机的相应插件自动接替工作机的故障插件进行工作，而不需人为地进行切换，从而提高了装置的可靠性。

电源A	数字入出A	数字输入A	预留A	模拟信号A	通信A	地面信息A	监控记录A	监控记录B	地面信息B	通信B	模拟信号B	预留B	数字输入B	数字入出B	电源B

图 2.6　LKJ2000 型监控装置主机箱插件布置图

2. 显示器

LKJ2000 型监控装置显示器由两部分组成，左侧为 TFT 高亮度彩色液晶显示屏，右侧为大容量 IC 卡读写器。彩色液晶显示屏采用目前流行的窗口式的操作人机界面，乘务员可根据菜单的提示进行操作，因而具有操作简单、容易掌握的特点。另外该显示屏的亮度还可根据环境光照的强弱由乘务员自己进行调节。

显示器以屏幕滚动方式显示实际运行速度轨迹曲线及模式限制速度或线路允许速度曲线，以图形、符号和文字形式显示地面信号机的位置、种类以及运行线路的曲线、坡道、桥梁、隧道及道口等信息，同时还可显示指导性机车优化操纵运行速度曲线和手柄级位曲线，以便提示或引导乘务员操作。

大容量的 IC 卡读写合二为一，列车运行的"达示信息"可方便地进入监控装置中并作为监控的依据，给列车运行安全提供了有力的保障。同时 IC 卡内记录的司机的相关信息也可一并输入监控主机，从而减少了司机输入工作量，退乘的时候 IC 卡读写器还能将主机内记录的内容写到 IC 卡上，由司机完成监控记录数据的转出操作。

3. 事故状态记录器

事故状态记录器，俗称黑匣子，它是 LKJ2000 型监控装置新增加的记录设备，它能将列车发生事故前 30 min 以内的最新列车运行的各种状态信息记录下来，给事故的分析提供客观真实的材料。"黑匣子"的外壳用耐冲击、耐高温的特殊材料制成，具有很强的抗冲击性能。

4. 传感器

LKJ2000 型监控装置留有的信息输入量接口较 93 型的多，因此可根据实际需要输入有关的信息量，使装置记录的信息更加完善。目前机车上使用了速度和压力传感器，将机车运行的速度、列车制动主管压力以及机车制动缸压力等非数字量送入主机。另外还可将柴油机转速、原边电流等信息送入主机。

（二）LKJ2000型监控装置的特点

1. LKJ2000型监控装置的主要特点

（1）采用先进的32位微处理器技术。
（2）双机冗余工作方式（模块级冗余）。
（3）功能强、可靠性高的机车信号采样系统。
（4）采用高可靠CAN标准总线方式。
（5）具有很强的抗干扰能力。
（6）采用彩色液晶显示屏作为人机界面。
（7）采用车载控制模式或车载数据与地面信息结合的控制模式。
（8）关闭的信号机作为目标点实行计算速度距离制动模式曲线。
（9）具有大容量IC卡读写功能。
（10）在系统内比LKJ93型多安装了机车制动缸压力传感器，可以记录和检查机车制动缸压力的变化情况。
（11）具备列车事故状态记录器（黑匣子）。
（12）采用6U标准插件及机箱结构。

2. LKJ2000型监控装置记录的运行参数

（1）时间。
（2）线路公里标。
（3）距前方信号机距离。
（4）前方信号机的种类及编号。
（5）机车信号显示状态。
（6）地面传输信息。
（7）实际速度。
（8）限制速度。
（9）列车管压力、机车制动缸压力。
（10）机车工况。
（11）柴油机转速/原边电流。
（12）装置控制指令输出状况。
（13）装置报警。
（14）司机操作装置状况。
（15）装置异常状况。
（16）平面调车灯显信息。

3. LKJ2000型监控装置显示器显示的内容

（1）实际运行速度曲线。
（2）允许速度及临时限制速度曲线。

（3）模式限制速度曲线。

（4）以曲线、符号和文字形式，沿线路里程的延展显示运行所在闭塞分区及运行前方闭塞分区的线路曲线、桥梁、隧道、坡道及坡度、信号机种类及色灯显示、道口、站中心、断电标、车机联控地点等设置情况，在接近有操作要求的标志时进行语音提示。

（5）运行所在闭塞分区和运行前方闭塞分区机车优化操纵运行速度曲线和手柄级位（或牵引电流曲线）。

（6）站间规定运行时分。

（7）以图形或数字方式显示实际运行速度、限制速度、距前方信号机距离及时钟。

（8）可选择单项显示功能。

二、LKJ2000 型监控装置的监控模式

（一）监控状态的控制模式

1. 控制模式分区

监控装置对列车"两冒一超"的控制分为恒速控制区、减速控制区和停车控制区。

恒速控制区：限速为一恒定值，保持不变，如图 2.7 所示。

减速控制区：监控限速由高到低，但出口限速不为 0，如图 2.7 所示。

停车控制区：监控限速由高到低，且出口限速为 0，如图 2.8 所示。

监控装置的限制速度显示窗口显示值为常用制动限速值；取消监控装置常用制动功能时，显示值为紧急制动限速值。

机车牵引的列车在恒速控制区运行，按实际限速值+5 km/h 确定运行超速的管理速度值，按实际限速值+5 km/h 确定常用制动限速值，按实际限速值+8 km/h 确定紧急制动限速值；对于 $R = 400$ m 及以下半径曲线区段，按实际限速值+3 km/h 确定运行超速的管理速度值，按实际限速值+3 km/h 确定常用制动限速值，按实际限速值+6 km/h 确定紧急制动限速值；对于道岔和临时施工慢行，按实际限速值+3 km/h 确定运行超速的管理速度值，按实际限速值+3 km/h 确定常用制动限速值，按实际限速值+5 km/h 确定紧急制动限速值。

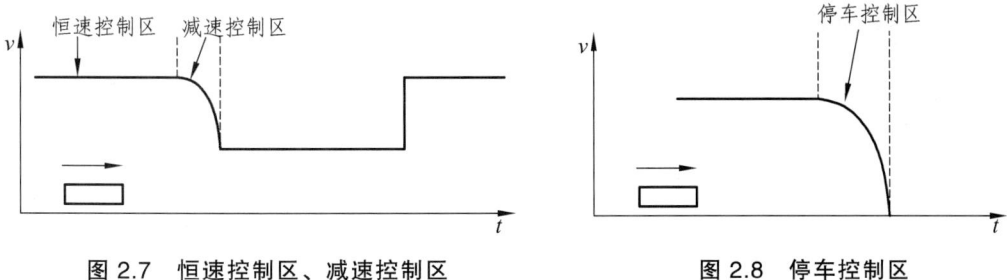

图 2.7　恒速控制区、减速控制区　　　　图 2.8　停车控制区

减速控制区和停车控制区，按运行速度和制动距离，自动计算常用制动限速值、紧急制动限速值。

2. 恒速控制区控制

（1）运行速度低于显示限速 3 km/h 报警，运行速度低于显示限速 2 km/h 卸载，运行速度等于显示限速常用制动，运行速度等于紧急制动限速时紧急制动。

（2）对于 R300 m 半径曲线区段，线路允许速度为 70 km/h，则监控装置显示限速为 73 km/h，当运行速度为 70 km/h 时监控装置报警。当运行速度为 71 km/h 时监控装置卸载，当运行速度为 73 km/h 时监控装置常用制动，当运行速度为 75 km/h 时监控装置紧急制动。

（3）对于 12 号道岔，道岔限速 45 km/h，则监控装置显示限速为 48 km/h，当运行速度为 45 km/h 时监控装置报警，当运行速度为 46 km/h 时监控装置卸载，当运行速度为 48 km/h 时监控装置常用制动，当运行速度为 50 km/h 时监控装置紧急制动。

3. 减速控制区控制

运行速度低于显示限速 5 km/h 报警，运行速度低于显示限速 1 km/h 卸载，运行速度等于显示限速常用制动，运行速度等于紧急制动限速时紧急制动。

4. 停车控制区控制

（1）区间停车控制区控制模式。

运行速度低于显示限速 5 km/h 报警，运行速度低于显示限速 1 km/h 卸载，运行速度等于显示限速常用制动，运行速度等于紧急制动限速时紧急制动。

（2）站内停车控制区控制模式。

监控装置取消常用制动，运行速度低于显示限速 5 km/h 报警，运行速度低于显示限速 1 km/h 卸载，运行速度等于显示限速紧急制动。

5. 接近限速的报警

当列车运行速度达到报警条件时，监控装置将持续报警，提示乘务员注意控制列车运行速度。报警时监控装置不会产生制动控制。

在恒速控制区，当运行速度<实际限速值时，在实际限速值和卸载速度值之间显示灰色光带；当实际限速值≤运行速度<卸载速度值时，在实际限速值和卸载速度值之间显示黄色光带，同时显示窗口的左边界处显示一个放大标尺窗口，标尺纵向标以常用制动限速值为中点，上边界为紧急制动限速，下边界为实际限速，并用数字提示当前运行速度与管理速度的差值。

6. 卸载控制

当列车运行速度达到卸载条件时，监控装置将切除机车牵引动力，同时语音提示"卸载动作"，显示器右边显示"卸载"，列车惰力运行。当列车运行速度低于常用制动限速 3 km/h 时，监控装置自动解除卸载指令，显示器右边"卸载"灯灭。

在恒速控制区，当运行速度≥卸载速度值时，实际限速和卸载速度值之间的光带显示黄色，并以 1 Hz 的频率闪烁，同时在显示窗口的左边界处显示一个放大标尺窗口，标尺纵向标以常用制动速度值为中点，上边界为紧急制动限速，下边界为实际限速，并用数字提示当前运行速度与管理速度值的差值。

7. 常用制动控制

在减速控制区和区间（含进站信号机外方）的停车控制区，人工减压 50 kPa 以上取消常用制动控制，站内停车控制区取消常用制动控制。

当列车运行速度达到常用制动条件时，监控装置将对列车进行常用减压控制，同时语音提示"常用制动"，显示器右边显示"常用"。此时，只能对列车进行追加减压或紧急制动，不能缓解列车。在减速控制区、停车控制区客车减压 130 kPa，货车、调车作业减压 120 kPa；恒速控制区客车、货车均减压 80 kPa。

发生常用制动后，在出口限速不为 0 的恒速控制区运行速度低于监控显示限速 10 km/h，减速控制区运行速度低于目标限速时，监控装置语音提示"允许缓解"，若按压【缓解】键，监控装置解除常用制动控制，显示器右边"常用"灯灭。发生常用制动后，若出口限速为 0，须停车后才允许缓解。

8. 紧急制动控制

当列车运行速度达到紧急制动条件时，监控装置将立即对列车进行紧急制动控制，同时语音提示"紧急制动"，显示器右边显示"紧急"。列车停车后，紧急制动指令自动取消，显示器右边"紧急"灯灭。

监控装置在发生系统故障时，显示器右侧系统故障灯亮，同时伴有蜂鸣声，需在 3 min 内关机，否则监控装置实施紧急制动。

9. 机车信号控制

（1）绿灯、绿黄灯：按线路、机车、车辆等最低允许速度控制。

（2）黄灯、黄2灯：客车最高限速 95 km/h，货车最高限速 70 km/h。

（3）双黄灯：进站信号机前，机车信号显示双黄色灯光，监控装置按该车站最低侧线道岔限速进行控制。输入股道号后，监控装置在该股道最外方道岔前按该股道限速控制。出站信号机前，机车信号显示双黄色灯光，监控列车按出站道岔限速控制。

（4）红黄灯、单红灯、灭灯、白灯：按停车信号控制，出口限速为"0"。

（5）绿灯、绿黄灯、黄2灯、黄2闪灯、双黄闪灯变白灯：监控装置在变灯分区不产生停车控制，按进行信号处理；进入下一分区后，机车信号仍为白灯，监控装置按停车信号控制。

（6）绿灯、绿黄灯、黄2灯、黄2闪灯、双黄闪灯变红黄灯：监控装置按停车信号控制，若接近信号机时变灯，将直接产生紧急制动。

（7）半自动闭塞区间预告信号机（含自动站间闭塞接通标）前：监控装置对接收的任何机车信号按绿灯处理。

（8）接近信号：接近信号机前，当机车信号显示绿灯或绿转白，按绿灯限速控制；当机车信号显示绿黄灯或绿黄转白，按绿黄灯限速控制；当机车信号为其他信号时，一律按黄灯限速控制。

（9）机车信号显示单红灯时按白灯控制。

（10）黄灯突变为红黄灯或白灯，双黄灯突变为红黄灯或白灯时按以下方式控制。

① 在自动闭塞区段。

当监控装置计算距前方信号机距离≤50 m 时，监控装置自动解除对前方信号机的停车控制，并将计算的剩余里程消除，监控装置语音提示"注意距离"，按次一信号机的距离监控列车运行。

当监控装置计算距前方信号机距离>50 m 时，监控装置按停车信号控制，若接近信号机时变灯，将直接产生紧急制动。

② 在半自动闭塞区段。

当监控装置计算距前方信号机距离≤100 m 时，监控装置持续发出"信号突变"语音报警，确认地面信号开放后，7 s 内按压【警惕】键解除报警及当前信号机的停车控制，并按次一信号机的显示要求监控列车运行，否则监控装置将实施紧急制动。若在报警过程中，装置计算已超过信号机，终止停车控制。

当监控装置计算距前方信号机距离>100 m 时，监控装置按停车信号控制，若接近信号机时变灯，将直接产生紧急制动。

10. 长期和临时慢行控制

对于长期、临时慢行，客车在限速起始点前 3 000 m、货车在限速起始点前 2 000 m，监控装置语音提示"前方限速××公里"或"临时限速××公里"。监控限速在限速起始点前降到规定限速，列车尾部越过终点后，恢复正常限速。

11. 自动校正距离控制

距离误差小于 100 m，当机车头部越过通过信号机或预告信号机发码箱后，监控装置自动校正距离。自动校正后，信号机编号处底色变为绿色，可通过按压【查询】键+【工况】键进行查看。

12. 基本语音提示

（1）机车信号变化时，提示相应色灯。

（2）"车机联控"提示：半自动闭塞区间，客车在预告信号机前 2 000 m、货车在预告信号机前 1 200 m 提示；自动闭塞区间进入预告分区提示。

（3）"禁止双弓"提示：客车在断电标前 1 500 m 和 500 m 提示；货车在断电标前 1 000 m 和 500 m 提示。

（4）机车轮对发生空转或滑行时提示"空转"或"滑行"。

（5）长期慢行、临时慢行前客车 3 000 m、货车 2 000 m 提示"前方限速××公里"或"临时限速××公里"。

（6）在减速控制区和停车控制区，限速每变化 20 km/h 时提示"注意限速"。

（7）当机车制动缸压力达 50 kPa 运行 30 s，提示"抱闸运行"。

（8）道口前 1 200 m 提示"前方道口，注意鸣笛"。

（9）调车状态下，动车时提示"请注意调车信号"。

（10）设定操作成功后，降级状态下速度超过 10 km/h 时语音提示"请注意按开车键"。

（二）调车状态的控制模式

1. 普通调车控制

监控装置进入调车状态，显示器右边显示"调车"。调车状态监控装置显示限速 41 km/h，达到 39 km/h 时卸载，达到 41 km/h 时常用制动，达到 38 km/h 时报警，达到 43 km/h 时紧急制动。

2. 平面调车控制

监控装置根据平面调车信号进行控制。平面调车信号监控限速如表 2.2 所示。

表 2.2

调车信号	起动	推进	连接	溜放	十车	五车	三车
监控限速	43	33	33	33	15	10	6

当平调信号为起动、推进、连接、溜放时，运行速度低于限速 3 km/h 报警，低于限速 2 km/h 卸载，等于限速 2 km/h 常用制动，超过限速 2 km/h 紧急制动。

当平调信号为十车、五车、三车时，运行速度低于限速 2 km/h 报警，低于限速 1 km/h 卸载，等于限速常用制动，超过限速 3 km/h 紧急制动。

平面调车信号的具体控制为：

（1）监控装置收到起动、推进、连接、溜放信号后，立即按规定限速显示和控制。
（2）接收到十车信号后，机车走行 50 m，限速降为 15 km/h。
（3）接收到五车信号后，机车走行 20 m，限速降为 10 km/h。
（4）接收到三车信号后，机车走行 20 m，限速降为 6 km/h。
（5）起动、推进、减速信号后，再接收到停车信号时，延时 15 s 限速降为 0 km/h。
（6）连接信号后，再接收到停车信号时，延时 15 s 限速降为 0 km/h。
（7）溜放信号后，再接收到停车信号时，延时 30 s 限速降为 0 km/h。
（8）接收到十车信号后，再接收到停车信号时，走行 55 m 限速降为 0 km/h。
（9）接收到五车信号后，再接收到停车信号时，走行 22 m 限速降为 0 km/h。
（10）接收到三车信号后，再接收到停车信号时，走行 10 m 限速降为 0 km/h。
（11）运行中接收到紧急停车信号或故障停车信号时，限速立即突降为 0 km/h。
（12）收到减速信号，监控装置限速不变。

3. 出入库状态的控制模式

机车处于停车状态，按压【出入库】键，监控装置进入出入库状态，显示器右边显示"入段"。进入出入库状态，监控显示限速 15 km/h，运行速度达到 12 km/h 报警，达到 13 km/h 卸载，达到 15 km/h 常用制动，达到 17 km/h 实施紧急制动。

（三）降级状态的控制模式

降级状态下监控装置不再按线路允许速度控制列车，不具备防冒进功能，通过报警方式

提示乘务员进行必要操纵。监控装置处于降级状态时显示器右边显示"降级",按以下方式控制列车:

(1) 当机车信号为进行信号时,列车运行 2 000 m 后,限速降为 60 km/h。运行速度低于限速 3 km/h 时语音报警,运行速度低于限速 2 km/h 时卸载,运行速度等于限速时常用制动,运行速度高于限速 2 km/h 时紧急制动。

(2) 当机车信号为停车信号(红黄灯、单红灯、灭灯、按停车控制的白灯)时,列车运行 800 m 后,限速降为 20 km/h,运行速度超过 5 km/h 时,监控装置周期报警,须在 7 s 内按压【警惕】键(两端显示器均可),否则实施紧急制动。当列车运行速度达到 18 km/h 时卸载,运行速度达到 20 km/h 时常用制动,运行速度达到 22 km/h 时紧急制动。

(四) 防溜控制

1. 管压防溜

监控装置处于监控状态下,停车后列车管减压不足 80 kPa,5 s 后提示"注意管压防溜",10 s 后装置实施自停。

单机车次或在调车状态下,停车后制动缸压力小于 80 kPa 且列车管减压不足 80 kPa,5 s 后提示"注意管压防溜",10 s 后装置实施自停。

站内停车再缓解准备开车超过 60 s 未动车,监控提示"注意管压防溜",90 s 后装置实施自停。

解除方法:装置发生防溜报警时,司机应及时减压 80 kPa 以上(单机车次或在调车状态可上小闸 80 kPa 以上)或按压【警惕】键解除报警。

2. 手柄防溜

机车停车后调速手柄工况无变化动车,速度大于等于 3 km/h 或运行距离大于等于 10 m,连续提示"注意手柄防溜",10 s 后未采取措施监控装置将实施紧急制动。

解除方法:装置发生防溜报警时,司机应及时按压【警惕】键或改变调速手柄工况。

3. 相位防溜

机车停车后移动,移动方向与列车运行方向相反,当速度大于等于 3 km/h 或运行距离大于等于 10 m,连续提示"注意相位防溜",10 s 后未采取措施监控装置将实施紧急制动。

解除方法:装置发生防溜报警时,司机应及时按压【警惕】键。

防溜动作停车以后,按压【警惕】键,装置解除防溜控制。对于"手柄防溜"、"相位防溜"、"管压防溜"分别显示独立倒计时提示窗口。如果多种防溜警报同时发生,则当前窗口显示倒计时最短的提示窗口。

(五) 补机状态

监控装置保留语音提示和记录功能,不产生控制。

三、基本操作

（一）开机操作

（1）闭合机车蓄电池开关，打开监控主机的电源开关，装置执行自检功能，自检完毕后屏幕显示主界面。屏幕显示器没有开关，它的显示状态受主机控制。

（2）途中关机后再开机时，如果关机时间不足 30 s，装置启动后恢复到关机前的状态；大于 30 s 时，监控装置启动后转入降级运行状态。

（二）参数设定

乘务员登上机车后，必须首先打开监控装置，进行参数设定，在开机后 5 min 内输入司机号及执乘车次，使监控装置及时形成本人本车次记录文件。设定操作分为手动输入和 IC 卡输入两种。

1. 手动输入

（1）按压【设定】键，进入参数设定状态。

（2）在参数设定窗口中，可以通过【←】、【↑】、【→】、【↓】键移动光标位置。通过【0】~【9】键改变对具体项的设置。如果输入错误，可用【←】键删除光标前一个字符。修改完成一项设置必须按压一次【确认】键，使光标移到下一项，也可用四个方向键自由移动光标。

（3）输入"列车种类"、"本/补"两项时有下拉菜单，此时【↓】键为展开菜单，然后按【↑】或【↓】键选择所需类型，按【确认】键选定。

（4）客运列车和货运列车需选择"车速等级"，动车组无须选择。

（5）车速等级相关操作：

① 若为动车组，"列车种类"中固定显示"动车组"，"车速等级"中固定显示"动车组"，且不允许进行修改。

② 若选择货车，当光标移到"车速等级"窗口中时，按【↓】键弹出车速等级选择窗口；当选择其他时，弹出"请输入货车车速等级限速"窗口，在该窗口中输入货车车速等级限速值；货车车速等级限速窗口中输入的车速等级输入范围为 1~120 km/h，如果司机输入的值不在此范围内，显示器进行输入范围的提示。

③ 若输入列车种类为客车，当光标移到"车速等级"窗口中时，按【↓】键弹出车速等级选择窗口，利用【↑】/【↓】键选择相应的车速等级，车速等级选定后按【确认】键。

（6）所有参数修改完毕，使光标移动到"确定"按钮，按压【确认】键或直接按压【设定】键，退出参数设置状态。若将光标移到"取消"按钮，按压【确认】键退出参数设置状态且所有修改无效。有效输入完成后，"开车"指示灯点亮，并在屏幕的左上角显示始发站的车站名。

输入换长时，不输小数点。例如：要输入换长 41.5，应输入 415。

2. IC 卡输入

（1）停车状态下，将写有运行揭示和参数的 IC 卡芯片一面向左，插入显示器 IC 卡座内，

"IC 卡"指示灯点亮，否则应取出 IC 卡检查正确后重新插入。

（2）按压【设定】键，装置就会将卡内的运行揭示和设定参数读出，自动弹出参数设定对话框，确认参数无误后将光标移到"确定"按钮，按压【确认】键，显示器将显示发送成功的提示信息，监控装置自动弹出揭示查询界面，提示乘务员对揭示进行查询和确认，按压【确认】键退出。如果卡内参数信息不符时，可按照手动输入参数的方法进行修改。

（3）当车次、交路号、车站号设置有效后，在屏幕的左上角以汉字的形式显示始发站的车站名，如不显示或提示错误必须重新进行设定操作。

注意：如果 IC 卡内有揭示信息，但是监控装置查询没有揭示信息，须插卡重新输入。

3. 参数设定注意事项

（1）错误输入客货种类，会导致限速值不正确。本务机车错误输入补机类别，会导致监控装置出现只记录不控制的现象。

（2）改变交路号、车站号、车次编号、列车种类、本补类别，监控装置将转入降级状态。改变司机号不降级，改变编组信息不降级。列车种类、本补类别、进入调车状态的修改须在停车状态下方可进行。

（3）如果选择的车速等级和列车种类不对应的时候，LKJ 弹出提示窗口，提示"车速等级和列车种类矛盾"；若未选择"车速等级"（车速等级窗口中显示空白），按【确认】或【设定】键时 LKJ 弹出提示框，必须选择车速等级，否则不允许退出设定界面。

（4）非本务工作状态的进入和退出须在停车状态下方可进行，严禁机车乘务员擅自进入非本务工作状态。

（5）若货物列车输入总重 5 500 t 及以上，监控装置将按重载列车控制。当运行速度低于 20 km/h 时，自动切除紧急制动控制，但站内停车和防溜控制时仍保留紧急制动控制。

（6）客车状态须按照《旅客列车固定径路 LKJ 交路表》选择输入客车固定径路监控交路号。

（7）行包专列须按照《行包专列监控交路号对照表》选择输入监控交路号。

（8）参数输入完毕须进行确认（包括对写入监控装置的运行揭示进行核对）。

4. 参数输入时机

当 LKJ 无控制指令输出且不处于防溜报警状态，满足下列条件之一时允许进行 LKJ 的参数输入：

（1）机车信号为停车信号或按停车信号控制，且列车处于停车状态。

（2）机车信号为 UU 码，且列车速度<45 km/h。

（3）机车信号为其他进行的信号，且列车速度< 60 km/h。

（4）机车信号为红黄灯（或按照停车信号处理的"灭灯"、"单红灯"），手信号引导、特定引导等解锁开口后，且列车处于停车状态。

（5）机车信号为"红黄闪灯"信号，前方信号机开口控制后，且列车处于停车状态。

（6）半自闭区间信号机的"红黄灯"（或按照停车信号处理的"灭灯"、"单红灯"），且列车处于停车状态。

（三）出入库操作

机车在机务段、折返段、折返点库内运行，在速度为 0 时按压【出入库】键，进入"出入库"状态，"入段"灯亮。需退出时，停车状态下，再次按压【出入库】键，退出"出入库"状态，"A 段"灯灭，进入"调车"状态。出入库状态，监控显示限速 16 km/h，运行速度达到 13 km/h 报警，达到 14 km/h 卸载，达到 16 km/h 常用制动，达到 18 km/h 实施紧急制动。

（四）选择操作权

（1）监控装置开机后降级、调车状态下两端均有操作权。
（2）降级状态，按压【开车】键进入监控状态的操作端具有操作权。
（3）调车状态，按压【调车】键退出调车状态，进入监控状态的操作端具有操作权。

有权端显示器右边"有权"标志亮，有权端显示器可进行参数的设定、修改，各种按键操作有效。无权端显示器右边"无权"标志亮，仅有查询操作功能。

（五）查询操作

1. 进入查询状态

按压【查询】键，屏幕中央显示"查询选择"窗口，用光标键移动光标到需要查询的项目条上，按压【确认】键或按压相应数字键进行查询。查询完毕，按压【确认】键退出。

2. 工况查询

在曲线显示区域的右上角显示机车工况、各种压力等，按压【确认】键窗口消失。

3. 设定参数查询

显示输入的交路号、车站号、司机号、副司机号、车次、编组等信息，按【确认】键返回。

4. 检修参数查询

显示装置号、机车型号、机车号、轮径、最大编组等信息，按压【确认】键返回。

5. 设备状态查询

显示监控装置各插件的工作状态（绿色表示正常，红色表示故障，灰色表示插件未插），监控程序、地面数据及屏幕显示器程序版本号，外接设备参数或状态（如管压、地面信息、主机自检状态及输入、输出自检状态等信息），按【确认】键返回。

6. 全部揭示查询

停车状态下显示监控装置内所有揭示。如果揭示信息较多，可用方向键【↑】、【↓】翻页，按【0】键返回。

7. 当前揭示查询

显示机车前方 3 000 m 以内的揭示，当没有揭示信息时，提示"禁止查询"。屏幕上的揭示显示，底色为白色的是正常的揭示，绿色的是已经越过的揭示，红色的是已经解除的揭示。

（六）显示器亮度调节

点式按压【↑】键亮度增强，按压【↓】键亮度减弱。

（七）显示器音量调节

点式按压【→】键增加音量，按压【←】键减弱音量。

（八）文件转储

乘务员退勤前，应及时将本人记录文件转入 IC 卡。

在停车状态下，将 IC 卡插入卡座中（芯片一面向左），"IC 卡"指示灯点亮，按压【转储】键后屏幕进入文件选择状态，可分别进行选择转储、全部转储和转储未转文件操作。

1. 选择转储操作方法

（1）用【←】、【↑】、【→】、【↓】方向键移动光标到"选择文件"按钮，按压【确认】键，使光标移到文件目录区。

（2）用【←】、【↑】、【→】、【↓】四个方向键移动光标条到转储文件，按压【确认】键选中这个文件，选中后光标条自动移到下一个文件，同时选中的文件变成蓝色，如果想取消已经选中的文件，只需将光标条移到所选文件，再次按压【确认】键即可取消对这个文件的选择。

（3）文件选择完毕，用【←】、【↑】、【→】、【↓】四个方向键移动光标到"开始转储"按钮，按压【确认】键，进行文件转储操作。

2. 全部转储操作方法

（1）用【←】、【↑】、【→】、【↓】方向键移动光标到"全部选择"按钮，按压【确认】键，选中全部的文件，目录所有文件变成蓝色。

（2）用【←】、【↑】、【→】、【↓】四个方向键移动光标到"开始转储"按钮，按压【确认】键，进行文件转储操作。

3. 转储未转文件操作方法

屏幕进入文件选择状态后，再次按压【转储】键，自动开始转储未转文件。

在转储过程中，弹出转储情况窗口，转储完毕会出现转储成功或失败的提示，按压【确认】键返回文件选择窗口，此时可以选择退出或继续进行转储。

注意：文件未转储完毕，禁止拔出 IC 卡。

四、运行中的操作

1. 组合键使用规定

凡需同时按压两个键的组合操作均需在 5 s 内按先后顺序完成。

2. 开车操作

车次和区段号、车站号等参数输入正确后,【开车】标志灯点亮,在屏幕上显示站名等开车参数。在规定地点按压【开车】键,监控装置进入监控状态。

补机状态下,有乘务员执乘时,应按压【开车】键执行"开车对标"操作。

中间站侧线发车,监控装置距离滞后大于 100 m 时,允许重新"开车对标"。

注意:

(1)调车状态下按压【开车】键无效。

(2)当机车信号为双黄灯、白灯时,按压【开车】键后,监控装置按该车站最低侧线限速控制。

(3)若输入总重大于 5 500 t,监控装置将按重载列车控制,当运行速度低于 20 km/h 时,自动切除制动控制功能。

(4)从列车起动地点起到规定的开车对标位置之间,监控处于降级状态,应注意监控报警,及时按压【警惕】键,防止监控产生制动控制,若地面信号突变为关闭信号时,禁止按压【警惕】键。

3. 调车操作

停车状态下,按压【调车】键进入调车状态(监控状态下须在有权端,降级状态下两端均可)。显示器右边"调车"灯亮,限制速度窗口显示"41",距离窗口显示"0"。

任何情况下,按压【调车】键均可退出调车状态。

调车作业,单机或牵引运行时,每次动车前,机车乘务员须确认进路正确,按压【定标】键后,方可动车。

监控装置调车状态下,显示器右边显示"调车"。调车状态监控装置显示限速 41 km/h,运行速度达到 38 km/h 时报警,达到 39 km/h 时卸载,达到 41 km/h 时常用制动,达到 43 km/h 时紧急制动。

4. 平面调车操作

监控装置进入调车状态,将调车接口盒上的开关打到正确位置,监控装置接收到平调信号后,自动转入平面调车状态。

退出平面调车状态,只需退出调车状态或将调车接口盒上的开关置于相反的位置即可。

5. 降级运行操作

(1)机车信号为红黄灯、红灯、灭灯或由黄、双黄灯转白时,速度达到 5 km/h 周期报警,司机必须在 7 s 内按压【警惕】键,否则装置实施紧急制动,运行 800 m 后限速为 20 km/h。

（2）机车信号为进行信号时，运行 2 000 m 后限速为 60 km/h。

6. 侧线选择

（1）进站前机车信号为双黄灯，监控装置语音提示"请输入侧线股道号"，并弹出侧线输入对话窗口。

（2）利用【0】~【9】数字键，输入侧线股道号，例如：输入 12 道，就按压【1】、【2】号键，再按压【确认】键，显示器右侧显示输入的侧线号。

（3）如果未弹出侧线输入对话窗口或需要修改侧线号，可在本架信号机距离未走完前按压【进路号】键，手动进入侧线输入对话窗口。

注意：

① 如不输入侧线号，按该车站最短的侧线距离及最低道岔限速控制。

② 若机车信号为停车信号，解锁后同样可输入股道号。

（4）存在两个以上车场的车站。连续两个车场同时存在多侧线数据时，在当前一个车场，距前方信号机距离小于 200 m 时，只能输入下车场的侧线股道号，否则，只能修改本车场侧线股道号。

（5）列车在接车兼发车进路信号机（"进出站"类型）前发车，当前方车场有多侧线数据时，在按【开车】键进入通常监控状态之前可输入侧线股道号。

（6）机车司机应根据实际情况正确进行 LKJ 股道号、列车编组数据输入等操作。列车进站停车，遇车机联控不通等原因，进站前无法取得股道号时，应按该站接车进路最低道岔限速和在出站信号机前能够停车的速度进站，确认所进股道后再将股道号输入 LKJ。

7. 支线选择

（1）当列车须转入支线运行时，支线灯点亮，语音提示"请输入支线号"，显示器左下方显示支线提示框，按压【进路号】键进入支线输入窗口。

（2）根据列车运行方向，输入相应支线号，按压【确认】键，支线提示框中字体由白色变为绿色，完成支线输入操作，显示器右侧显示输入的支线号。

（3）对设定为双黄灯自动转支线的处所，自动转入支线数据。

注意：支线号输入错误，可在支线灯点亮的情况下，按压【进路号】键重新进行输入。

8. 距离误差校正操作

运行中距离产生超前或滞后误差大于 100 m 时，监控装置不能自动校正距离，需进行人工校正。

1）距离误差的分类

超前误差：列车还未运行到地面信号机位置时，监控装置已经调入下一分区信号机的距离。

滞后误差：列车已运行到地面信号机位置处，监控装置显示机车距当前信号机还有一段距离，还没有调入下一分区信号机的距离。

2）距离误差人工校正的时机

在出口限速不为 0 时，各类信号机处监控装置提供距离误差人工校正条件。

3）距离误差人工校正的方法

当监控装置距离超前时，按压【车位】+【向后】键；当监控装置距离滞后时，按压【车位】+【向前】键。

当距离误差小于 300 m 时，可按压【自动校正】键，监控装置自动进行超前或滞后校正。

注意："车位向后"调整最大距离为 300 m。

9. 巡检操作

（1）在操作端按压【巡检】键一下。

（2）在非操作端按压【巡检】键一下。

（3）回到操作端，再按一下【巡检】键，装置语音提示"巡检完成"。

注意：当按压【巡检】键有效时，"巡检"指示灯点亮，4 s 后自动熄灭。

10. 防溜控制操作

1）保压防溜

停车后列车管减压不足 80 kPa，5 s 后提示"注意防溜"，10 s 后装置实施自停。

解除方法：装置发生防溜报警时，司机应及时减压 80 kPa 以上或按压【警惕】键解除报警。

2）手柄防溜

机车停车后未加载动车，速度大于 3 km/h 或运行距离大于 10 m，连续提示"注意防溜"，10 s 后未采取措施监控装置将实施紧急制动。

解除方法：装置发生防溜报警时，司机应及时按压【警惕】键或改变调速手柄工况。

3）相位防溜

机车停车后移动方向与列车运行方向相反，速度大于等于 3 km/h 或运行距离大于 10 m，连续提示"注意相位防溜"，10 s 后未采取措施监控装置将实施紧急制动。

解除方法：装置发生防溜报警时，司机应及时按压【警惕】键。

4）解除防溜控制

防溜动作停车以后，按压【警惕】键，装置解除防溜控制。

11. 常用制动缓解操作

监控装置发生常用制动后，列车运行速度降低或停车达到缓解条件时，监控装置语音提示"允许缓解"，若按压【缓解】键，监控装置解除常用制动控制，显示器右边"常用"灯灭。

12. 常用（紧急）制动缓解操作

在减速控制区和区间（含进站信号机外方）的停车控制区，人工减压 50 kPa 以上取消常用制动控制,站内停车控制区取消常用制动控制。

当列车运行速度达到常用制动条件时,监控装置将对列车进行常用减压控制,同时语音提示"常用制动",显示器右边显示"常用"。此时,只能对列车进行追加减压或紧急制动,不能缓解列车。减速控制区、停车控制区客车减压130 kPa,货车、调车作业减压120 kPa,恒速控制区客车、货车均减压80 kPa。

监控装置发生卸载动作后,在出口限速不为0的恒速控制区运行速度低于监控显示限速3 km/h、减速控制区运行速度低于目标限速时,自动恢复牵引力。

监控装置发生常用制动后,在出口限速不为0的恒速控制区运行速度低于监控显示限速10 km/h、减速控制区运行速度低于目标限速时,监控装置语音提示"允许缓解",若按压【缓解】键,监控装置解除常用制动控制,显示器右边"常用"灯灭。若发生监控装置紧急制动控制,监控装置语音提示"紧急制动",显示器右边显示"紧急"。列车停车后,紧急制动指令自动取消,显示器右边"紧急"灯灭。

监控装置在发生系统故障时,显示器右侧系统故障灯亮,同时伴有蜂鸣声,需在3 min内关机,否则监控装置实施紧急制动。

13. 长期和临时慢行操作

对于长期、临时慢行,客车在限速起始点前3 000 m、货车在限速起始点前2 000 m,监控装置语音提示"前方限速××公里"或"临时限速××公里"。监控限速在限速起始点前降到规定限速,列车尾部越过终点后,恢复正常限速。

机车乘务员在移动减速信号牌、减速地点标起点、减速地点标终点,需按压【定标】键执行打点操作。

14. 司机警惕功能操作

LKJ警惕功能包括"进站确认"和"周期警惕"两项子功能,实现对执乘司机警醒状态的监测。

1)进站确认

LKJ在通常工作状态,列车运行途中,当LKJ显示器显示的前方信号机为进站或进出站,且其次一信号机为出站或进出站信号时,显示器语音提示"请确认信号"两遍。在列车越过信号机前,司机要按压1次"警惕"按钮,否则,列车越过信号机后,LKJ启动"警惕控制过程"。

2)周期警惕

LKJ在通常工作状态,列车运行途中,速度大于5 km/h时,LKJ启动周期警惕功能;列车速度小于3 km/h,终止周期警惕功能。

LKJ启动周期警惕功能后,开始计时。计时过程中,检测到下列信息之一时重新开始计时:

(1)列车管减压50 kPa及以上。

(2)闸缸压力大于等于50 kPa。

(3)机车工况(零位/非零位)状态变化。

若计时达到 120 s，则启动"警惕控制过程"。

3）警惕控制过程

LKJ 启动警惕控制后，显示屏弹出"警惕"提示窗口，并从 20 s 开始倒计时，倒计时到 10 s 时伴以"呜呜"报警声，若倒计时到 0 时则实施制动控制。

显示屏弹出"警惕"提示窗口后，检测到下列信息之一时，终止本次控制过程（停止倒计时、提示窗口取消、停止报警）。

（1）按压"警惕"按钮 1 次。

（2）列车管压减压 50 kPa 及以上。

（3）闸缸压力大于等于 50 kPa。

（4）机车工况（零位/非零位）状态变化。

【知识检测】

填空题

1. LKJ2000 型列车运行监控记录装置（简称 LKJ2000 型监控装置）按安装的场所分为_____和_____。车载设备主要包括_____、_____、_____、_____以及双针速度表等。车下设备包括_____、_____、地面分析处理软件、打印输出设备等。

2. 出入库操作：机车在机务段、折返段、折返点库内运行，在速度为_____时按压_____键，进入"出入库"状态，"入段"灯亮。需退出时，停车状态下，再次按压_____键，退出"出入库"状态，"入段"灯灭，进入"调车"状态。出入库状态，监控显示限速_____，运行速度达到_____报警，达到_____卸载，达到_____常用制动，达到_____实施紧急制动。

3. 开车操作：车次和区段号、车站号等参数输入正确后，_____标志灯点亮，在屏幕上显示站名等开车参数。在规定地点按压_____键，监控装置进入监控状态。

4. 警惕控制过程：LKJ 启动警惕控制后，显示屏弹出_____提示窗口，并从 20 s 开始倒计时，倒计时到_____时伴以"呜呜"报警声，若倒计时到 0 时则实施制动控制。

项目三　安全生产

铁路是国民经济的大动脉，安全是铁路运输企业的生命线，铁路行车安全的好坏是衡量铁路运输管理水平和各部门工作质量的主要标志之一。认真贯彻"安全第一，预防为主"的方针，是国民经济长期稳定发展的需要，也是广大铁路职工的神圣职责。

铁路行车安全的重要意义：安全生产是党和国家的一贯方针，在铁路运输工作中，安全生产更有其重要意义。列车运行安全，即行车安全，是铁路运输安全中最重要、最核心的部分，铁路旅客运输安全和货物运输安全在很大程度上取决于行车安全。

保证铁路运输安全是铁路应尽的职责。当某一次旅客列车发生冲突、脱轨事故时，后果是极其严重的。一是随之而来的运输中断，往往使工矿企业的生产不能正常、顺利地进行，而且造成的经济损失是巨大的，一些特大恶性事故造成的直接经济损失少则几百万，多则上亿元，社会间接经济损失更大，据测算，间接经济损失一般约为直接经济损失的10倍。二是危及人民的生命财产安全，直接影响社会安定。三是损害国家声誉，影响国际交往和对外开放。因此，铁路运输安全对整个社会生活具有重要的意义和重大的影响。

任务一　电力机车乘务员的安全生产知识学习

【任务目标】

知识目标：熟知电力机车在生产中的安全知识和要求。

能力目标：能够严格执行安全生产标准和具体要求，确保安全生产。

【任务内容】

一、在电力机车上工作时一般安全知识

（1）电力机车乘务员应熟知机车高压导线通过的地方和高压下工作的用电设备、测量仪表和其他器械。

（2）禁止在带电的情况下，接触绝缘的导线及各种导电部分。

（3）凡是电力机车停在接触网下，未与调度取得联系和挂好接地线前，不论何种原因，绝对禁止登上机车车顶。

（4）当机车受电弓升起时禁止进入高压室和变压器室及打开牵引电机整流子孔盖。

（5）当受电弓升起时，允许调整电压电位器、压力调节器及安全阀，可以检查制动缸活

塞行程并进行调整,向机车齿轮箱、抱轴承、喷油器油箱制动装置注油。

(6)在运行中,操作端的司机室门应关闭,但不得加锁,非操纵端的司机室门应锁闭,并禁止在司机室、走廊放置无关的物件。

(7)禁止乘务员持有、使用私有的反向手柄和司机台开关箱钥匙,在机车上应备有完整的主回路、辅助回路、控制回路线路图。

(8)机车乘务员应保持机车必备安全用品状态良好,并将其存放在固定地点。例如绝缘手套、绝缘棒、绝缘垫板、区间电话钥匙等。

(9)禁止从电力机车的车顶和转向架向下抛掷工具和其他物品。在机车的顶板、走板等的边缘上禁止放置工具和零件,以免坠落。

(10)当使用摇表测量机车电路、用电设备的绝缘时,禁止接触电器部件,除机械和制动部分的工作以外,其他各项工作均应停止。

二、电力机车在本段与折返段时工作的安全知识

(1)电力机车进出机务段或折返段时,必须在规定地点一度停车,鸣笛要道。待扳道员显示信号后方可动车,在段内动车时,需值班员同意,由调车员引导动车。

(2)机车进入段内停车时,应降下受电弓,断开主断路器,将位置转换开关置于制动位。

(3)机车入库使用引入库机组拖动机车入库,禁止降弓滑行。

(4)机车入库检修当中,辅助回路接入高压电源时,禁止在高压系统内工作。

(5)机车检修完毕,司机应全面检查机车并确认所有装置良好后,鸣示升弓信号后,方可升弓进行高压试验。

(6)电力机车整备线及检查线上的接触网应设有分段隔离开关,当电力机车进行整备作业或检查时,司机应在隔离开关操作登记本上登记后,由值班员监督操作隔离开关加锁,钥匙交值班员保管,在司机挂好接地线后,方可登车顶进行检查或检修,并严禁再次向该线路放入机车。

(7)机车车顶整备完毕,应确认车顶状态良好,并取得同时进行另一台机车工作的司机同意后,方可撤除接地线,在值班员的监督下闭合隔离开关并加锁。

(8)在机车下部整修牵引电机整流子时,应遵守下列各项要求:
① 被整修机车在另一机车拖动时,走行速度应在 3 km/h 以下。
② 使用带有绝缘手柄的打磨工具。
③ 把整修电机的隔离开关拉开,并垫上反向器各触头。

(9)在机车下面更换闸瓦时,应关闭机车制动缸塞门(禁止同时关闭两台转向架的机车制动缸塞门)。

三、电力机车在本段与折返段外工作时的安全知识

(1)当机车于本段外停留在接触网下,须对牵引电机、电器进行检查或检修时,必须做

好下列各项工作：

① 断开主断路器，降下受电弓。

② 取下司机台开关钥匙、反向手柄，并交给进行检查或检修的人员。

③ 进入高压室工作时，高压室门不得关闭。

（2）机车升弓前，司机应告知副司机及登乘机车有关人员，并确认各机械上孔盖已盖好，高压室、变压器室无人或其他物品，对检修过的设备复查并确认状态良好、人员都处于安全地点之后，鸣示音响信号一长声，方可升弓。

（3）为确认行车安全，只有经考试合格并取得司机驾驶证的司机才能独立驾驶机车，操纵副司机必须在司机监督下才能练习操纵。

（4）机车运行中，乘务组应做到：

① 认真贯彻执行"十六字"呼唤应答制度的规定：彻底瞭望、确认信号、高声呼唤、手比眼看。

② 认真贯彻执行防止人身伤亡"三十字"令：人命重泰山、时刻把住关、瞭望不间断、鸣笛勤呼唤、撂闸不犹豫、停车要果断。

③ 防止列车颠覆、冲突、一般事故的发生。

四、机车防火与救火的基本知识

（1）凡必须临时断开的电气设备导线端头，应包上绝缘并捆好挂起以防与其他电气设备或机车的接地部分接触。

（2）当机车上敷设临时电线时，应使用适当牌号的电线或电缆并捆扎好，不得与车体相摩擦或直接接触。

（3）严禁在机车电路内使用不合格（或代用品）的熔断器。

（4）严禁在机车司机室电炉上、各空气压缩机上烘烤棉丝或放置其他物品，禁止在机车走廊吸烟。

（5）机车乘务员应熟知灭火器有关使用方法。为保证灭火性能良好，在运行中禁止让日光或其他热源直接照射灭火器筒，不得敲打灭火器的筒体和其他部分，灭火器阀门和筒口保持干燥。

（6）当电力机车发生火灾时，机车乘务组应立即将调速手柄放在零位，断开主断路器，降下受电弓，拉开蓄电池闸刀，尽可能将列车留在便于救火和旅客下车的地点（但不得在木材建筑物附近），立即鸣示火灾警报信号。如果列车停在坡道上，应拧紧手制动机，并打好止轮器，然后组织和指挥救火。

（7）机车内用电设备着火时，只能使用四氯化碳灭火器和干砂灭火。若木制器械着火，确认与电源无关时，方可用水或泡沫灭火器灭火。

（8）火灾后，机车乘务组应仔细检查机车设备遭受损失程度，如果能继续运行时，将损坏处处理好维持运行，若损坏严重时，可请求救援。

五、电力机车上常用灭火器的性能和使用注意事项

1. 二氧化碳灭火器

二氧化碳灭火器是将压缩的二氧化碳气体储藏于灭火器的筒内,当使用时利用二氧化碳气体喷射时吸收热量产生雪花形固体二氧化碳,使燃烧物温度降低,同时由于二氧化碳气体具有不助燃的特点,喷至燃烧物上,使燃烧区域助燃的氧气成分大大降低,从而起到灭火作用。二氧化碳不导电,但当空气温度过大时,也会引起导电,故仅适用于扑救 600 V 以下的各种电气火灾。

当发生火灾时,应立即揪断灭火器上铅封,一手扶着胶皮喷嘴,另一手按所示方向转动顶部手轮。

喷射时,应先由火焰边缘开始,再推进至中心位置,在使用中还应注意风向,避免逆风使用,不应对准其他救火人员使用。灭火后应注意通风,以防窒息。

2. 四氯化碳灭火器

四氯化碳灭火器是将一定数量的药液以 80 kPa 的压力储藏于灭火器筒内,由于四氯化碳绝缘性能高达 12 kV,故特别适于扑灭高压电气火灾。当发生火灾时,一手持器筒,把射口对准燃烧的地方,另一只手再旋动开关,药液即可喷出。这种灭火器药液蒸汽有毒。严禁射入眼内,应在 3 m 以外的地方使用,同样不可逆风使用,在灭火后应及时通风。

3. 触电后的急救——人工呼吸

当发生触电事故后,应立即设法切断电源,将触电者抬到适当地点开始急救。如触电者已处于晕迷状态,则应解开衣领,用凉毛巾擦全身使之清醒。对于烧伤处应特别注意保护伤口不被污染,不能用手触及伤口,并应涂软膏凡士林,对于伴随的摔伤、骨折、出血等,应用绷带止血,并固定骨折部位,立即送往医院。

施行人工呼吸前,应宽解触电者衣服,使嘴张开,并把舌头拉出。若嘴闭得过严,应用筷子或金属片等撬开门牙。同时给以嗅氨水,并进行按摩。

人工呼吸可采用使触电者仰卧或俯卧方式进行。

当触电者仰卧时,施行人工呼吸者跪跨在触电者身上,两手握住触电者手腕稍上的地方,心中默数着 1、2、3,把手伸直向上引向脖子后部,使触电者吸气,然后再把两臂曲向前胸的两侧,心中默数着 4、5、6,使触电者呼气。

当触电者俯卧时,使触电者一只手臂弯曲垫在头下,脸侧向一方,另一只手沿着头傍伸直,施行者跪跨在触电者身上,将两手平放在触电者后背肋骨下部,手指按在他的腰间,施行者心中默数着 1、2、3,并逐步使身子向前倾斜,使体重通过双手压迫触电者下肋部,使之呼吸。

应该指出,无论以哪种方式进行人工呼吸,必须要有耐心,坚持到最后 1 min。因为有资料表明有人触电后假死时间达几小时之久。在施行人工呼吸中还要注意快慢,节奏要均匀,一般每分钟 14~16 次为宜。

在施行人工呼吸中,应特别注意触电者的面部表情变化。如嘴唇、眼皮是否活动,喉部

是否发出音响，当触电者已能自行呼吸时，则应停止人工呼吸，当急救完毕后，仍应使触电者安静地平卧休息。

【知识检测】

一、填空题

1. 凡是电力机车停在接触网下，未与调度取得联系和挂好_____前，不论何种原因，绝对禁止登上机车车顶。

2. 当机车受电弓升起时_____进入高压室和变压器室及打开牵引电机整流子孔盖。

3. 在运行中，操纵端的司机室门应关闭，但不得_____。非操纵端的司机室门应锁闭，并禁止在司机室、走廊放置无关的物件。

4. 当受电弓升起时，允许调整电压电位器、压力调节器及安全阀，可以检查制动缸活塞_____并进行调整，向机车齿轮箱、抱轴承、喷油器油箱和制动装置注油。

5. 机车乘务员应保持机车必备安全用品状态_____，并将其存放在固定地点。

6. 电力机车进出机务段或折返段时，必须在规定地点_____，鸣笛要道。

7. 机车进入段内停车时，应降下受电弓，断开_____，将位置转换开关置于制动位。

8. 电力机车整备线及检查线上的接触网应设有_____隔离开关。

9. 在机车下面更换闸瓦时，应_____机车制动缸塞门（禁止同时关闭两台转向架的机车制动缸塞门）。

10. 机车车顶整备完毕，应确认车顶状态良好，并取得同时进行另一台机车工作的司机同意后，方可_____接地线，在值班员的监督下闭合隔离开关并加锁。

二、判断题

1. 在带电的情况下，可以接触绝缘的导线及各种导电部分。（ ）
2. 当机车受电弓升起时禁止进入高压室和变压器室。（ ）
3. 在运行中，操纵端的司机室门应关闭，必须加锁。（ ）
4. 禁止乘务员持有、使用私有的反向手柄和司机台开关箱钥匙。（ ）
5. 机车入库使用引入库机组拖动机车入库，也可以降弓滑行。（ ）

三、简答题

1. 简述在电力机车上工作的一般安全规定。
2. 简述本段与折返段在电力机车上工作的安全规定。
3. 简述电力机车在本段与折返段外工作时的安全规定。
4. 电力机车防火和救火有何规定？
5. 简述常用灭火器的使用方法。
6. 简述触电后的急救方法（人工呼吸）。

任务二　铁路交通事故发生后的救援与起复

保持铁路运输畅通是铁路运输的重要关键,一旦发生重要运输中断必须积极地处理,迅速恢复通车,把运输中断时间减少到最低限度,为此铁路运输组织中设置了事故救援列车,救援列车配备一定的人员、机具、器材,经常保持完好状态,随时准备出动。

【任务目标】

知识目标:熟知铁路交通事故发生后救援与起复的知识要领。

能力目标:能够正确实施救援与起复操作。

【任务内容】

一、事故救援列车基本任务

(1)按照调度命令,争分夺秒抢救事故,开通线路,迅速恢复行车,以及完成调度给予的其他作业任务。

(2)负责管辖区域内救援队(班),机车乘务员、运转车长以及车站、列检等有关人员的起复救援基本技术的训练,并负责救援队的工具、备品的配备及检修工作。

(3)经常不断地改革救援工具,研究改进救援方法,并做好救援列车设备的维修工作。

二、事故的组织处理

(1)事故发生以后(在区间),车长、机车乘务员和有关行车人员必须根据《技规》258~263条规定办理,做好安全防护工作。

(2)列车发生事故以后由车长和司机(旅客列车可组织乘务员)迅速了解事故现场脱轨情况,作出全面计划安排。确定自力起复或请求救援列车后,立即用调度电话向路局调度及邻站站长汇报事故情况,同时提出要求和处理事故的建议。

(3)凡机车和车辆在站内或区间发生事故后,救援队(班)应紧急集合迅速赶赴事故现场,了解事故情况,确定是自力起复或请求救援列车。在救援列车未到达前,做好起复前的准备工作,联系两端车站,将事故车两端未脱轨的车辆拉开送往车站,同时组织劳力把事故车的货物卸空,以利于救援列车到达后用吊车起复。

(4)指定专人看管安全防护设施和事故现场的安全保卫工作。

(5)遇有易燃品、爆炸品的车辆,应按规定做好安全保护工作,并指定专人负责。

三、起复作业安全注意事项

(1)起复工作应由一人统一指挥,不得乱指挥和乱显示信号。

（2）利用钢丝绳拉车时，必须缓慢用力，严禁猛拉，以防止钢丝崩断伤人。
（3）拉车时工作人员必须离开事故车辆周围，以防钢丝绳崩断和车轮压滑物体飞出伤人。
（4）事故车辆前后必须设立防护，并指定专人负责看管。
（5）利用顶镐起复脱轨车辆一端时，另一端车轮必须加止轮器，起落横动时必须由一人指挥。

四、起复作业的组织准备工作

（1）先了解事故情况，确定起复计划，提出时间要求，明确分工，由车长、司机、救援队（班）长或具有起复经验的人员统一指挥。
（2）起复车辆时，如是重车则需要卸空（空车便于起复）。
（3）根据事故车的脱轨方向和距离基本轨的远近放置复轨器。
（4）起复方法多数是按照原来的脱轨方向放置复轨器，或将脱轨车拉近基本轨以后，再安放复轨器进行起复。

五、起复注意事项

（1）机车和车辆发生脱轨后，大多数车辆都有不同程度的倾斜度，工作时应特别注意，在起复前应先查看车轮的斜度，看哪边离基本轨近，再确定起复拉车的方问。
（2）机车车辆发生脱轨后，根据一般的规律枕木都要压道槽，因此顺槽回拉是正常的。
（3）无论使用什么型的复轨器，在拉前应在复轨器上加放油，以便车轮易滑上道。自事故车轮至复轨器之间应铺垫石碴将枕木盖严，以减少阻力，保护枕木，防止车轮前进变向。
（4）利用复轨器起复机车车辆，在牵引时，工作人员应待在离事故车稍远的地方，切勿蹲在复轨器旁，以防由于事故车翻倒和石碴等物被挤压，迸出伤及身体。
（5）拉事故车时，机车牵引速度应缓慢，防止车轮越过复轨器，不上基本轨。
（6）事故车辆起复作业前，在有列检人员的车站，应通知列检人员参加起复工作和起复后的车辆检查工作。在无列检人员的车站，事故车辆起复后，必须通知附近列检人员对事故车辆检查后，方准投入运用。

六、复轨器的种类和使用方法

（一）海参形复轨器使用方法

（1）海参形复轨器分内、外侧两种，其顶部比内侧稍高，要注意选择使用，如图 3.1 所示。
（2）使用时外侧复轨器应安装在钢轨外侧与基本轨密贴。内侧复轨器安装在钢轨内侧，与基本轨保持 35~40 mm 的间隙，以便轮缘通过。安装复轨器时，要安装在两轨同侧面贴的两根枕木上（要躲开鱼尾板，有轨撑时要拆除）。两复轨器要对称安装。如遇水泥枕时，可在水泥枕间串木枕使用，如图 3.2 所示。

（3）复轨器安装后，必须装好螺栓卡子，道钉固定好，以防使用时滑动，复轨器顶部须涂油，由脱轨车轮至复轨器之间应用石砟及铁板垫好以减轻阻力和防止轧坏枕木。

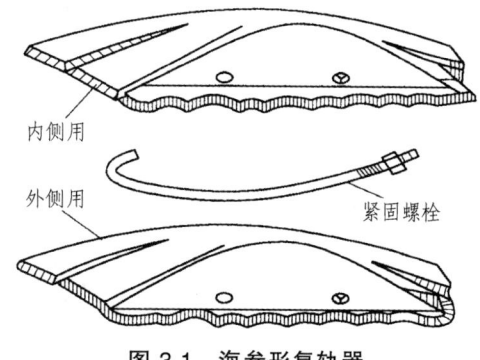

图 3.1 海参形复轨器

（4）使用本复轨器时，脱轨车轮距基本轨不得超过 150 mm，如超过时，可采用钢丝绳拉轴箱或逼轨办法，使车轮靠近基本轨后再进行起复。

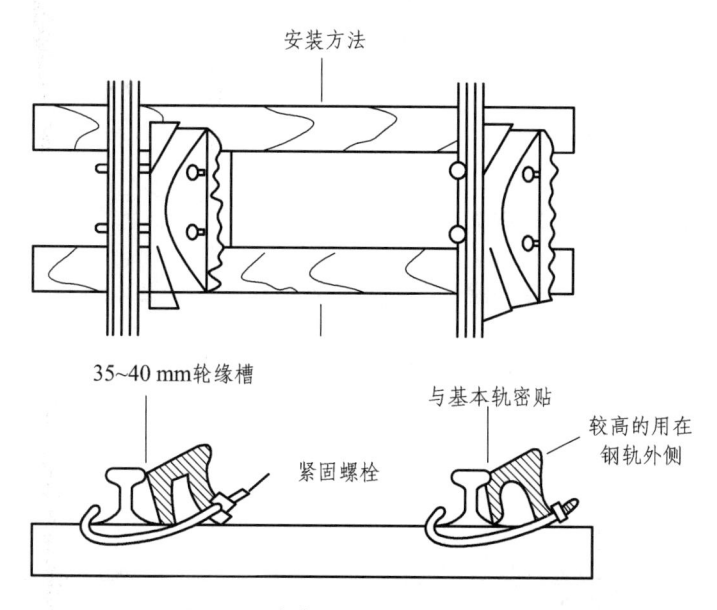

图 3.2 海参形复轨器的使用方法

（二）人字形复轨器使用方法

（1）人字形复轨器分为左右侧两个形状，从正面看，它的引导楞是外股长、内股短，形成"左人右入"形状。使用时将长引导楞安装在钢轨外侧，短引导楞安装在钢轨内侧。如图 3.3 所示。

（2）使用时，必须安装在拉车的前进方向，左、右分开摆齐（要躲开鱼尾板，有轨撑时要拆除），将安装复轨器尾部的石砟挖出，装好串销拧紧顶丝固定好，复轨器下部的空处用石砟铁板等垫硬，复轨器前端与钢轨面接触处，可垫少量棉纱、沙粒、木片等物，以防使用时滑行，如图 3.4 所示。

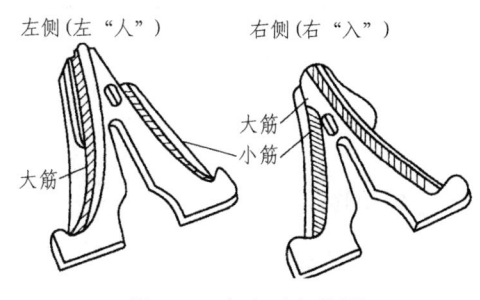

图 3.3 人字形复轨器

53

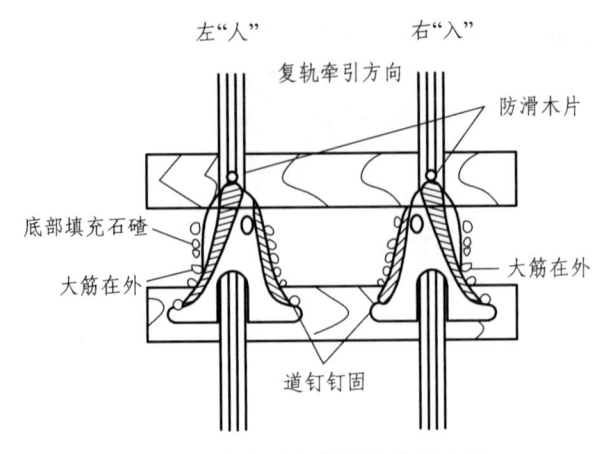

图 3.4 人字形复轨器的使用方法

（3）使用时要注意使脱轨车轮距基本轨不得超过 240 mm，如超过时须用"拉"和"逼"的方法使车轮靠近基本轨，然后进行起复。

（4）由脱轨车轮至复轨器间用石砟、铁板等物垫好，以减少起复时的阻力和防止损坏枕木。

（三）逼轨器的使用方法

机车车辆脱轨后车辆倾斜较大时，须用逼轨器把车轮逼向基本轨后用复轨器起复，在水泥枕和钢枕上使用时，一端用钩螺丝把逼轮钢轨同基本轨固定在一起，另一端用轨距杆和基本轨联接即可，如图 3.5 所示。如在枕木上使用，也可用道钉按眼把逼轨钢轨钉在枕木上使用。

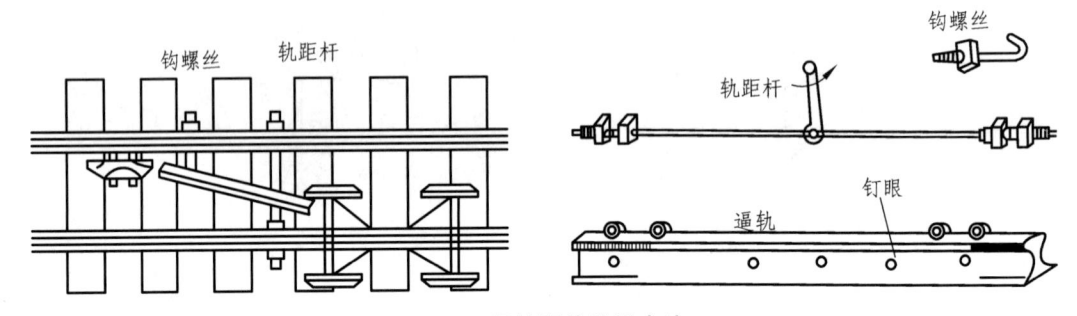

图 3.5 逼轨器的使用方法

逼轨器是一根普通短钢轨，用来迫使车辆靠近钢轨。逼轨器安装于线路中心斜向位置。一端伸至车轮内侧，另一端置于复轨器引导楞内侧（在复轨器端应距基本轨有 150 mm 的间隙），用道钉钉在枕木上或用卡子与基本轨相连接，其长度为 2～4 m（如遇钢枕、水泥枕无法固定时就在两枕中间加上枕木，以使逼轨器固定）。

【知识检测】

一、填空题

1. 按照调度命令，争分夺秒抢救事故，_____，迅速恢复行车，以及完成调度给予的其他作业任务。

2. 负责管辖区域内救援队（班），机车乘务员、运转车长以及车站、列检等有关人员的_____基本技术的训练，并负责救援队的工具、备品的配备及检修工作。

3. 事故发生以后（在区间），车长、机车乘务员和有关行车人员必须根据《技规》规定办理，做好_____工作。

4. 列车发生事故后，司机或者运转车长应当_____，采取紧急处置措施；对无法处置的，应当立即报告邻近铁路车站、列车调度员进行处置。

5. 凡机车和车辆在站内或区间发生事故后，救援队（班）应_____赶赴到现场，了解事故情况，确定是自力起复或请求救援列车。

6. 遇有易燃品、爆炸品的车辆，应按规定作好安全保护工作，并指定_____负责。

7. 起复工作应由一人_____，不得乱指挥和乱显示信号。

8. 利用钢丝绳拉车时，必须缓慢用力，严禁猛拉，以防止钢丝_____伤人。

9. 事故车辆前后必须设立_____，并指定专人负责看管。

10. 安装复轨器时，要躲开_____，有轨撑时要拆除。

11. 人字形复轨器分为左右侧两个形状，从正面看，它的引导楞是_____、内股短，形成"左人右入"形状。

12. 逼轨器是一根普通短钢轨，用来迫使车辆靠近_____。逼轨器安装于线路中心斜向位置。

二、简答题

1. 铁路交通事故救援的基本任务是什么？
2. 起复作业安全注意事项是什么？
3. 起复作业的组织准备工作是什么？
4. 简述逼轨器的使用方法。

第二单元

专业知识

项目四　机车概述

任务一　SS_4改型机车整体介绍

【任务目标】

知识目标：了解SS_4改型机车总体介绍及主要技术参数。

能力目标：掌握SS_4改型机车总体介绍及主要技术参数。

【任务内容】

SS_4改型机车是由两节完全相同的四轴机车用车钩及连接风挡连接而成。中间有电气重联控制电缆及空气制动系统重联控制风管，可在其中任一司机室对全车进行统一控制，亦可分开作为一台四轴机车单独使用，但只有一个司机室。机车两端设有重联装置，可与一台或数台SS_4改型机车重联运行，而只需运行前端一节车操纵。

SS_4改型机车由电气、机械和空气管路三大部分组成。

一、机械部分

（一）车　体

（1）车体由底架、侧墙、车顶、顶盖及司机室等部件组成整体承载结构。

（2）每节车前部为司机室，前端凸出，以充分利用空间，并增加美感，司机室前窗玻璃为薄膜式电热玻璃，两侧活动窗采用成型拉窗，美观、密封好，司机室后墙两边各设一走廊门，与车体两侧纵走廊相通，车体后端设有横走廊，后端墙中间设有过道门，使两节车相通。

（3）车体内设备布置，采用双边走廊，分室斜对称布置，设备屏柜化、成套化，结构紧凑，接近容易，维修方便。

（4）每节车车顶有受电弓、主断路器各一台，两节车车顶高压部分，用高压连接器相连。

（5）在每节车车体顶部焊有1、2端高压室、变压器室、机械室4个可拆卸的顶盖，便于检修时拆装车内设备。

（二）转向架

每节车有2台二轴转向架，全车4台。轴式为2（Bo-Bo）。

它既有三轴转向架的传统结构，又有其自身特点，如固定轴距短，采用低位斜拉杆牵引装置以减少轴重转移等。牵引力传递直接由牵引梁、斜拉杆到车体牵引座，黏着利用率可达90%。

二、电气部分

（1）采用传统的交-直流传动形式，仍使用串励脉流牵引电机。

（2）转向架独立供电，每台转向架有相应的相控式主整流器。这种供电方式的优点：一是能充分提高黏着利用率，因为它可对一节车前后两台转向架进行电气轴重补偿；二是一台主整流器故障时，可切除一台转向架，仍保持3/4的牵引力。

（3）机车主整流器采用三段不等分桥式调压整流电路，取消了传统的调压开关。牵引力、电阻制动力均为平滑调节。

（4）机车电子柜设有A、B两组控制系统。A组为闭环控制，牵引、电阻制动可以实现准恒速运行，大大减少了手柄的频繁动作，减轻了司机劳动强度。A组故障时，可用B组维持运行，提高了系统的可靠性（有的机车电子柜B组时亦为闭环控制）。

（5）机车采用加馈电阻制动，与常规电阻制动相比有三大优点：一是加宽了调速范围；二是能较方便地实现恒制动力控制；三是取消了半电阻制动接触器，简化了控制电路。

（6）司机室内安装有主、辅故障显示屏，各显示32个信号。主显示屏显示的是机车的主要状态及主要故障，辅显示屏的显示则是对主显示屏显示内容的补充，便于司机查找故障。

（7）为提高功率因数和减少对通信的干扰，机车增加了PFC功率补偿装置。

三、空气管路系统

每节车设有1台主压缩机、2个总风缸。制动机采用成熟的DK-1型电空制动机，并增设了重联阀，便于两节车重联时制动系统重联。

（一）SS_4改型机车结构参数（见表4.1）

表 4.1

内　容	参　数
轴式	2（Bo-Bo）
车钩中心线距离	2×16 416 mm
单节车体底架长度	15 200 mm
车体宽度	3 100 mm
车体受电弓座距轨面高度	4 050 mm
车钩水平中心线距轨面高度	（880±10）mm
机车落弓状最高点距轨面高度	4 775 mm（高压连接器处）
两受电弓滑板中心距	23 190 mm
转向架固定轴距	2 900 mm
转向架中心距	8 200 mm
机车全轴距	27 516 mm
单节车全轴距	11 100 mm

（二）SS₄改型牵引性能参数（见表4.2）

表4.2

内　容	参　数
机车总重	184 t
动轮轴重	23 t
动轮直径：新	1 250 mm
半磨耗	1 200 mm
传动方式	抱轴式悬挂，一级双边斜齿减速
传动比	88/21 = 4.19
工作电压：额定值	25 kV
最高值	29 kV
最低值	19 kV
机车功率（持续制）	6 400 kW
机车牵引力：最大值（起动时）	628 kN
额定值（持续制）	436.5 kN
机车速度：额定值（持续制）	51.5 km/h
最大值	100 km/h
恒功速度比	大于 1.5
功率因数（额定工况）	大于 0.90
机车总效率（额定工况）	大于 0.80
动力制动方式	加馈电阻制动
轮周制动功率	5 300 kW
电阻制动力	不小于 412 kN（11.5～46.3 km/h）
固定分路磁场削弱	β = 0.96
三级磁场削弱控制	β = 0.70，0.54，0.45
空气制动机型式	DK-1 型电空制动机
基础制动型式	178×2.85 单侧单缸制动器
机车闸瓦最大总压力	409 kN（闸缸压力 450 kPa 时）
机车曲线通过最小半径	125 m（相应速度 5 km/h）
砂箱总容积	1.6 m³

SS₄改型机车车内设备布置如图 4.1 所示。

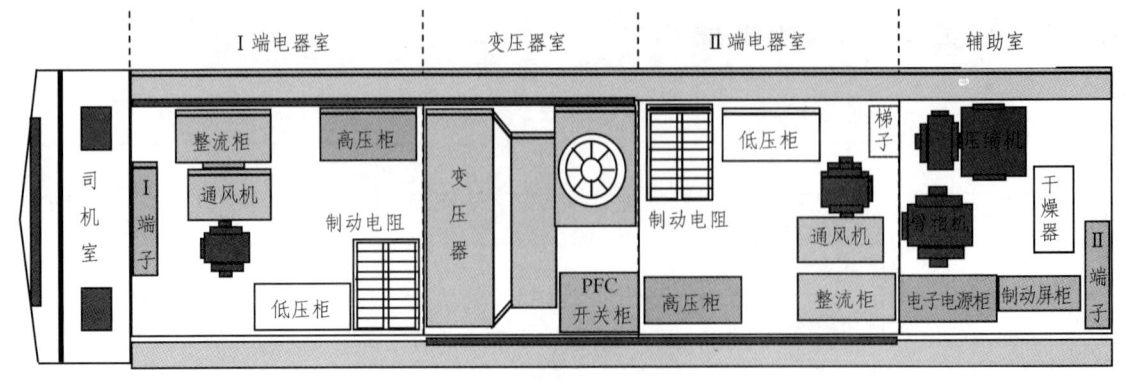

图 4.1 车内设备布置图

【知识检测】

填空题

1. SS₄改型机车是由_____完全相同的四轴机车用_____及连接风挡连接而成。

2. SS₄改型机车由_____、_____和_____三大部分组成。

3. SS₄改型机车车体内设备布置,采用_____走廊,分室斜对称布置,设备屏柜化、成套化,结构_____,接近容易,_____。

4. SS₄改型机车转向架:每节车有_____二轴转向架,全车 4 台。轴式为_____。它既有三轴转向架的传统结构,又有其自身特点,如_____,采用低位斜拉杆牵引装置以减少轴重转移等。牵引力传递_____到车体牵引座,黏着利用率可达_____。

5. SS₄改型机车转向架独立供电,每台转向架有相应的_____ 。

任务二　HX$_D$1C 型机车整体介绍

【任务目标】

知识目标:了解 HX$_D$1C 型机车总体介绍及主要技术参数。
能力目标:掌握 HX$_D$1C 型机车总体介绍及主要技术参数。

【相关知识】

一、总体设备布置

HX$_D$1C 型电力机车为功率 7 200 kW 的六轴干线电力机车,轴式为 Co-Co。

7 200 kW HX$_D$1C 机车采用双司机室、机械间为贯穿中间走廊结构(宽度≥600 mm),机械间设备按照斜对称布置的原则进行布置。全车设备布置可分为:车顶设备布置,司机室设备布置,机械间设备布置,车下设备布置等。

(一) 车顶设备布置(见图 4.2)

机车车顶安装有:受电弓 2 台,车顶高压隔离开关 2 台,高压电压互感器 1 台,主断路器(包括接地开关)1 台,避雷器 1 台,车顶穿墙套管(包含在高压电缆中)1 台,天线。

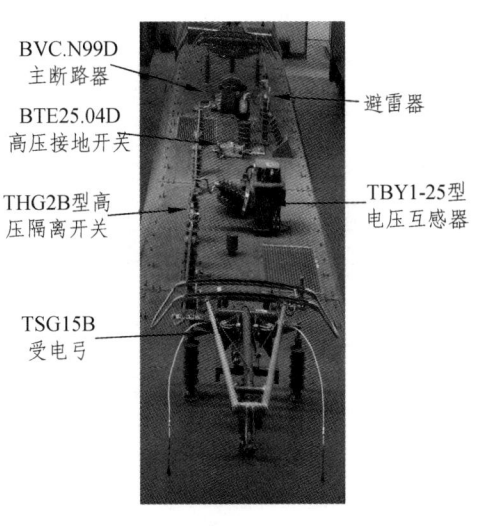

图 4.2

1. 受电弓(见图 4.3)

型号:TSG15B

额定工作电压:30 kV(AC)

额定工作电流:1 000 A

额定运行速度:200 km/h

折叠高度 (包括支持绝缘子):≤678 mm

最小工作高度(从落弓位滑板面起):220 mm

最大工作高度(从落弓位滑板面起):2 250 mm

最大升弓高度(从落弓位滑板面起):≥2 400 mm

静态接触压力:70 kN

特点:用气囊控制升降。

图 4.3

2. BVAC.N99D 真空断路器

BVAC.N99 型单极交流断路器,用于机车电源的开断、过载和短路保护,如图 4.4 所示。

真空断路器闭合条件:

(1)断路器在断开状态。

(2)有充足气压。

(3)保持线圈处于得电状态。

图 4.4　BVAC.N99 型真空断路器 　　　图 4.5　TBY1-25 型电压互感器

3. TBY1-25 型电压互感器

用于检测网压，如图 4.5 所示。当受电弓升起时，网压表显示网压，同时，其次端输出电压信号送入牵引变流器、辅变流器作为交流同步信号使用。变比为 25 000 V/100 V，也为电度表提供电压信号。

如果网压高于 31.5 kV 并持续 40 s 或高于 32 kV，将断开主断路器，并在显示屏上显示相应的信息。

复位条件：当网压低于 31 kV 并超过 20 s，允许合主断。超压保护。

如果网压低于 17 kV 并持续 1 s，将断开主断路器，并在显示屏上显示相应的信息。

复位条件：当网压高于 17.5 kV 并超过 1 s，允许合主断。欠压保护。

TBY1-25 型高压电压互感器主要由线圈组、铁芯、油箱、瓷套、出线装置等部分组成，在箱盖上还装有压力释放阀一个，其开压力为（35±5）kPa，关闭压力为 19 kPa，以防互感器内部短路或其他原因而引起互感器爆炸。

TBY1-25 型高压互感器结构如图 4.6 所示。

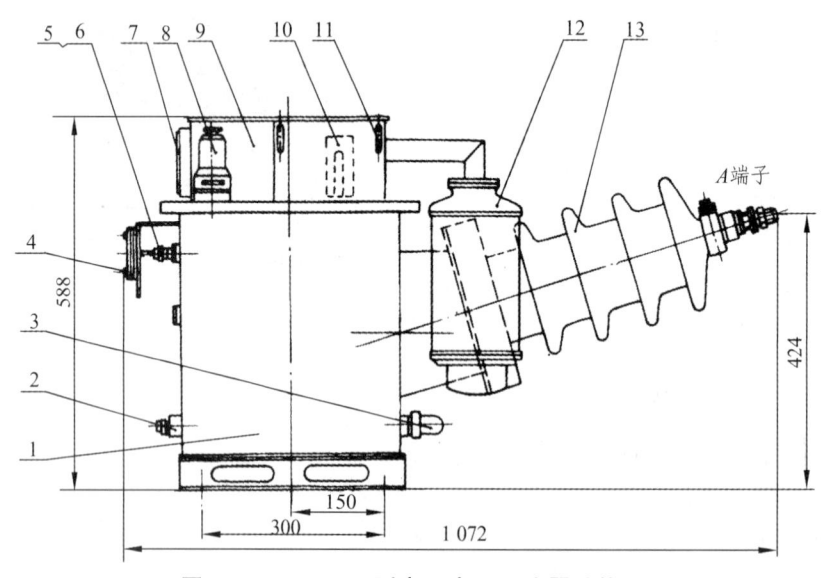

图 4.6　TBY1-25 型高压电压互感器结构图

1—油箱；2—接地螺栓；3—油样活门；4—观察窗；5—二次侧套管；6——次侧低压端套管；7—铭牌；
8—压力释放阀；9—箱盖；10—油位表；11—吊钩；12—呼吸管；13—25 kV 套管

4. THG2B 高压隔离开关

高压隔离开关属于车顶保护电器，如图 4.7 所示。

隔离开关是用于接通或隔离从受电弓流向机车其他电路的电流（不能带电操纵）。它通过手轮和锁手动控制推动旋转闸刀来实现隔离开关的分合操作，当闸刀顺时针或逆时针转动大约 60° 后，完成主电路的接通或隔离。

5. 高压电流互感器

高压电流互感器用以测量主变压器高压绕组进线端的线路电流，如图 4.8 所示。该测量电流值用于过流保护和短路保护。

原边电流有效值 > 430 A 超过 1 s，主断断开。当原边电流（峰值）I > 850 A，立即分主断，相关的故障信息在显示屏上有显示。

额定电流比：600/1/1 A；复位条件：司机手动复位，微机故障解锁。

图 4.7 THG2B 高压隔离开关

6. 高压接地开关

高压接地开关的主要功能是把牵引机车上的主断路器两侧的电路接地。

接地开关保证了机车的安全操作，当工作人员进行机车检查或维护、消除缺陷或进行修理时，保证了工作人员的人身安全。

在操纵杆从一端旋转 180° 到另一端时，闸刀也相应从"工作位"旋转 98° 到"接地位"，或者从"接地位"旋转 98° 到"工作位"。

蓝色锁被蓝色钥匙打开后，操纵杆才能从"操作"位置旋转到"接地"位置，如图 4.9 所示。

图 4.8 高压电流互感器

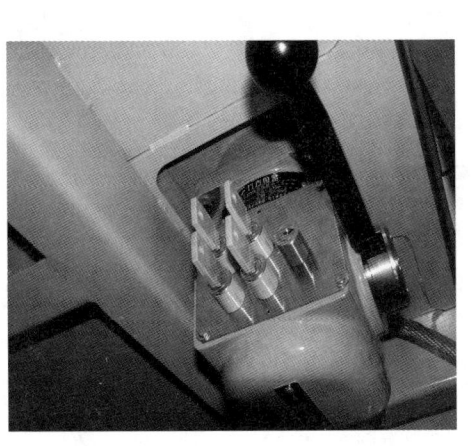

图 4.9

（二）司机室设备布置

如图 4.10 所示为司机室设备布置。

图 4.10 司机室设备布置

1. HX$_D$1C 机车操纵台（见图 4.11）

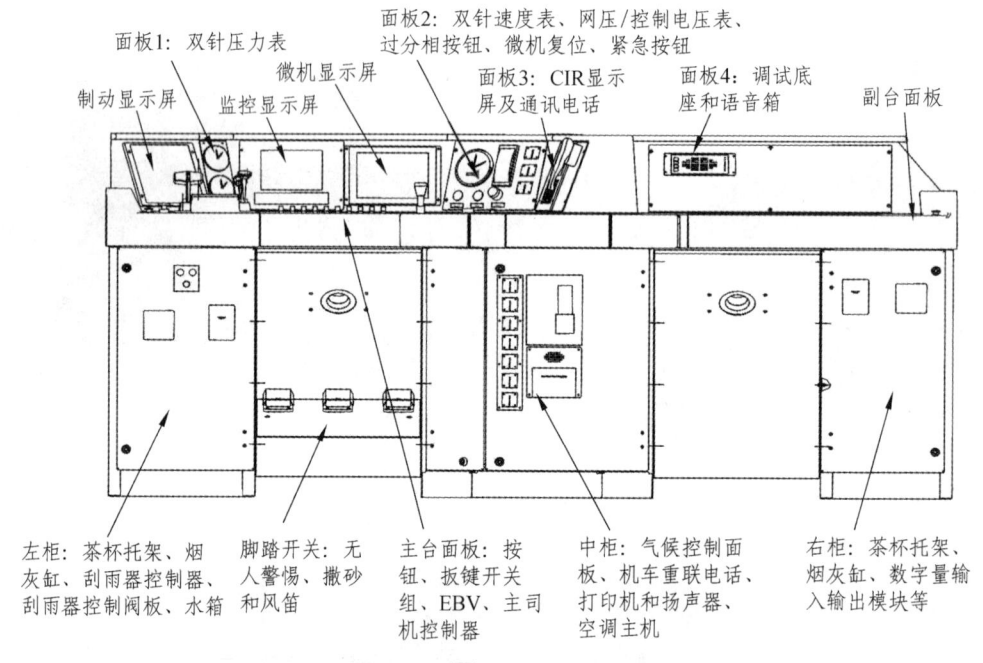

面板1：双针压力表
面板2：双针速度表、网压/控制电压表、过分相按钮、微机复位、紧急按钮
面板3：CIR显示屏及通讯电话
面板4：调试底座和语音箱
制动显示屏
监控显示屏
微机显示屏
副台面板

左柜：茶杯托架、烟灰缸、刮雨器控制器、刮雨器控制阀板、水箱
脚踏开关：无人警惕、撒砂和风笛
主台面板：按钮、扳键开关组、EBV、主司机控制器
中柜：气候控制面板、机车重联电话、打印机和扬声器、空调主机
右柜：茶杯托架、烟灰缸、数字量输入输出模块等

图 4.11

2. 微机显示屏（见图 4.12）

图 4.13 所示为控制系统——显示屏中的使用注解。

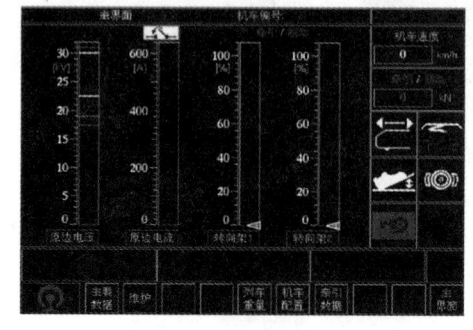

图 4.12 微机显示屏

图 4.13 控制系统——显示屏中的使用注解

3. 控制开关（见图 4.14）

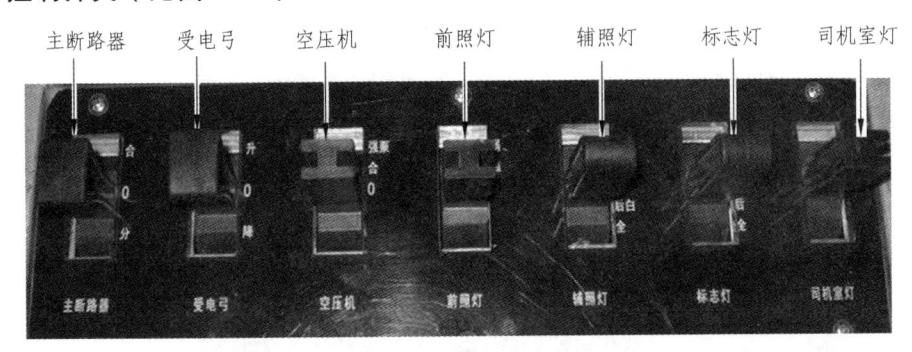

图 4.14 机车各种控制开关

4. 司机控制器（见图 4.15）

司机控制器（EBV）是机车的主令控制电器，用来转换机车的牵引与制动工况，改变机车的运行方向，设定机车的运行速度，实现机车的起动和调速等工况。牵引/制动单元位于司机控制器左侧，用于调节机车的牵引和制动工况，可前后推动，具有"牵引"、"0"、"制动"三个区域。

牵引/制动单元手柄垂直时为"0"位，向前推进入"牵引"区，推动55°后到达"牵引"最大位；向后拉进入"制动"区，拉动55°后到达"制动"最大位。

图 4.15 司机控制器

5. 司机操作台各种仪表及按钮（见图 4.16）

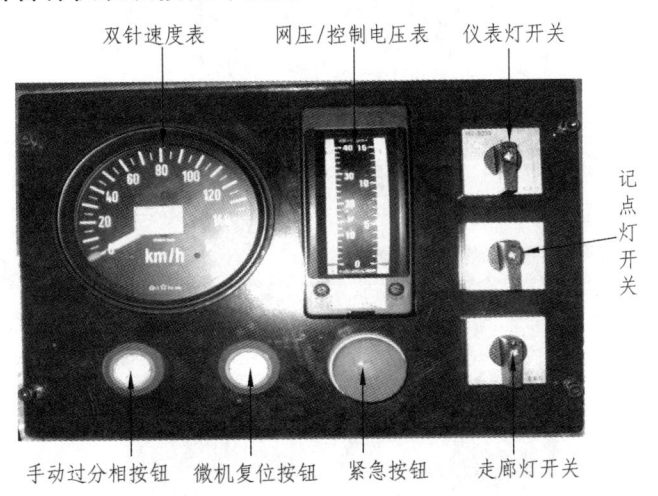

图 4.16 司机操作台各种仪表及按钮

6. 法维莱制动机（见图 4.17）

制动显示屏　停放制动施加/缓解按钮

电紧急制动按钮

司机制动控制器（大闸/小闸）

图 4.17

7. 司机室中柜（见图 4.18）

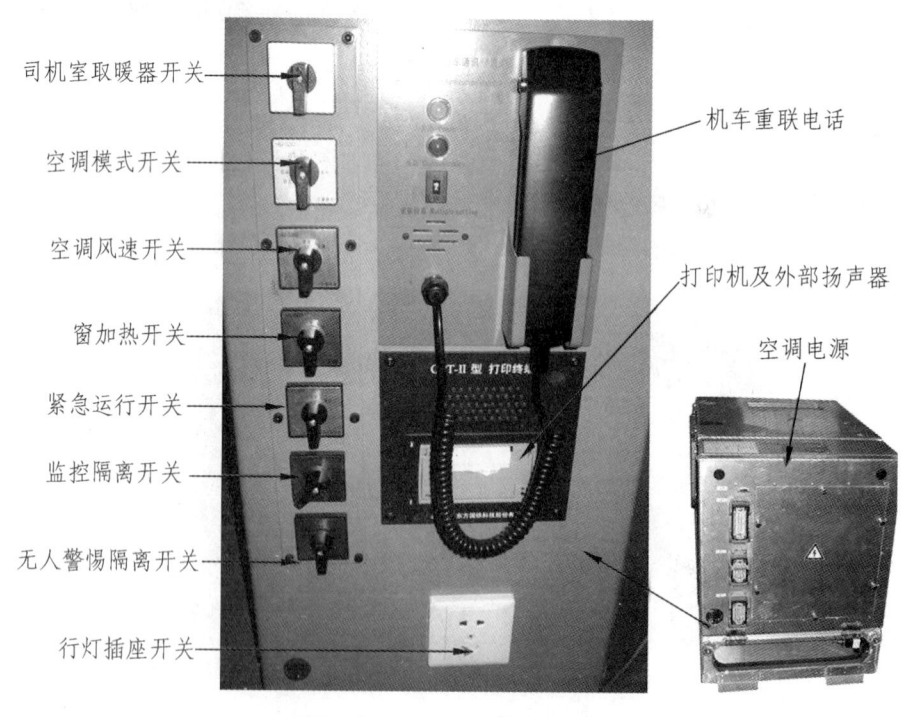

司机室取暖器开关
空调模式开关
空调风速开关
窗加热开关
紧急运行开关
监控隔离开关
无人警惕隔离开关
行灯插座开关

机车重联电话
打印机及外部扬声器
空调电源

图 4.18　司机室中柜分布设置

（三）机械间布置（见图 4.19 和图 4.20）

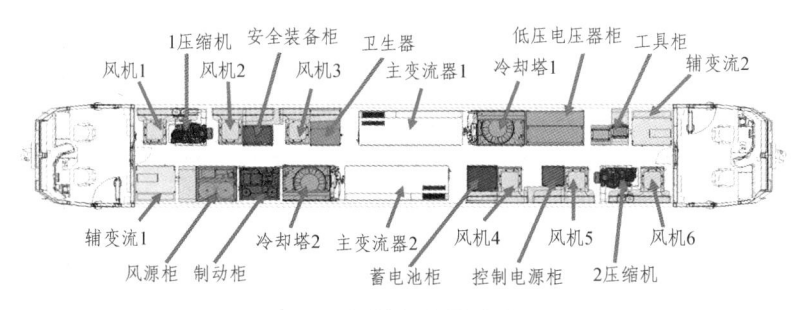

图 4.19　机械间布置分布图 1

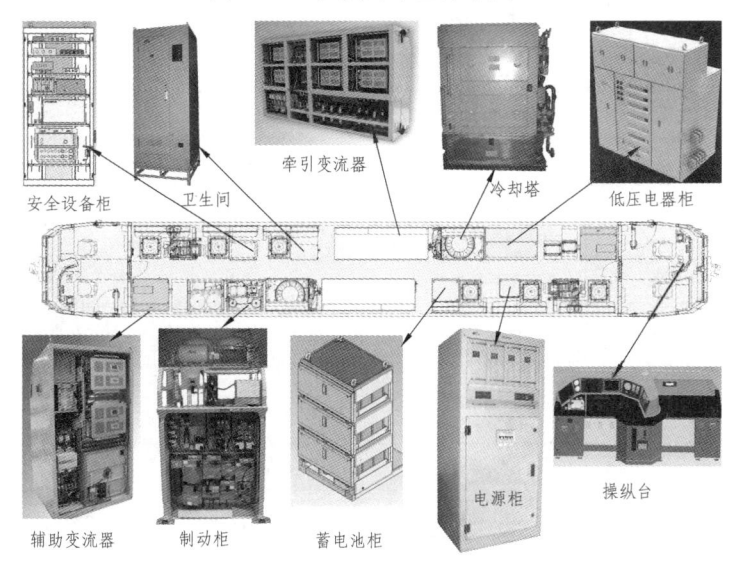

图 4.20　机械间布置分布图 2

（四）车下设备布置（见图 4.21）

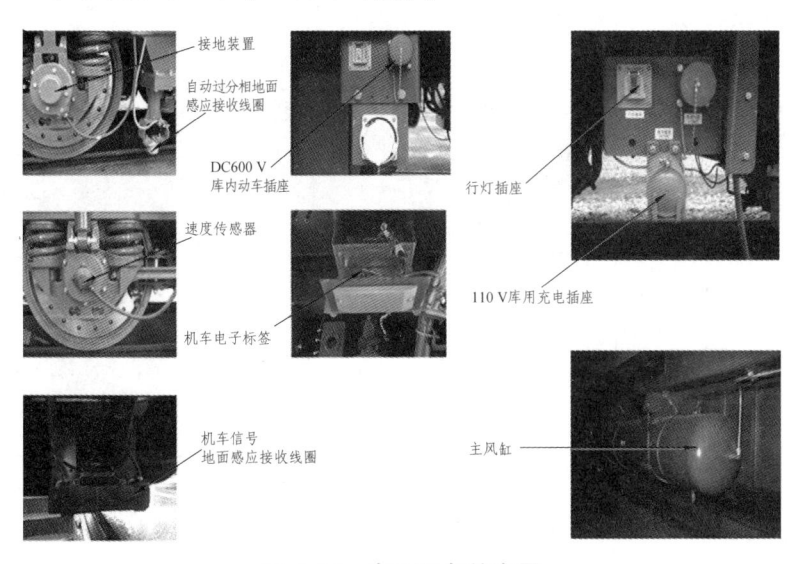

图 4.21　车下设备的布置

二、HX$_D$1C型电力机车主要技术参数

HX$_D$1C型电力机车主要技术参数如表4.3所示。

表4.3

轴式	Co-Co
轨距	1 435 mm
最大速度	120 km/h
启动牵引力	520 kN（23 t） 570 kN（25 t）
额定速度	70 km/h 65 km/h
轮周牵引持续功率	7 200 kW
环境温度	25～+40 °C：温度在40～25 °C时必须采取预热措施
最大电制动力	370 kN（23 t） 400 kN（25 t）
轮周再生制动功率	7200 kW
机车长度（车钩中心线）	22 670 mm
车体最大宽度	3 100 mm
最大高度（降弓时）	4 745 mm
重联牵引	三台机车可重联牵引，并预留了LOCOTROL系统的接口
机车全轴距	16 260 mm
通过最小曲线半径	5 km/h时120 m
轮径	新轮：1 250 mm 全磨耗：1 150 mm
供电系统	138 t（无配重），$150\times\left(1^{+1\%}_{-3\%}\right)$t（有配重）
机车整备重量	CCB II
制动机型号	电制动，自动制动，单独电空制动，弹簧蓄能停车制动
电气驱动系统	IGBT为基础的水冷变流器，6个电源侧四象限整流器4QC，2个电压型直流支撑回路，6个脉宽调节（PWM）逆变器，供6台三相异步牵引电机
控制装置	DTECS中央控制单元，牵引控制单元，每个司机室彩色显示屏，中央诊断，记录装置，电气防空转/防滑行保护，自动过分相，可实现机车重联牵引
通信设备（含第三方设备）	LKJ 2000列车运行监控记录装置，机车综合无线通信设CLR，JT—C型机车信号车载系统设备，TMIS车号识别设备，TAX2型机车安全信息综合监控装置，司机室之间的机车重联电话等
车顶安装设备	机车安装有2台受电弓，2个车顶高压隔离开关，1个高压电压互感器，1个主断路器（包括1个接地开关），1个避雷器，1个车顶穿墙套管（包含在高压电缆中）及天线等

【知识检测】

填空题

1. HX$_D$1C 型电力机车为功率 7 200 kW 的_____干线电力机车，轴式为_____。

2. 7 200 kW HX$_D$1C 机车采用_____司机室、机械间为贯穿中间走廊结构（宽度≥600 mm），_____设备按照斜对称布置的原则进行布置。全车设备布置可分为：_____，_____，_____，_____等。

3. 司机控制器（EBV）是机车的_____电器，用来转换_____与制动工况，改变机车的运行方向，设定_____，实现机车的起动和调速等工况。牵引/制动单元位于司机控制器左侧，用于调节机车的牵引和制动工况，可前后推动，具有_____、_____、_____三个区域。

4. 高压接地开关的主要功能是_____接地。

5. 车顶安装设备有：_____受电弓，_____车顶高压隔离开关，_____高压电压互感器，_____主断路器（包括1个接地开关），_____避雷器，_____车顶穿墙套管（包含在高压电缆中）及天线等。

项目五　机车的高低压试验

任务一　SS_4改型电力机车的高、低压试验

【任务目标】

知识目标：掌握SS_4改型电力机车的高、低压试验。

能力目标：能够熟练进行SS_4改型电力机车的高、低压试验。

【任务内容】

一、高压试验程序及内容

（一）准备工作

(1) 关闭两节车车顶门及高压室门。
(2) 各管路塞门在正常工作位。
(3) 总风压力在 700 kPa 以上，闸缸压力 300 kPa。
(4) 闭合 666QS、667QS。
(5) 闭合全部自动开关，屏内电压表及副台电压表显示不少于 90 V。
(6) 逆变电源置 A 或 B 组，看 15 V、24 V、48 V 信号灯亮，主台显示屏"前节车、后节车、预备、主断、零压"灯亮。
(7) 两节车电子柜转换开关均置"A"组。
(8) 将两节车零压隔离开关 236QS 置"故障"位。
(9) 全车各控制器均在"零"位，非操纵节 570QS 在断开位。
(10) 合 412SK，检查信号灯。

（二）钥匙试验

1. 合 570QS

(1) 听：门联锁动作声、287YV 吸合。
(2) 看："零位"灯亮、568KA 吸合。
(3) 同时 558KA、539KT、528KT、284KE、569KA、665KA 吸合。

（4）如592QS在重联位，则545KA～548KA吸合。

2. 断570QS

（1）听：门联锁释放排风声，287YV释放。
（2）看："零位"灯灭，568KA释放。
（3）同时558KA、539KT、528KT、284KE、569KA、665KA释放。
（4）如592QS在重联位，则545KA～548KA释放。

3. 合570QS

现象同1项。

（三）主断路器试验

1. 合401SK

（1）听："主断"闭合声。
（2）看："主断"灯灭，"零压"灯灭。
（3）自复后，"零压"灯亮。

2. 合400SK

（1）听："主断"断开声。
（2）看："主断"灯亮。

3. 合401SK

（1）现象同1项。
（2）反复断合2～3次，检查145#塞门是否关闭。

（四）劈相机试验

1. 手动试验

（1）合404SK。
① "劈相机"灯亮，567KA吸合。
② 同时533KT、213KM、201KM、526KT、527KT、535KT、536KT吸合。
③ 10秒后，283AK自动吸合（注：大同厂机车必须人为闭合283AK）使566KA吸合"劈相机"灯灭。
④ 同时533KT、213KM、527KT释放。
（2）合400SK。
① 听："主断"断开声。
② 看："主断"灯亮。

2. 自动试验

（1）将591QS置"自动位"。

（2）合401SK。

① 主断闭合，"主断"灯灭。

② 1秒后，528KT释放，劈相机自启，现象与手动位相同。

③ 断404SK，恢复591QS于手动位。

3. 牵引风机1代替劈相机试验

（1）将242QS置"1FD"位，296QS置"电容"位。

（2）合404SK。

① 205KM吸合，"劈相机"、"辅助回路"、"牵引风机1"灯亮。

② 10秒后，283AK吸合后，"劈相机"灯不灭。

（3）断404SK：恢复242QS于"1PX"位，296QS于"电阻"位。

（4）重新闭合404SK。

（五）压缩机试验

（1）闭合405SK（当总风压力高于750 kPa时，闭合408SK），203 KM吸合。

（2）断405SK或408SK，203 KM释放。

（六）牵引风机试验

1. 合406SK

（1）205KM吸合，"辅助回路"、"牵引风机1"灯亮。

（2）3秒后，535KT释放，206KM合，"牵引风机2"灯亮。

（3）又3秒后，536KT释放，211KM、212KM吸合，"泵"灯亮。

2. 断406SK

现象与合位相反。

（七）制动风机试验

1. 合407SK

（1）209KM吸合，"辅助回路"、"制动风机1"灯亮。

（2）3秒后，526KT释放，210KM吸合，"制动风机2"灯亮。

2. 断407SK

现象与合位相反。

（八）换向及牵引试验

1. 手柄置"后"位

（1）107QPBW、108QPBW、107QPT、108QPT 吸合，使 556KA 吸合，"预备"灯灭。

（2）主手轮 1.5 级以上"零位"灯灭，532KT、525KT、549KA、12KM、22KM、32KM、42KM 吸合，牵引风机自启（现象与手动位相同）。

（3）25 秒后，525KT 释放，使 556KA 释放，"预备"灯亮。

（4）将 573QS、574QS、589QS、590QS 均置"故障"位后，使 530KT、556KA 吸合，"预备"灯灭。

（5）主手轮回"0"，零位"灯亮。

（6）合断 406SK。

2. 手柄置"0"位

404 号线失电，使 556KA 释放，"预备"灯亮。

3. 手柄置"制"位

（1）560KA、561KA、530KT、107QPB、108QPB 吸合。

（2）合 407SK，闸缸缓至 150 kPa 以内。

（3）主手轮离"0"，"零位"灯灭，牵引风机自启，532KT、12KM、22KM、32KM、42KM、91KM、92KM 吸合，"预备"灯灭，"电制动"灯亮。

（4）闸缸增至 150 kPa 以上，91KM、92KM 释放，电制动失效，"预备"灯亮，"电制动"灯灭。

（5）主手轮回"0"，"零位"灯亮。

（6）断 407SK，合断 406SK。

4. 手柄置"前"位

（1）107QPF、108QPF、107QPT、108QPT、556KA 吸合，"预备"灯灭。

（2）主手轮离"0"，"零位"灯灭。

（3）主手轮 6 级以上，牵引风机自启。

（4）手柄置Ⅰ级：17KM、27KM、37KM、47KM 吸合。

Ⅱ级：18KM、28KM、38KM、48KM 吸合。

Ⅲ级：Ⅰ级和Ⅱ级同时吸合。

（5）手柄回"前"位，手轮回"0"，"零位"灯亮，手柄回"0"，"预备"灯亮。

（6）合断 406SK。

（九）辅台试验

1."前"位试验

（1）手柄置"前"位，进级 1.5 级以上，牵引风机自起，"零位"、"预备"灯灭。

(2)手柄取出,"零位"、"预备"灯亮。

(3)合断406SK。

2."后"位试验

(1)现象与"前"位相同。

(2)合断406SK。

(3)断开404SK。

(十)保护试验

(1)手动285KE,主断跳闸,"主断"、"辅助回路"、"辅接地"灯亮。
重新合401SK,"主断"、"辅助回路"、"辅接地"灯灭。

(2)手动557KA,主断跳闸,"主断"、"牵引电机"灯亮。
重新合401SK,"主断"、"牵引电机"灯灭。

(3)手动564KA,主断跳闸,"主断"、"辅助回路"、"辅过流"灯亮。
重新合401SK,"主断"、"辅助回路"、"辅过流"灯灭。

(4)手动565KA,主断跳闸,"主断"、"原边过流"灯亮。
重新合401SK,"主断"、"原边过流"灯灭。

(5)手动594SB,主断跳闸,紧急停车,并自动撒砂。
重新恢复594SB。

(十一)结 束

恢复试验前状态。

二、低压试验程序及内容

(一)准备工作

(1)低压试验良好,各机械、电器作用良好。

(2)车顶作业、隔离开关作业完毕,锁好车顶门。

(3)各开关、闸刀、塞门均在正常工作位。

(4)A、B节各室及地沟无人,无工具、杂物,锁闭各室门,拉下锁闭杆。

(5)人员齐全,均处于安全位置,操纵台无禁动牌。

(6)总风压力700 kPa以上,闸缸压力300 kPa。

(二)高压试验程序

1.闭合570QS

听:门联锁动作声。

看:"零位"灯亮。

注意:确认主断路器在断开位,"主断"灯亮。

2. 升 弓

(1)闭合后弓按键402SK。

看:受电弓升起时间不大于8 s,无冲网现象,网压表显示19~29 kV。

注意:升弓前必须高声呼唤"××道××机车升弓",并鸣笛一长声方可升弓,升、降必须二人确认升、降到位。

(2)断开402SK。

看:降弓时间不大于7 s,无砸车顶现象,网压表降0。

(3)断开402SK。

同后弓,试验正常后升起双弓。

3. 闭合主断路器按键401SK

听:主断路器闭合声,主变压器交流声。

看:主台"主断"灯、"零压"灯灭,辅助电压表显示310~460 V,辅台控制电压表显示上升到110 V。

注意:合闸后,司机确认呼唤辅助电压,副司机确认呼唤控制电压,如辅助电压低于310 V应立即断电、降弓,反复断合几次主断路器,再升弓、合闸,以防主断路器主触头闭合不到位引起瓷瓶爆炸,合闸后,如听到主变压器交流声不正常,应立即断电、降弓,检查辅机接触器有无焊接现象,主变压器是否有异状,未查明原因,不得盲目试验。

4. 启劈相机

闭合劈相按键404SK,另一手扶400SK按键:

听:劈相机启动正常。

看:辅助电压表针波动30~60 V,"劈相机"灯亮又灭。

注意:合主断路器,等辅助电压稳定后,再启劈相机,发现异常,立即断电。

5. 闭合压缩机按键405SK(风压高于700 kPa时,闭合408SK)

听:247YV排风声,3 s后停止,压缩机启动正常。

看:网压波动30~40 V,总风压力达到900 kPa时自动停止泵风,如合408SK总风压力达950 kPa时,安全阀喷气,此时应关闭408SK。

注意:

(1)启动各辅机时,应一手扶400SK,发现异常,立即断电。

(2)副司机走廊巡视检查两台压缩机,油压表指示250 kPa以上,如新车或修程车还应看转向是否正确。

接下来进行制动试验,方法见第三节。

6. 电制动试验

(1) 合"通风机"按键：

听：通风机1、2变压器风机，油泵依次启动声正常。

看：主台"辅助回路"、副台"牵引风机1"亮又灭，3 s后，"辅助回路"、"牵引风机2"亮又灭，再3 s后，"辅助回路"、"油泵"灯亮又灭。

(2) 闭合407SK：

听：制动风机1、2顺序启动正常。

看："辅助回路"、"制动风机1"亮又灭，隔3 s后，"辅助回路"、"制动风机2"亮又灭。

接新造车或修程车，启动通风机或制动风机时，应注意观察风向是否正确。

(3) 换向手柄打"制"位，闸缸压力缓至100 kPa左右，调速手轮离"0"，移至制区。

听：91KM、92KM线路接触器吸合声；

看：主台"电制动"灯亮，"零位"灯、"预备"灯灭，励磁电流逐渐上升至930 A，电机加馈电流上升至50 A。

注意：闸缸压力不得降"0"，以防加馈流，引起机车后溜。

(4) 断开406SK：

听：牵引风机1、2变压器风机及油泵停转。

看："预备"灯亮，励磁电流、电机电流降"0"。

因560KA制位吸合，常闭打开，530KT又因风机关闭失电，故预备电路被切断。正常后重新闭合406SK。看预备灯灭，励磁电流逐渐升至930 A，加馈流50 A。

(5) 断开407SK：

听：制动风机1、2停转。

看："预备"灯亮，励磁电流、电机电流降"0"。

正常后，闭合407SK，看"预备"灯灭，励磁电流逐渐升至930 A，加馈电流50 A。

(6) 小闸制动300 kPa：

听：91KM、92KM释放声。

看："预备"灯亮，"电制动"灯灭，励磁电流、电机电流降"0"。

正常后，小闸缓至100 kPa，看"预备"灯灭，"电制动"灯亮，励磁电流逐渐升至930 A，加馈电流50 A。

(7) 正常后调速手轮回"0"，关闭406SK、407SK，小闸制动300 kPa。

7. 牵引试验

(1) 换向手柄置"前"位，调速手轮进1级。

听：两位置开关转声，线路接触器吸合声；

看："预备"灯、"零位"灯灭，8台电机电流均升至150 A。

注意：试验前必须确认闸缸压力300 kPa，移动调速手轮时，另一手扶400SK，发现电流非正常上窜，立即断电。

(2) 调速手轮回"0"。

听：线路接触释放声。

看:"零位"灯亮,电机电流降 0。

(3)后位试验同前位。

(4)辅台试验同主台。

注意:辅台手柄行程短,操纵时应缓慢移动,以防窜车。

8. B 组试验

(1)将两节电子柜 A、B 组转换开关均置 B 组,注意转换时应在"零"位停留 3 s 以上,禁止快速转换。

(2)牵引试验方法同前。

(3)电阻试验,试风道继电器作用时,励磁电流不宜过大,200 A 左右即可,B 组无加馈流。

(4)试验正常后,两节车电子柜 A、B 组选择开关重新恢复 A 组。

9. 保护试验

(1)紧急制动。

自动选择切除"牵引力"的方法是:手轮离"0",大闸非常位,此时"主断"应断开,列车管压力急剧降"0"。

(2)自动停车。

① 闭合自动信号开关,听警铃响 7 s 后,紧急放风阀排风,主断跳闸。看列车管压力急剧降"0","主断"、"零压"灯亮。

② 大闸放至重联位解锁,15 s 后缓解,再合"主断"。

③ 试验正常后,关闭自动信号开关。

(3)按紧急按钮。

① 听:紧急放风阀排风,列车管压力急剧降"0",主断跳闸。看:列车管压力急剧降"0","主断"、"零压"灯亮。

② 大闸放至重联位解锁,15 s 后缓解,合"主断"。

(4)失压保护。

降下前、后受电弓。

看:网压降"0"。

听:劈相机停转 2 s 后听,"主断"跳闸声。

看:"零压"灯、"主断"灯亮。

最后关闭"PX"按钮,取出电源钥匙,试验完毕。

【知识检测】

一、填空题

1. 电力机车高、低压试验,是检测电力机车_____、空气管路部分及制动系统综合性能的重要方法。它用于验收机车、_____、检修和技术人员检查判断故障分析。

2. 电力机车高、低压试验过程中,操纵人员与助手及其他有关人员要加强联系,并按照规定执行鸣笛及_____制度。

二、简答题

1. SS₄改型电力机车的高压试验的准备工作有哪些？
2. SS₄改型电力机车的低压试验的准备工作有哪些？

任务二 HX$_D$1C型电力机车的高、低压试验

【任务目标】

知识目标：掌握HX$_D$1C型电力机车的高、低压试验。

能力目标：能够熟练进行HX$_D$1C型电力机车的高、低压试验。

【任务内容】

一、低压试验

（一）低压试验准备工作

（1）检查确认走行部各部件正常，打好铁鞋。
（2）检查储能制动显示器状态（红色为制动，绿色为缓解）。
（3）检查车顶门锁闭到位。
（4）检查主、辅变流柜锁闭良好，低压柜各开关处于正常位，司机室各开关均在工作位。
（5）检查冷却塔水位、油位是否正常。
（6）检查制动柜U99钥匙和各塞门在正常位。
（7）闭合蓄电池开关。蓄电池电压必须大于77 V（如低于77 V，2分钟后机车锁定），机车开始内部自检，可听到电器的动作声，大约60 s左右完成。在此过程中，计算机系统对全车控制网络进行检测，应禁止其他操作，防止人为误动作而使检测系统进入保护程序。
（8）闭合充电柜各开关。

（二）低压试验程序

1. 蓄电池及控制电源试验

（1）控制电源控制调试。
① 合上控制电源柜上的断路器=32-F03和=32-F02。
② 控制电源柜充电机监控单元开始工作。
③ 检查DC 24 V电源模块=32-A07应有工作指示。

④ 用万用表测量电源柜中端子排 = 92-X150.01 上的 7 点与 8 点之间,应有控制电压 110 V 显示,用万用表测量控制电源柜中端子排 = 92-X150.01 上的 9 点与 18 点之间,应有控制电压 24 V 显示。如表 5.1 所示。

表 5.1

序号	代码	负载	检查现象
1	= 22-F101	VCM1	VCM1 应开始工作
2	= 22-F102	VCM2	VCM2 应开始工作
3	= 24-F103	Ⅰ端 CIO	Ⅰ端 CIO 应开始工作
4	= 22-F104	GWM/ERM	GWM/ERM 应开始工作
5	= 24-F105	Ⅱ端 CIO	Ⅱ端 CIO 应开始工作
6	= 42-F106	IDD1/IDD2	Ⅰ端和Ⅱ端微机显示屏应开始工作
7	= 24-F107	机械间 I/O 模块	机械间 I/O 模块应开始工作
8	= 23-F108	GU1/TCU1	主变流器 = 11-A01 的牵引控制单元开始工作
9	= 23-F109	GU2/TCU2	主变流器 = 11-A02 的牵引控制单元开始工作
10	= 24-F112	MIO 反馈信号	用万用表在 = 92-X151.05 的点 29 和 = 92-X151.06 的点 1 之间测量电压应有电压显示
13	= 31-F113	辅机控制	用万用表在 = 92-X151.05 的点 48 和 = 92-X151.01 的点 34 之间测量电压应有电压显示
14	= 21-F114	主断和受电弓控制	用万用表在 = 92-X151.05 的点 1 和 = 92-X151.06 的点 1 之间测量电压应有电压显示
15	= 31-F115	ACU1 电源	辅助变流器控制单元开始工作
16	= 31-F116	ACU2 电源	辅助变流器控制单元开始工作
17	= 43-F121	监控系统	监控系统应开始工作
18	= 45-F122	CIR 电台	CIR 电台应开始工作
19	= 43-F123	信号系统	机车信号应开始工作
20	= 28-F130	制动系统检测	用万用表在 = 92-X151.05 的点 36 和 = 92-X151.06 的点 1 之间测量电压应有电压显示
21	= 28-F131	CCBII_MIPM	CCBII_MIPM 模块<B01.B46>应开始工作
22	= 28-F132	CCBII_EPCU	CCBII_EPCU 模块应开始工作
23	= 28-F133	CCBII_LCDM	Ⅰ端制动系统显示屏 = 28-P03 和Ⅱ端制动系统显示屏 = 28-P04 应开始工作
24	= 21-F134	自动过分相、撒砂	自动过分相系统、撒砂应开始工作
25	= 77-F136	冷藏箱、卫生间控制	冷藏箱、卫生间应开始工作
26	= 21-F157	辅助压缩机	用万用表在 = 92-X151.05 的点 12 和 = 92-X151.06 的点 1 之间测量电压应有电压显示
27	= 28-F156	停放制动电源	用万用表在 = 92-X150.01 的点 14 和 = 92-X150.01 的点 7 之间测量电压应有电压显示

续表 5.1

序号	代码	负载	检查现象
28	=52-F153	车内照明电源、机车通讯电话	用万用表在 =92-X151.05 的点 71 和 =92-X151.06 的点 1 之间测量电压应有电压显示
29	=51-F154	车外照明电源、电动刮雨器	用万用表在 =92-X151.05 的点 67 和 =92-X151.06 的点 1 之间测量电压应有电压显示
30	=34-F181	制动系统防寒电源	用万用表在 =92-X151.05 的点 57 和 =92-X151.06 的点 1 之间测量电压应有电压显示
31	=51-F171	头灯电源	用万用表在 =92-X151.05 的点 68 和 =92-X150.01 的点 9 之间测量电压应有电压显示
32	=52-F173	仪表灯、计点灯、空调控制、辅照灯、标志灯电源	用万用表在 =92-X150.01 的点 18 和 =92-X150.01 的点 9 之间测量电压应有电压显示
33	=95-F137	备用 1	用万用表在 =92-X151.05 的点 79 和 =92-X151.06 的点 1 之间测量电压应有电压显示
34	=95-F138	备用 2	用万用表在 =92-X151.05 的点 80 和 =92-X151.06 的点 1 之间测量电压应有电压显示

（2）控制电源配电系统检查。

① 合上控制电源柜上的断路器 =32-F03 和 =32-F02。

② 逐个闭合表 5.1 中断路器并检查现象。

（3）控制系统输入输出检查，试验步骤为：

① 闭合蓄电池，闭合下微型断路器：=22-F101、=22-F102、=24-F103、=24-F105、=31-F115、=31-F116、=23-F108、=23-F109、=22-F104 等。

② 将笔记本与主 CCU 相连，启动"TCN 网络管理"。

③ 将显示器界面切换到维护显示状态，然后按"接口检查"按钮，再按"I/O"按键。

④ 检查 DXM11、DIM12、DXM21、DIM22、DXM31~36、DIM37 数字量输入/输出测试。

⑤ 检查 AXM13、AXM23 模拟量输入测试。

2. 照明检查，试验步骤

（1）司机室灯、机械间灯检查，按表 5.2 检查自动开关 =52-F153 是否闭合，如未闭合，闭合。

表 5.2 司机室灯、机械间灯检查

序号	操作	响应
1	=52-S121（I 端司机室操纵台）置"强光"位	I 端司机室灯内白炽灯泡和荧光灯管全亮
2	=52-S121（I 端司机室操纵台）置"弱光"位	I 端司机室灯内白炽灯泡亮、司机室灯灯光变弱
3	=52-S221（II 端司机室操纵台）置"强光"位	II 端司机室灯内白炽灯泡和荧光灯管全亮

续表 5.2

序号	操作	响应
4	=52-S221（Ⅱ端司机室操纵台）置"弱光"位	Ⅱ端司机室灯内白炽灯泡亮、司机室灯灯光变弱
5	=52-S131（Ⅰ端司机室操纵台）置于"开"位，=52-S231（Ⅱ端司机室操纵台）置于"关"位	机械间灯亮
6	=52-S131（Ⅰ端司机室操纵台）置于"关"位，=52-S231（Ⅱ端司机室操纵台）置于"开"位	机械间灯亮
7	=52-S131（Ⅰ端司机室操纵台）置于"开"位，=52-S231（Ⅱ端司机室操纵台）置于"开"位	机械间灯灭
8	=52-S131（Ⅰ端司机室操纵台）置于"关"位，=52-S231（Ⅱ端司机室操纵台）置于"关"位	机械间灯灭

（2）记点灯、仪表灯检查，按表5.3检查检查自动开关=52-F173是否闭合，如未闭合，闭合。

表5.3 记点灯、仪表灯检查

序号	操作	响应
1	=52-S133置于"开"位（Ⅰ端司机室操纵台）	Ⅰ端司机室仪表灯亮
2	=52-S233置于"开"位（Ⅱ端司机室操纵台）	Ⅱ端司机室仪表灯亮
3	=52-S134置于"开"位（Ⅰ端司机室操纵台）	Ⅰ端司机室记点灯亮
4	=52-S234置于"开"位（Ⅱ端司机室操纵台）	Ⅱ端司机室记点灯亮

（3）前照灯、标志灯检查，按表5.4检查自动开关=52-F173、=51-F171是否闭合，如未闭合，闭合。

表5.4 前照灯、标志灯检查

序号	操作	响应
1	=51-S101置于"强光"位（Ⅰ端司机室操纵台）	Ⅰ端前照灯内氙灯和卤素灯全亮
2	=51-S101置于"弱光"位（Ⅰ端司机室操纵台）	Ⅰ端前照灯卤素灯亮
3	=51-S201置于"强光"位（Ⅱ端司机室操纵台）	Ⅱ端前照灯内氙灯和卤素灯全亮
4	=51-S201置于"弱光"位（Ⅱ端司机室操纵台）	Ⅱ端前照灯卤素灯亮
5	=51-S111置于"前"位（Ⅰ端司机室操纵台）	Ⅰ端辅照灯亮
6	=51-S111置于"全"位（Ⅰ端司机室操纵台）	Ⅰ、Ⅱ端辅照灯亮
7	=51-S111置于"后"位（Ⅰ端司机室操纵台）	Ⅱ端辅照灯亮
8	=51-S111置于"全"位（Ⅰ端司机室操纵台）	Ⅰ、Ⅱ端辅照灯亮

续表 5.4

序号	操作	响应
9	=51-S211 置于"前"位（I 端司机室操纵台）	II 端辅照灯亮
10	=51-S211 置于"全"位（I 端司机室操纵台）	I、II 端辅照灯亮
11	=51-S211 置于"后"位（I 端司机室操纵台）	I 端辅照灯亮
12	=51-S211 置于"全"位（I 端司机室操纵台）	I、II 端辅照灯亮
13	=51-S113 置于"前"位（I 端司机室操纵台）	I 端标志灯（红灯）亮
14	=51-S113 置于"全"位（I 端司机室操纵台）	I、II 端标志灯亮
15	=51-S113 置于"后"位（I 端司机室操纵台）	II 端标志灯亮
16	=51-S113 置于"全"位（I 端司机室操纵台）	I、II 端标志灯亮
17	=51-S213 置于"前"位（I 端司机室操纵台）	II 端标志灯亮
18	=51-S213 置于"全"位（I 端司机室操纵台）	I、II 端标志灯亮
19	=51-S213 置于"后"位（I 端司机室操纵台）	I 端标志灯亮
20	=51-S213 置于"全"位（I 端司机室操纵台）	I、II 端标志灯亮

（4）调整前照灯。

① 把 I 端前照灯全部打开（卤素灯和氙灯全亮）。

② 试验在水平直轨道上进行。

③ 通过调整灯体安装环上的 M 5 自锁螺母，将灯光的照射角度调整到机车所规定的角度。

④ 头顶光线必须在机车正前方，与机车成一直线。

⑤ 按以上步骤调整另一端前照灯。

二、高压试验

（一）高压试验准备工作

（1）所有维修、检查工作已经完成。

（2）没有工具、更换的零部件遗留在工作区域。

（3）相关的警示标志已经摆放到位。

（4）检查机车没有接入库用电源。

（5）检查机车是否在接触网下。

（6）总风缸压力不低于 700 kPa。

（7）司控器各手柄置"0"位。

（8）空气管路柜内 B01.U99 上无钥匙。

（9）电源柜及各屏柜按库外接触网下作业要求整备完毕，各闸刀开关、自动开关处于机车运行的相应位置，控制电压不低于 77 V。

（10）关好各柜门，车顶门。
（11）机车电钥匙、方向手柄、接地开关的钥匙要求齐全到位。
（12）低压试验已经完成。

（二）高压试验程序

高压试验的项目、程序和要求详见表5.5。

表5.5

试验项目	试验内容和操作方法	试验要求
1. DC110V电源输出检查	（1）闭合控制电源柜自动开关32-F02、32-F03、32-F156、52-F173； （2）将32-S03置"正常"位	检查控制电源柜上显示屏，蓄电池输出电压不低于88 V
2. 接通控制回路电源和负载	（1）闭合低压柜内所有自动开关（包括DC110V配电开关和所有三相自动开关，各转换开关根据实际情况置于合理位置； （2）检查低压柜内库内动车31-S01、31-S02置正常位	各控制回路都处于正常的运行状态
3. 升弓、合"主断"气路检查	使用钥匙箱蓝钥匙，置入空气管路柜内28-A01-U99钥匙箱内的"cut in"位	确保升弓、合主断气路通畅
4. 司机室占用	把机车电钥匙放入操作端司控器22-S01或22-S02内，置"1"位	
5. 升弓	检查微机显示屏，满足升弓条件	
	操作受电弓扳键开关21-S11或21-S21，置"升弓"位	机车相应受电弓升起
	目视检查，确认升弓状态，网压状态。（网压在17.5～31 kV内）	观察司机室网压表41-P02或41-P03显示的网压值（约25 kV） 观察微机显示屏显示的网压值（与网压表显示的网压值相等）
6. 合主断	检查微机显示屏，满足合主断条件	
	主断分合扳键开关21-S12、21-S22置"合主断"位	主断合上 微机显示屏显示主断合图标
7.观察辅变、辅机的起动及工作情况	合主断后3 s内，辅变自动投入工作	通过微机显示屏，观察辅变的工作情况
	待辅变起动完毕后，各风机、油泵、水泵开始起动	在微机显示屏上观察各辅机的工作情况，检查转向
	把压缩机扳键开关34-S13、34-S23置"合"位	如果总风压力表显示的压力小于（750±20）kPa大于（680±20）kPa时，远端压缩机开始工作，当总风压力小于680 kPa时，两个压缩机同时工作，当总风压力表显示的压力大于（900±20）kPa时，压缩机停止工作
	把压缩机扳键开关34-S13、34-S23置"强泵"位	两台压缩机同时工作，当总风压力表显示的压力大于（950±50）kPa时，高压安全阀动作，必须把压缩机扳键开关34-S13、34-S23置"关"位，停止压缩机强泵

续表 5.5

试验项目	试验内容和操作方法	试验要求
8.主压缩机压力控制试验	总风缸压力升至（900±20）kPa 时，使主压缩机停止工作，待总风缸压力降至（750±20）kPa 时，使远离操作端的主压缩机启动运转，待总风缸压力降至（680±20）kPa 时，两台主压缩机都启动运转，待总风缸压力降至（650±20）kPa 时，牵引封锁	
9.制动机试验	（1）操作前的准备 ① 检查电源供电的 MCB 上的自动开关 ＝28-F130、＝28-F131、＝28-F132、＝28-F156、＝34-S13、＝34-S23 处于闭合位； ② 检查空气管路柜中各控制模块的塞门处于正常位，检查空气管路柜上钥匙阀 B01.U99 上钥匙是否在正常位（竖直位）。正常运行时 EPCU 中 ERCP 的无火回送塞门打至正常位，在无火回送时打至投入位； ③ 检查风源柜中塞门 A10 处于开通位，总风缸的排水塞门处于关闭位，辅助压缩机的辅助风缸的排水塞门处于关闭位； ④ 检查机械间总风管路塞门 A20 是否处于开通位，卫生间塞门 K81 是否处于开通位，干燥器喇叭模块各塞门是否处于开通位，升弓气阀板塞门是否处于开通位，干燥器喇叭控制模块中干燥器的电源开关处于闭合位，加热开关在环境温度低于时打至闭合位，环境温度高于 5 ℃ 时打至关断位； ⑤ 检查司机室操纵台紧急制动按钮是否松开，检查司机室后墙车长阀是否在闭合位（竖直位）； ⑥ 检查机车两端平均管截止阀 B82、列车管截止阀 B81、总风管截止阀 B80 是否关闭。检查平均管防撞截止阀 B94、列车管防撞截止阀 B95、总风管防撞截止阀 B95 是否开通； ⑦ 完成以上各项准备工作并对制动机系统进行相关试验后，即可操作； （2）制动机试验 ① 制动试验——自动制动： a. 把电子制动阀的右侧制动手柄放置于"运行"位，把自动制动手柄置于"运行"位，控制转向架制动缸压力必须为 0（0）kPa，制动管压力必须为 500（600）kPa； b. 移动自动制动手柄到位置"初制动"，制动缸压力上升，制动管压力下降，转向架制动缸压力必须为 70~100（70~100）kPa，制动管压力必须为 450（550）kPa； c. 移动自动制动手柄到"全制动"位，制动缸压力上升，制动管压力下降，转向架制动缸压力必须为 345~375（415~440）kPa 制动管压力必须为 335~355（405~425）kPa；	

续表 5.5

试验项目	试验内容和操作方法	试验要求
	d. 移动自动制动手柄到位置"运转位"，制动缸压力下降，制动管压力上升，转向架制动缸压力必须为 0（0）kPa，制动管压力必须为 500（600）kPa； ② 泄漏试验： a. 通过操作 EBV 的自动制动手柄给制动管加压到 450 kPa，检查显示器上或双针压力表上的压力值； b. 通过使用显示屏上的软键锁死 EBV，设置 EAB 到本务/切除模式并且放置自动制动手柄到全制动位，检查制动管压力是否在超过 1 分钟的时间内保持一致（±20 kPa）； c. 移动自动制动手柄到"运行"位，制动缸压力下降，制动管压力上升，转向架制动缸压力必须为 0（0）kPa，制动管压力必须为 500（600）kPa； ③ 制动试验——独立制动： a. 把独立制动阀的手柄置于"运行"位，把自动制动手柄置于"运行"位； b. 控制转向架制动缸压力必须为 0（0）kPa，制动管压力必须为 500（600）kPa； c. 移动独立制动阀手柄置于"全制动"位，制动缸压力上升，转向架制动缸压力必须为（300±15）kPa； d. 移动独立制动阀手柄置于"运行"位，转向架制动缸压力必须为 0（0）kPa； e. 移动独立制动阀手柄置于"全制动"位，转向架制动缸压力在 1.5~3 s 内从 0 上升到 270 kPa； f. 移动独立制动手柄置于"运行"位，转向架制动缸压力在 3~5 s 内从 300 kPa 下降到 30 kPa； g. 移动自动制动手柄和独立制动手柄至最大减压量位，制动缸压力上升，制动管压力下降，转向架制动缸压力必须为 345~375（415~440）kPa，制动管压力必须为 335~355（405~425）kPa，按下独立制动手柄，制动管压力必须为（300±15）kPa，移动自动制动手柄至"缓解位"，制动管压力必须为 500（600）kPa，制动管压力必须为（300±15）kPa，移动独立制动手柄至缓解位，转向架制动缸压力必须为 0 kPa； ④ 用电子制动阀进行紧急制动试验： a. 转动方向开关到前； b. 转换自动制动手柄到"运行"位，制动管压力上升到 500（600）kPa； c. 转换自动制动手柄到位置"紧急"，可以在操纵台听到压缩空气排气，可以听到制动管压缩空气排气，制动管压力为 0 kPa，制动显示屏上显示紧急状态信息，控制显示器上的状态信息：牵引封锁； d. 移动自动制动手柄到"运用"位，制动管压力为 500（600）kPa	

续表 5.5

试验项目	试验内容和操作方法	试验要求
10.牵引预备试验	司控器方向手柄置"向前"或"向后"	机车向前牵引
	缓解停放制动缓解按钮 28-S187 或 28-S287，操作端有效	缓解停放制动
	通过司机台上 EBV 上单独制动，给制动缸施加空气制动不小于 100 kPa	防止动车
11.检查各牵引电机转向和给力	（1）把牵引/制动手柄给出速度设定小于 3 km/h，查看微机显示屏牵引数据界面，各架下各电机应有设定力矩、实际力矩数据	检查牵引功能（一般情况下）
	（2）缓解司机台 EBV 上单独制动，机车向前移动很小距离，一般小于 5 m	机车运行方向与方向手柄给定方向一致，检查牵引功能（一般情况下）
	（3）操作低压柜内 22-S55、22-S56、22-S57，隔离其他完好电机，保留维修改动的电机，单个电机进行操作，重复上述（1）和（2）操作	机车运行方向与方向手柄给定方向一致，检查牵引功能（一般情况下）。检查单个电机的转向是否正确（更换牵引电机、主变流器、电机大线等部件时优先进行）
12.半自动过分相试验	机车独立制动手柄（小闸）上闸 300 kPa →方向手柄向前→机车加载 30 kN（不动车）→手按"半自动过分相"按钮→观查机车自动减载、跳主断→手动断开低压柜的"高压电压互感器输出"空开（=41-F01），2 s 后再合上→观查机车自动合上主断、加载 30 kN，该端试验完毕	
13. AC220V 辅助设备试验	（1）风机：热风机置开位，本端司机室热风机启动，置"关"位，热风机关闭； （2）空调：空调置"强风"、"正常"、"弱风"可变换，温度开关可调节； （3）车外照明：头灯置于"强光"位前照灯内氙灯和卤素灯全亮，置于"弱光"位前照灯卤素灯全亮，辅照置于"前"位前端辅照灯亮，置于"全"位Ⅰ、Ⅱ端辅照灯亮，置于"后"位后端辅照灯亮； （4）车内照明：司机室灯置于"强光"位，司机室灯内白炽灯泡和荧光灯管全亮，置"弱光"位司机室内白炽灯泡亮，司机室内灯光变弱，机械间灯置于"开"位机械间灯亮，置于"关"位机械间灯灭	
14.喇叭、撒砂试验	（1）按压高音按钮开关，脚踩踏板来控制低音喇叭开关，在总风压力大于 500 kPa 时，音色正常； （2）转换方向开关到"向前"位； （3）脚踩踏板来控制撒砂开关，检查1、3、4、6轴的撒砂量是否足够； （4）转换方向开关到"向后"位； （5）再次脚踩踏板来控制撒砂开关，检查1、3、4、6轴的撒砂量是否足够	

续表 5.5

试验项目	试验内容和操作方法	试验要求
15. 紧急按钮试验	（1）把方向开关转到"向前"位； （2）把自动制动手柄置于"运行"位，制动管压力充到 500（600）kPa； （3）按下紧急制动按钮，可以听到制动柜内的排气声，制动管压力为 0 kPa，控制显示器上的状态信息：紧急制动； （4）恢复紧急制动按钮； （5）大闸在紧急位 60 s 后至运转位缓解大闸，拔出电钥匙，起惩罚制动，人为施加停发制动，试验结束	主断分断 微机显示屏显示主断分图标 受电弓自动降下，微机显示屏显示受电弓降下图标
16. TCU 倒组试验	（1）将 TCU1 自动开关关闭，按司机室微机复位按钮 3 次后，将小闸手柄置最大减压量，升弓合闸，进行牵引试验，查看 IDU 显示屏 D1~D3 电机无电流反馈，D4~D6 电机有牵引电流反馈，降弓断电，恢复 TCU1 自动开关； （2）将 TCU2 自动开关关闭，按司机室微机复位按钮 3 次后，将小闸手柄置最大减压量，升弓合闸，进行牵引试验，查看 IDU 显示屏 D4~D6 电机无电流反馈，D1~D3 电机有牵引电流反馈，降弓断电，恢复 TCU2 自动开关	
17. ACU 倒组试验	（1）将 ACU1 自动开关关闭，按司机室微机复位按钮 3 次后，将小闸手柄置最大减压量，升弓合闸，查看 IDU 显示屏，辅助系统界面，ACU1 被切除，ACU1 接触器断开，转换接触器闭合，所有辅助机组由 ACU2 供电且工作正常，降弓断电； （2）将 ACU2 自动开关关闭，按司机室微机复位按钮 3 次后，将小闸手柄置最大减压量，升弓合闸，查看 IDU 显示屏，辅助系统界面，ACU2 被切除，ACU2 接触器断开，转换接触器闭合，所有辅助机组由 ACU1 供电且工作正常，降弓断电	
18. 无人警惕装置试验	（1）在运用前都要进行； （2）按下无人警惕按钮开关或踩下无人警惕脚踏开关； （3）等待微机显示屏上两个开关的信息，先无人警惕系统报警，后无人警惕系统制动激活，无人警惕装置试验成功完成； （4）在另外一个开关上重复此步骤	
19. 监控系统试验	为了安全原因，有必要每天进行由监控系统引起的紧急制动试验，试验的详细步骤来自于国家铁路主管部门的文件或监控系统的制造商； 解锁按钮，制动管压力为 500（600）kPa	

89

续表 5.5

试验项目	试验内容和操作方法	试验要求
20. 刮雨器试验步骤及要求	按一下水泵按钮水泵正常喷水把刮雨器模式选择开关打在"快速位"两边，刮雨器摆动（48±5）拍/min；把刮雨器模式选择开关打在"慢速位"两边，刮雨器摆动（35±5）拍/min；把刮雨器模式选择开关打在"间歇位"两边，刮雨器作间歇摆动（10±5）拍/min	
21. 后视镜动作检查	转动Ⅰ端和Ⅱ端后视镜，检查支动杆的转动角度是否灵活	
22. 复检查	换端操纵，重复进行 4~12 操作	检查另一端司机室操控设备功能
23. 结束	高压试验完后，换向手柄，调速手柄回"0"位，大闸"运转"位，小闸"制动"位，断开主断路器，恢复各主台扳钮，断开钥匙开关，关闭蓄电池	

【知识检测】

简答题

1. HX_D1C 型电力机车低压试验的准备工作有哪些？
2. 简述照明检查试验的步骤。
3. HX_D1C 型电力机车高压试验的准备工作有哪些？

项目六　机车制动机

任务一　SS₄改电力机车"五步闸"试验

【任务目标】

知识目标：掌握SS₄改电力机车的制动机"五步闸"试验内容、试验顺序、应注意事项。

能力目标：通过学习本章内容对电力机车"五步闸"试验有所了解，掌握主要试验内容，培养学员对电力机车制动机"五步闸"试验的操纵能力。

【任务内容】

SS₄改电力机车的DK-1型电空制动机的检查、试验，主要用来检查DK-1型电空制动机的各项作用是否正常。它是通过电空制动控制器、空气制动阀手柄在各工作位置间的顺序转换，同时观察压力表指针的变化情况，来分析、判断DK-1型电空制动及其各部件是否处于良好状态。DK-1型电空制动机试验分为装车前试验和装车后试验。其中，装车前试验是在DK-1型电空制动机试验台上进行，而装车后试验通常是在单机上试验，主要包括日常试验（即"五步闸"试验）和检修试验（即"八步闸"试验）。

运行中，对列车制动机还要进行相关的全部试验和简略试验，以确保列车运行的安全可靠。其使用时机为：

一、列车制动机全部试验

（1）列检所对解体到达后，编组列车发车前，无调车作业的中转列车，可施行一次。

（2）区段列检所和一般列检所对始发和有调车作业的中转列车。

（3）列检所对运行途中自动制动机发生故障的到达列车。

（4）电动车组、内燃车组的列车出段前或返回停留地点后。

二、列车制动机持续一定时间的全部试验

列车在接近长大下坡道区间的车站，应进行持续一定时间的全部试验，列检应填发制动效能证明书交给司机。具体试验和晾闸的地点、办法，由铁路局规定。

长大下坡道为：线路坡度超过6‰，长度为8 km及其以上；线路坡度超过12‰，长度为5 km及其以上；线路坡度超过20‰，长度为2 km及其以上。

三、列车制动机简略试验

（1）区段列检所和一般列检所，对无调车作业的中转列车。

（2）更换机车或更换乘务组时。
（3）无列检作业的始发列车发车前。
（4）列车风管有分离情况时。
（5）列车停留超过 20 min 时。
（6）列车摘挂补机，或第一机车的自动制动机损坏交由第二机车操纵时。

四、DK-1 型电空制动机"五步闸"试验程序（见表 6.1）

表 6.1　DK-1 型电空制动机"五步闸试验"

序号	电空制动控制器						空气制动阀				检查要求（制动管定压 500 kPa）
	过充位	运转位	中立位	制动位	重联位	紧急位	缓解位	运转位	中立位	制动位	
1			1		2		3			4	1. 制动管、均衡风缸、总风缸均为规定压力，制动缸压力为 0； 2. 制动管压力 3 s 内降为 0，制动缸压力 5 s 内升至 400 kPa，最高压力达到 450 kPa，自动撒砂，有级位时切除主断； 3. 同时下压手柄，制动缸压力应能缓解到 0； 4. 制动缸压力不得回升； 5. 制动管充至 480 kPa 的时间在 9 s 内
2		7		6							6. 均衡风缸常用最大有效减压量的时间为 5~7 s，制动缸压力升至 340~380 kPa 的时间为 6~8 s； 7. 均衡风缸、制动管的漏泄量分别不大于 5 kPa/min、10 kPa/min
3	8 9										8. 均衡风缸压力为定压，制动管压力为过充压力（定压+30~40 kPa），制动缸不缓解； 9. 120~180 s 左右过充压力消除，制动管恢复定压，制动缸压力应缓解为 0
4								10 11	12		10. 制动缸压力由 0 升至 280 kPa 的时间在 4 s 内，最终达到 300 kPa； 11. 制动缸压力不变； 12. 制动缸压力由 300 kPa 降至 40 kPa 的时间不大于 5 s
5	空气位操作程序： 1. 将电空转换扳钮扳至"空气位"； 2. 将调压阀 53 调至定压； 3. 空气位试验完毕后将电空转换扳钮复位至"电空位"						13	14 15	16		13. 同时下压手柄，制动管、均衡风缸皆为定压，制动缸压力为 0； 14. 均衡风缸减压 140 kPa 的时间为 5~7 s； 15. 均衡风缸、制动管、制动缸的漏泄量分别不超过 5、10、10 kPa/min； 16. 均衡风缸、制动管恢复定压

【知识检测】

一、填空题

1. DK-1 电空制动机的试验分为_____和_____两种。

2. DK-1 型电空制动机装车后试验分为_____和_____两种。

3. 在 DK-1 型电空制动机"第一步闸"试验中,将电空制动控制器手柄由运转位移至紧急位,则制动管由定压降至零的时间应_____秒,制动缸压力由零升至 400 kPa 的时间应_____秒。

4. 在 DK-1 "第二步闸"试验中,当制动管定压为 500 kPa 时,若制动管减压量分别为 50 kPa、100 kPa、140 kPa、170 kPa 和 200 kPa,则机车制动缸压力应分别为_____,_____,_____,_____和_____。

5. 在 DK-1 型电空制动机"第二步闸"试验中,当制动管定压为 600 kPa 时,若制动管减压量分别为 50 kPa、100 kPa、140 kPa、170 kPa 和 200 kPa,则机车制动缸压力应分别为_____,_____,_____,_____和_____。

二、选择题

1. DK-1 型电空制动机"八步闸"试验中的第一步闸,主要是进行(　　)检查。
A. 过充性能
B. 常用全制动及常用制动后的缓解性能
C. 紧急制动及紧急制动后的单独缓解性能
D. 制动管保压、阶段制动和过量减压制动性能

2. 在"第五步闸"中,当将空气制动阀手柄由运转位移到制动位后,机车制动缸压力由 0 升到 280 kPa 的时间应不超过(　　)秒。
A. 3　　　B. 4　　　C. 5　　　D. 5~7

三、判断题

1. 在 DK-1 "第四步闸"中,只须操作空气制动阀手柄,而无须操作电空制动控制器手柄。(　　)

2. 在"第二步闸"中,当使制动管减压 40~60 kPa 保压后,均衡风缸的泄漏量应不超过 10 kPa/min。(　　)

3. 在"第四步闸"中,当施行常用全制动保压后,关断分配阀供给塞门,制动缸的泄漏量应不超过 5 kPa/min。(　　)

4. 电空位下,当切断电空制动器电源后,制动管应产生常用制动减压,且制动管的压力最终下降至 190~240 kPa 或 210~290 kPa。(　　)

5. 电空位下,当切断电空制动电源时,制动管应产生常用制动减压,且制动缸的压力最终上升至 450 kPa。(　　)

四、思考题

DK-1 电力机车的"五步闸"试验内容包括哪五步?

任务二　CCB-Ⅱ制动机"五步闸"试验

【任务目标】

知识目标：掌握CCB-Ⅱ电力机车制动机"五步闸"试验内容、试验顺序和注意事项。

能力目标：通过学习本章内容对电力机车制动机"五步闸"试验有所了解，掌握主要试验内容，培养学员对电力机车制动机"五步闸"试验操纵能力。

【相关知识】

电力机车的CCB-Ⅱ型电空制动机的检查、试验，主要用来检查CCB-Ⅱ型制动机的各项作用是否正常。它是通过电空制动控制器、空气制动阀手柄在各工作位置间的顺序转换，同时观察压力表指针的变化情况，来分析、判断CCB-Ⅱ型制动及其各部件是否处于良好状态。CCB-Ⅱ型制动机试验分为装车前试验和装车后试验。其中，装车前试验是在CCB-Ⅱ型制动机试验台上进行，而装车后试验通常是在单机上试验，主要包括日常试验（即"五步闸"试验）。

一、试验步骤及检查内容

（一）第一步

（1）自动制动手柄：运转位→紧急制动位。

（2）单独制动手柄：运转位→侧缓位。

（3）自动制动手柄：紧急制动位→重联位。

主要试验检查内容：

（1）总风压力750～900 kPa，制动缸压力0，均衡风缸压力500 kPa，列车管压力500 kPa。

（2）列车管压力在3 s内降为0，制动缸在3～5 s内升至200 kPa，并继续增压至450 kPa，均衡风缸压力降为0，紧急制动倒计时60 s开始。

（3）制动缸压力下降为0，手柄复位后制动缸压力恢复。

（4）60 s倒计时结束后操作，列车管、均衡风缸、制动缸压力不变。

（二）第二步

（1）自动制动手柄：重联位→运转位→全制动位→抑制位→运转位。

（2）单独制动手柄：运转位。

主要试验检查内容：

（1）均衡风缸增压至500 kPa，列车管增压至480 kPa不大于9 s，制动缸压力下降为0。

（2）等60 s使系统各风缸充满风。

（3）均衡风缸在5～7 s减压到360 kPa，列车管减压到均衡风缸压力±10 kPa，制动缸6～8 s增压到360 kPa。

（4）保压 1 min，均衡风缸压力泄漏不大于 7 kPa，列车管压力泄漏不大于 10 kPa，制动缸压力变化不大于 25 kPa。

（5）各压力无变化。

（6）均衡风缸增压至 500 kPa，列车管压力 500 kPa，制动缸压力下降为 0。

（三）第三步

（1）自动制动手柄：运转位→初制动位→重联位→运转位。

（2）单独制动手柄：运转位→侧缓位。

主要试验检查内容：

（1）充满风后，均衡风缸减压 50 kPa，列车管减压到均衡风缸压力的 ± 10 kPa，制动缸增压到 70 ~ 110 kPa。

（2）制动缸压力下降为 0，手柄复位后制动缸压力不恢复。

（3）均衡风缸以常用制动速率降为 0，列车管减压至 55 ~ 85 kPa 后保持，制动缸增压至 450 kPa。

（4）均衡风缸增压至 500 kPa，列车管压力 500 kPa，制动缸压力下降为 0。

（四）第四步

（1）自动制动手柄：运转位→制动位。

（2）单独制动手柄：运转位→制动位→运转位→全制动位→运转位。

主要试验检查内容：

（1）阶段制动，制动缸压力阶段上升，全制动制动缸压力 300 kPa。

（2）阶段缓解，制动缸压力阶段下降，运转位制动缸压力下降为 0。

（3）制动缸在 2 ~ 3 s 上升到 280 kPa，最终为（300 ± 15）kPa。

（4）制动缸压力在 3 ~ 5 s 降到 35 kPa 以下。

（5）均衡风缸减压 100 kPa，列车管减压到均衡风缸压力的 ± 10 kPa，制动缸增压到 230 ~ 250 kPa。

（五）第五步

（1）自动制动手柄：制动位→全制动位→运转位。

（2）单独制动手柄：运转位→侧缓位→运转位→全制动位→运转位。

主要试验检查内容：

（1）均衡风缸减压 140 kPa，列车管压力保持不变，制动缸压力保持不变。

（2）制动缸压力下降为 0，手柄复位后制动缸压力不恢复。

（3）均衡风缸增压至 500 kPa，列车管压力保持不变，制动缸压力保持不变。

（4）制动缸压力在 2 ~ 3 s 上升到 280 kPa，最终为 300 kPa。

（5）制动缸压力在 3 ~ 5 s 降到 35 kPa 以下。

二、试验操作程序（见表6.2）

表6.2　CCB-Ⅱ制动机"五步闸"试验程序

步骤	设置	自动制动手柄							单独制动手柄			检查内容
		运转	初制	制动	全制	抑制	重联	紧急	侧缓	运转	制动	全制	
1	本机/不补风												1. 总风压力 750～900 kPa，制动缸压力 0，均衡风缸压力 500 kPa，列车管压力 500 kPa； 2. 列车管压力在 3 s 内降为 0，制动缸在 3～5 s 内升至 200 kPa，并继续增压至 450 kPa，均衡风缸压力降为 0，紧急制动倒计时 60 s 开始； 3. 制动缸压力下降为 0，手柄复位后制动缸压力恢复； 4. 60 s 倒计时结束后操作，列车管、均衡风缸、制动缸压力不变
2	本机/不补风												5. 均衡风缸增压至 500 kPa，列车管增压至 480 kPa 不大于 9 s，制动缸压力下降为 0； 6. 等 60 s 使系统各风缸充满风； 7. 均衡风缸在 5～7 s 减压到 360 kPa，列车管减压到均衡风缸压力±10 kPa，制动缸 6～8 s 增压到 360 kPa； 8. 保压 1 min，均衡风缸压力泄漏不大于 7 kPa，列车管压力泄漏不大于 10 kPa，制动缸压力变化不大于 25 kPa； 9. 各压力无变化； 10. 均衡风缸增压至 500 kPa，列车管压力 500 kPa，制动缸压力下降为 0
3	本机/不补风												11. 充满风后，均衡风缸减压 50 kPa，列车管减压到均衡风缸力的±10 kPa，制动缸增压到 70～110 kPa； 12. 制动缸压力下降为 0，手柄复位后制动缸压力不恢复； 13. 均衡风缸以常用制动速率降为 0，列车管减压至 55～85 kPa 后保持，制动缸增压至 450 kPa； 14. 均衡风缸增压至 500 kPa，列车管压力 500 kPa，制动缸压力下降为 0

续表 6.2

步骤	设置	自动制动手柄							单独制动手柄				检查内容
		运转	初制	制动	全制	抑制	重联	紧急	侧缓	运转	制动	全制	
4	本机不补风												15. 阶段制动,制动缸压力阶段上升,全制动制动缸压力 300 kPa; 16. 阶段缓解,制动缸压力阶段下降,运转位制动缸压力下降为 0; 17. 制动缸在 2~3 s 上升到 280 kPa,最终为 300±15 kPa; 18. 制动缸压力在 3~5 s 降到 35 kPa 以下; 19. 均衡风缸减压 100 kPa,列车管减压到均衡风缸压力的 ±10 kPa,制动缸增压到 230~250 kPa
5	单机												20. 均衡风缸减压 140 kPa,列车管压力保持不变,制动缸压力保持不变; 21. 制动缸压力下降为 0,手柄复位后制动缸压力不恢复; 22. 均衡风缸增压至 500 kPa,列车管压力保持不变,制动缸压力保持不变; 23. 制动缸压力在 2~3s 上升到 280 kPa,最终为 300 kPa; 24. 制动缸压力在 3~5 s 降到 35 kPa 以下
注:试验完毕,机车恢复本机/不补风状态设置。													

【知识检测】

一、填空题

1. CCB-Ⅱ制动机的"五步闸"试验根据_____位置的变换,观察_____的变化情况,来分析 CCB-Ⅱ制动机的各个部件是否处于良好的工作状态。

2. 电空制动控制器在"运转位"时,总风缸工作压力为_____,均衡风缸的工作压力为_____,列车管的工作压力为_____。

3. "第一步"试验,小闸由运转位转换到侧缓位时制动缸工作压力为_____。

4. "第一步"试验,最后一步要____倒计时结束后操作,列车管、均衡风缸、制动缸压力不变。

5. "第二步"试验,进行时均衡风缸增压至 500 kPa,列车管增压至 480 kPa 不大于____,制动缸压力下降为 0。

二、思考题

1. 电力机车上为什么进行"五步闸"试验?
2. DK-1 电力机车的"五步闸"试验内容包括哪五步?
3. "第一步"试验过程的检查要求有哪些?
4. "第一步"试验过程大小闸的工作位置的调换有哪些要求?
5. "第二步"试验过程的检查要求有哪些?

项目七　机车检查与保养

任务一　机车检查、给油及保养

【任务目标】

　　知识目标：掌握机车检查、给油及保养的方法。
　　能力目标：能够熟练进行机车检查、给油及保养。

【任务内容】

一、机车检查、给油安全注意事项

（1）电力机车停在接触网下，在未与电调取得联系、未得到停电命令和挂好接地线前，绝对禁止登上机车车顶进行各种作业。
（2）当机车受电弓升起时，禁止进入高压室、变压器室和开启防护高压用的护板、外罩及电机整流子孔盖，禁止检查、修理机车车体下面的电气设备。
（3）在检查中，若发现有杂物，应及时进行清扫，机车电器装置上不得留有任何异物。
（4）发现机车上安全设备有缺陷或故障，应及时通报信息、进行处理，并将故障及处理结果记入机车交接簿上。
（5）禁止敲击带压力的管子、管堵、塞门、阀、风动器具和其他风动装置。
（6）进行各种机能试验时，应严格按照规定程序进行，并执行呼唤应答制度。
（7）严禁跳越地沟。

二、机车检查基本方法

　　乘务员必须熟悉所使用车型的结构、部件名称、安装位置及正常工作状态。掌握机车运用特点，熟知容易出现故障的关键零部件。机车检查时，要合理分配时间，抓住重点，以点带面，做到"顺序检查、不错不漏，姿势正确、步伐不乱，锤分轻重、目标明确，耳听目视、仔细周到，测试工具、运用自如，手触鼻嗅、灵活熟练"。检查机车局部时，应遵循自上而下、由内而外的原则。以检查部位为"点"，由左向右，再由右向左连成"线"，使应检查的部位都包括在检查顺序中。

在检查过程中，根据声音、颜色、形态、温度、气味等线索，准确及时地判断故障处所和故障程度，并采取适当的措施予以处理。

归纳起来，常用的机车检查方法主要有以下五种。

（一）锤检法

利用检查锤通过敲击、触动、撬动等方式检查机车叫锤检法，具体可分为锤击、锤触、锤撬三种。

1. 锤击

通过检查锤敲击零部件时发出的音响及手握锤柄的振动感觉来判断螺栓的紧固程度以及弹簧等部件是否发生断裂。锤击适用于敲击 M14 以上紧固螺栓、弹簧装置以及适宜用锤击判别故障的容易发生断裂的部件。

使用锤击检查时应根据螺栓的大小、部件的状态和位置，决定用力强度，不可用力过猛，以免损坏部件。使用锤击检查时，不准锤击 M14 及其以下的螺栓、螺钉、带有压力的部件、管接头以及摩擦工作面和光洁度较高的部件。

2. 锤触

主要适用于检查一些较细的管子和卡子，以及一些脆弱部件是否松动或裂损，同时也适用于 M14 及其以下螺栓、螺钉的检查。

3. 锤撬

就是用锤柄或锤尖拨动、撬动一些零部件，主要用于检查确认运动零部件的跳动量、横动量及间隙等是否符合要求。

（二）手检法

不适宜锤检的部件通常采用手动检查，手检法分为手动和手触两种，根据具体情况可单独使用也可结合使用。

1. 手动

手动：包括晃、拍、握、拧等几种具体方法，"晃动看安装、手拧看松漏"，适用于检查较细小的螺钉、管接头、阀门及仪表、电器等。主要用来检查确认这些部件是否松动、漏泄、安装是否牢固，判断油路、风管路中阀门是否处于正常工作位置。

2. 手触

主要用于检查部件的温度和油气管路的振动情况。手触时应先用手指感觉温度，再用手背判断温度。手背触及部件表面的持续时间与对应的温度如表 7.1 所示。

表 7.1 手背触及部件表面的持续时间与对应的温度表

热别	相应的温度	判定方法
平热	40 ℃ 上下	能长时间手触
微热	70 ℃ 上下	手触能持续 3 s
强热	90 ℃ 上下	不能手触
激热	150 ℃ 上下	变色
烧热	150 ℃ 以上	生烟

在运行中不能进行手触检查温度的部件，停车后应马上进行，以免错过时机。

（三）目视法

使用锤检和手检法都离不开目视法，特别是对各仪表指针的位置、检验日期、紧固螺栓平垫及弹簧垫片状态、油管路漏泄程度、油位的确认、电机火花等级的判定等会更多地运用目视法。在检查过程中要做到手、眼、灯、锤配合协调，动作一致。

电机火花等级的判定如表 7.2 所示。

表 7.2 电机火花等级判定表

火花等级	电刷下火花特点	换向器及电刷状态
1	无火花	
$1\frac{1}{4}$	电刷边缘仅小部分有微弱的点状火花或者非电性的红色小火花	换向器表面无黑痕，电刷上无灼痕
$1\frac{1}{2}$	电刷边缘大部分或全部有轻微的火花	换向器上有黑痕，用汽油擦其表面即能除去，同时在电刷上有轻微的灼痕
2	电刷边缘全部或大部分有较强烈的火花	换向器上有黑痕，用汽油能擦除，同时电刷上有灼痕
3	电刷的整个边缘有强烈的火花，同时有大火花飞出	换向器上黑痕相当严重，用汽油不能擦除，同时电刷上有灼痕，如果在这一火花等级下短时间运行则换向器上将出现灼痕，同时电刷将被烧伤或损坏

（四）测量法

使用塞尺、直尺、卷尺及专用工、量具测量有关部件间隙、距离、行程等各限度尺寸。

（五）测试法

测试法就是使用万用表等电气仪表测试电路电阻、电压、电流等参数。使用万用表时，应先调整表针使其处于"0"位,安好表笔(红笔插"+",黑笔插"-"),然后,根据测试项目,选择好挡位及量程。测试过程中,要严格遵守安全操作规程,防止仪表损坏和发生触电事故。

三、机车全面检查顺序

(1)机车应停于有检查坑的平直线路上,动轮下放置止轮器,防止机车溜逸,打开隔离开关,挂好接地线。

(2)检查坑两端放置渡板,来车方向应设防护牌。

(3)机车总风缸压力应在 600 kPa 以上,蓄电池闸刀置"断开"位。

(4)机车检查工具包括检查锤、手电筒和少量棉丝。

(5)检查作业完后应将所有检查孔盖、防护罩、加油口盖、塞门、止阀以及手柄、按钮、开关闸刀等恢复正常状态。

SS_4 改型电力机车全面检查顺序如图 7.1 和 7.2 所示。

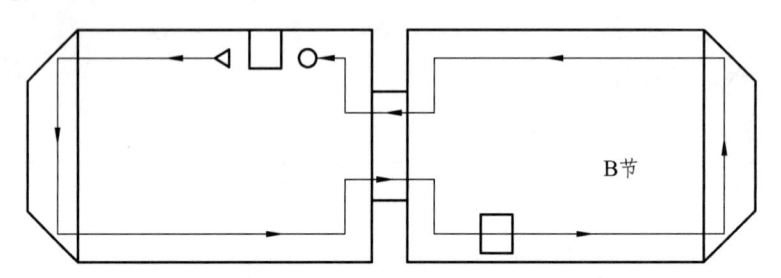

图 7.1 SS_4 改型电力机车全面检查车顶部分路线图
△起点;○终点;——检查走行线

SS_4 改型电力机车全面检查由 B 节车端部开始,按下列线路进行:B 节车端部→B 节车走行部左侧→A 节车走行部右侧→A 节车端部→A 节车走行部左侧→B 节车走行部右侧→B 节车底部→A 节车底部→A 节车司机室→A 节车上部左侧→B 节车上部右侧→B 节车司机室→B 节车上部左侧→A 节车上部右侧→A 节车高压电压互感器→A 节车避雷器→A 节车主断路器→A 节车受电弓→A 节车各瓷瓶导电杆→高压连接器→B 节车高压电压互感器→B 节车避雷器→B 节车主断路器→B 节受电弓→B 节车各瓷瓶导电杆→A 节车上部右侧→结束。

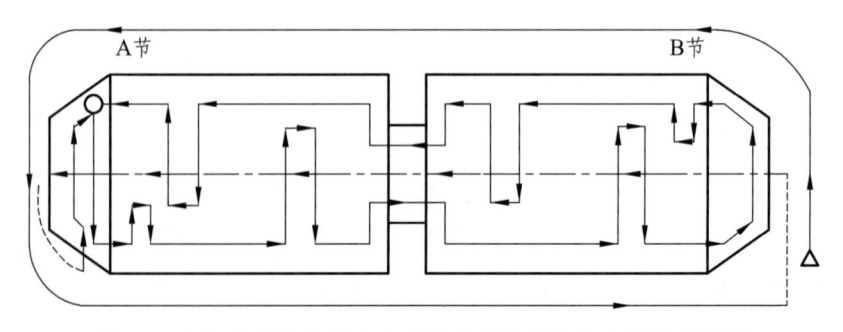

图 7.2 SS_4 改型电力机车全面检查走行部及车内部分路线图
△起点;○终点;——检查走行线;--------空走线;—·—·—车底检查走行线

四、机车给油基本方法

（一）压入式给油法

压入式给油法的给油工具为压油机，具体要求如下：

（1）对于使用软油润滑的轴销及轴套，在压油时，一般压至销套间隙中见油挤出即可。压油过少，摩擦表面润滑不良，易产生干摩擦或半干摩擦，增加摩擦阻力和部件的非正常磨损。压油过多，浪费油脂，也易使尘土杂物附着在销套表面，影响清洁，同样会产生非正常磨损，缩短部件的使用寿命。

（2）轴承组装过程中，在其空腔内部已经预加油脂。机车运用中只需在中检、定检时进行补油。补油时，轴承内存油量不应多于轴承空腔容积的 2/3。轴承空腔油量过多，散热不良，油封的密封作用减弱，多余的油脂进入电机内部，影响电机正常工作，油量过少，会使轴承产生非正常磨耗，导致发热烧损。

（二）注入式给油法

注入式给油法是机车日常运用中使用的一种补油方式，适用于油箱、油盒的给油。机车运用中应根据各部件对润滑的不同要求，正确使用油脂，避免不同类型、牌号的油脂混合使用，同时应保证油位在最低油位刻线与最高油位刻线之间。

（三）其他给油方式

（1）点式给油：适用于直径较小的穿销及较小摩擦面的给油。
（2）弧形给油：采用点式给油不能满足其润滑要求的穿销及销套采用弧形给油法给油。
（3）线式给油：适用于较大摩擦接触面的给油。
运用以上三种给油方式给油时，使用反射油枪。给油过程中，应使各销处于自由状态，托起穿销，将油脂给至穿销颈部及销套间隙内。
（4）抹入式给油：采用软油润滑的较大摩擦接触面的给油采用抹入式给油法。

五、机车给油

（一）电力机车常用油脂及使用范围

电力机车常用的油脂主要有变压器油、压缩机油、齿轮箱油、轴油和锂基脂。变压器油用于主变压器，压缩机油用于空气压缩机，齿轮箱油用于各齿轮箱，轴油适用于牵引电机抱轴承、基础制动装置摩擦面、车钩等滑动摩擦面，锂基脂用于滚动轴承、旁承、电机轴承及悬挂装置、主断路器等机械摩擦面。

（二）电力机车日常给油处所

（1）车钩部分主要为钩舌销、钩颈摩擦板、车钩复原弹簧导框、提钩杆与钩锁铰链处、提钩杆各座销。
（2）基础制动装置的传动杆件铰链及闸瓦穿销。

（三）电力机车定期给油处所

（1）受电弓各滚珠轴承和摩擦处所，传动风缸及传动杆件的连接处。
（2）主断路器隔离开关的动静触头和传动部分的摩擦处所。
（3）各电机轴承。
（4）制动百叶窗传动件连接处。
（5）手制动机各传动零部件连接和摩擦处。

（四）电力机车各部给油量

（1）牵引电机每个轴承压入 200～300 g，大的辅助电动机每个轴承压入 20～30 g，小的辅助电动机轴承和受电弓上各轴承可适量压入。
（2）变压器、压缩机、抱轴承及齿轮箱可根据油位显示，适量补油，使之处于最低油位和最高油位之间。

【知识检测】

一、填空题

1. 利用检查锤通过敲击、触动、撬动等方式检查机_____，具体可分为_____、_____、_____三种。
2. 使用锤检和手检法都离不开_____，特别是对各仪表指针的位置、_____、紧固螺栓平垫及弹簧垫片状态、油管路漏泄程度、油位的确认、_____的判定等会更多地运用目视法。在检查过程中要做到_____、_____、_____、锤配合协调，动作_____。
3. 测试法就是使用_____等电气仪表测试电路_____、电压、电流等参数。使用万用表时，应先调整表针使其处于_____位，安好表笔（红笔插"+"，黑笔插"－"），然后，根据测试项目，选择好挡位及_____。测试过程中，要严格遵守安全操作规程，防止_____和发生触电事故。

二、简答题

1. 简述机车全面检查顺序。
2. 简述电力机车常用油脂及使用范围。

任务二　机车主要部件的保养

【任务目标】

知识目标：掌握机车主要部件的保养。

能力目标：能够熟练进行机车主要部件的保养。

【任务内容】

一、主变压器的保养

（1）主变压器在运用中，油箱中的油量必须符合要求，使其能正常散热冷却，确保变压器的绝缘性能。当发现变压器油量不足时，必须及时按规定的加油方法补充合格的同型号变压器油。

（2）经常检查变压器油的温度，当环境温度为 25 ℃时，变压器油的最高温度为 55 ℃。随着环境温度的变化，变压器油的温度应控制在 70 ℃以下。

（3）变压器各部分电气接触应保持良好。若有接头发热等不正常的现象时，应及时处理。

（4）绝缘瓷瓶应经常保持清洁，不得有裂纹、放电痕迹，确保瓷瓶绝缘性能良好。若瓷瓶碰伤、灼伤面积超过 3 cm^2 时，必须更换新瓷瓶，灼伤面积不足 3 cm^2 可涂绝缘漆。

（5）变压器开始投入运行、长期停放或检修后投入运行时，必须仔细检查其外部状态，并对变压器的各绕组及油进行绝缘强度试验，确认合格后，方能投入运行。

（6）定期检查和校验油温温度计，确保其指示准确。

（7）日常应重点检查吸湿器硅胶颜色的变化情况。干燥的硅胶呈蓝色，吸收潮气后逐渐呈粉红色。当呈粉红色的硅胶超过 2/3 时，要对其进行干燥处理或直接更换。

（8）对变压器经常进行清扫，以提高变压器的耐压强度。

（9）经常检查变压器通风机状态和潜油泵端盖及各接头，确保状态良好，工作可靠。

二、牵引电机的保养

（1）定期使用干燥的压缩空气吹扫牵引电动机，清扫整流子、绝缘材料上的碳粉和灰尘。经常保持电机内外清洁、干燥、无油水。要根据机车运用情况，确定合理的轴承补油周期和给油量，避免缺油和给油过多，补入的润滑油脂应与电机轴承内原有的油脂牌号相同，禁止不同牌号的润滑油脂混合使用。

（2）机车在运用过程中，牵引电动机的电压、电流和转速都必须控制在其允许的范围内，以确保电机安全、可靠地运行。运行中，一旦控制线路发生故障，电机端电压有可能超过限制值时，司机应及时采取措施，降低端电压，维持运行。

（3）开盖检查电机前，首先清除容易落入电机内部的灰尘、油垢。检查电机时，禁止用有油的手触摸整流子表面与碳刷的工作表面。开盖后，应仔细检查下列部件：

① 换向器。换向器工作表面应经常保持清洁，有油垢时，用白布蘸酒精擦拭干净。整流子、滑环表面有油污及黑痕时用棉丝或绸布沾酒精擦去，必要时用 00 号砂纸打磨并吹扫干净。

② 刷架圈、刷杆、刷握。保证刷架圈、刷杆、刷握等固定件安装牢固，刷架圈定位件、定位座作用良好，刷杆表面清洁无油污。

③ 电刷压指。确保电刷压指动作灵活，压指弹簧无锈蚀和折断。

④ 电刷与刷盒。确保电刷与刷盒的间隙符合规定，既不能太大，也不能太小，一般应保持在 0.05～0.24 mm 之间。电刷高度符合要求，同一排电刷的高度差不能太大，以免产生较大的压力差。更换电刷时，同一电机必须使用相同牌号的电刷，保证电刷和换向器表面的接触面积不低于 85%。

⑤ 电机绕组。各绕组可见部分的绝缘漆膜无变色、绑线牢固。

（4）在对牵引电动机进行检查时，如果发现电机内部有断线、变色、烧损、松动、裂纹、开焊、甩油、放电及换向器工作表面出现异常现象时，检修人员要根据故障现象，认真查找出原因和部位，并及时进行处理，以免事故扩大，造成更大的损失。

（5）机车在运用中，应经常检查牵引电动机电枢轴承，温升不得超过 55 ℃。检查牵引电动机通风道帆布罩的工作状态，定期进行清扫，发现安装螺栓松动，必须马上予以紧固，确保牵引电动机具有良好的冷却通风条件。

（6）机车运行中，当主回路发生接地故障时，在未查明原因以前，禁止加负荷（查找故障时除外）。为处理电机故障而切除电机运行时，要防止其他电机过载。在任何情况下，严禁在机车未停稳以前进行换向、加负载操作。

（7）机车无动力回送、附挂或重联时，应使反向器位置与本务机车运行方向一致。

三、辅助电机组的保养

（1）辅助机组启动时，按规定操作程序依次启动，严禁同时按下各辅助机组启动按键。认真监听辅助电机启动、运行声音，启动时注意观查辅助回路电压表的波动和信号指示灯的显示情况，发现异常立即停机检查。

（2）经常检查各辅助机组的机座、端盖，保证油管、油堵齐全、畅通。检查辅助电机接线板，确保各接线柱无松动、无裂纹，接线柱间及其对地绝缘符合规定值。

（3）辅助机组轴承内、外圈与轴、孔的配合、端盖与机座的配合良好。转动灵活、无异音，运用中轴承温升不得超过 55 ℃。

（4）定期对辅助机组的轴承补给适量的润滑油脂，不同牌号的润滑油脂严禁混用。

（5）经常检查各辅助电机的过载信号电阻，发现电阻烧损或接线开焊时，应立即处理。

四、制动电阻柜的保养

（1）经常检查电阻柜上的车顶百叶窗，确保百叶窗启闭灵活。

（2）按操作程序正确使用电阻制动，当风速继电器因故障被隔离时，必须开启制动风机后再使用电阻制动，注意防止电阻带烧损。使用电阻制动过程中若发生主回路接地，应加强走廊巡视,防止火灾事故的发生。

(3)使用电阻制动后严禁立即关闭制动风机,确保制动电阻充分冷却。

五、受电弓的保养

(1)机车运行回段,进行整备作业时,乘务员或相关作业人员应仔细检查受电弓各部状态有无异状,发现滑板有断裂、偏磨或磨耗到限时,应及时提票修理或更换。发现滑板紧固螺栓松动或丢失时,应立即紧固并配齐。乘务员或相关作业人员必须用毛巾或白布擦拭受电弓支持瓷瓶,发现不良情况应及时报告。确保支持瓷瓶无裂纹、无放电痕迹,安装螺栓紧固无松动。发现瓷瓶烧损或破损面积超过规定值(一般规定为 3 cm²)时,更换新瓷瓶。瓷瓶受油垢污染难以用毛巾擦掉时,使用瓷洁精擦除。

(2)检查受电弓滑板,滑板之间不允许出现凸台衔接。对于磨损到限的滑板,除及时更换外,必须使更换后滑板顶面保持平滑状态。

(3)检查受电弓底架、下臂杆、上框架、推杆、平衡杆,不得有变形、开焊和裂纹。铰链部分滚动轴承油嘴齐全、油路畅通,按规定补油周期压入适量的润滑油脂,确保油润良好、转动灵活、动作可靠。确保各轴销、铰链座、螺栓无松动,软编织导线无破损、无毛刺,连接可靠。

(4)检查升、降弓弹簧,确保无裂纹、无脱落,作用良好。

(5)机车每次整备作业及出库前,乘务员应检查受电弓的升、降弓作用情况。升起受电弓时,开始动作要快,接近接触网导线时动作缓慢,减小对接触网导线的冲击,降下受电弓时,离开接触网导线瞬间动作要快,避免拉弧,快落座时动作缓慢,减小对车顶的冲击。

(6)更换受电弓时,受电弓中心线不得偏离转向架回转中心过远。

六、主断路器的保养

(1)机车每次入段进行整备作业时,都要认真检查主断路器各部件,发现问题,应及时报告处理。主断路器所有固定螺栓均不得松动,瓷瓶干燥、洁净,不得有裂纹和放电痕迹,橡胶密封圈无裂损、变形、老化、脱落时,及时更换和补齐。

(2)主断路器隔离开关无松动、烧损,接线无破损、脱落,手动应作用良好。触指磨损到限时,应及时更换,隔离开关触指接触面定期涂抹工业用凡士林润滑油脂。

(3)主断路器阀杆、传动杆件、定位机构、弹簧作用良好,不得折损、变形。传动齿轮无裂纹、断齿现象,油润应良好,转动应灵活。经常检查转动轴固定销子,防止松动、脱落,确保主断路器分、合作用良好。

(4)主断路器分、合闸电磁铁线圈、阀杆及低压联锁触头接线不得松动。严禁在无压缩空气或气压较低(小于 400 kPa)时操作主断路器,防止分、合闸线圈烧损和主阀卡位。总风缸压力在 400~900 kPa 时,手动分、合闸电磁铁阀杆,主断路器分、合正常。机车运行中,最好避免在高负荷下断开主断路器。

七、两位置转换开关的保养

机车在运用中,确认两位置转换开关与机车行驶方向一致后再起车。车未停稳前严禁将换向手柄打到和机车运行方向相反的位置上。

八、蓄电池的保养

(1)机车降弓停留时,不应长时间使用前照灯和车内照明设备,防止蓄电池亏电。机车运行中,禁止断开蓄电池闸刀。

(2)机车运用一段时间后,蓄电池电压低于终止电压时不宜继续放电,应及时充电,并补足蒸馏水或电解液。

(3)蓄电池单元连接板不得松动,发现极柱螺栓脱扣,及时更换电池单元。蓄电池外壳裂纹、破损漏液时,及时更换新电池。更换新电池组时,蓄电池外壳上部、极柱、连接板上应涂抹凡士林润滑油脂。

(4)蓄电池绝缘隔板有油污和烧痕时,拆下连接板后取出绝缘板清理干净或更换。蓄电池发生爬碱时,及时清理并擦净。

九、各电气柜电气装置的保养

(1)对电气柜和电气装置进行检查保养时,首先要切断电源。

(2)日常用干燥、清洁的棉布或毛刷擦拭电气表面,除去灰尘、油污、金属粉粒。定期用压力为 300~350 kPa 的清洁干燥压缩空气吹扫电气。

(3)电气装置各触点、触指、接点的工作表面有氧化层或接触不良时,及时用棉布蘸汽油或酒精擦洗。有灼伤时,用00号砂布打磨。烧损严重的用锉刀进行锉修后再用00号砂布打磨。

(4)电气装置各触点、触指、接点的接触压力、开距、超程要符合要求,不良时要及时进行调整。发现触头焊片开焊、脱落、灭弧罩断裂破损时,也必须立即更换或进行修理。

(5)电气装置电气线路各连接处应牢固无松动,导线连接不良、虚接、断路、短路或接地时,要立即消除。电气装置上的漆封标记要清晰,不得随意改动。电气装置的可动部分不得有卡滞或晃动现象。

(6)机车运用中不准随意改变电气装置的动作整定值,禁止更改电气线路结构,机车未停稳妥之前,严禁"打逆电"。

(7)定期检查电气装置上的风管路、塞门和接头,确保不松动、不漏风、不窜风,作用良好。

十、走行部主要部件的保养

(一)轮对的保养

(1)机车在段进行整备作业或中间站停车的时间较长时,应检查轮箍标记线有无错位现象。

（2）机车运用中，应经常检查轮箍与轮心镶装部分的漆皮及状态是否产生裂翘现象（现场俗称"透锈"，是判断轮箍是否弛缓的重要标志）。

（3）机车运行中，每个区间应不少于两次瞬间缓解空气制动阀，防止机车自然制动。

（4）精心操纵机车，尽力防止空转和滑行，以免造成轮箍弛缓、踏面擦伤。

（5）机车运用中，必须保证轮缘喷脂器作用良好，运行中，不准随意关机停用，同时应经常清扫轮对踏面油垢，保持踏面干燥、清洁。

（6）机车运行途中，发生轮箍弛缓时，应测量其外窜距离，若外窜量超过 30 mm 时，禁止继续牵引列车，应与调度员联系，单机限速回段修理。

（二）轴箱及抱轴承的保养

1. 轴箱的保养

（1）段内接班后，应仔细检查轴箱端盖、轴箱拉杆和电机悬挂吊杆是否紧固良好，可用检查锤顺时针方向敲击轴箱盖上的紧固件，听其声音判断紧固状态。

（2）机车运用中，机车乘务员和地勤检查人员应经常注意检查轴箱盖下方有无漏油现象，发现漏油或其他异状应及时处理。

（3）机车在站停车后，乘务员应下车检查轴箱温度。如发现温度过高或局部温度过高时，应打开轴箱端盖，检查润滑油脂是否过多或不足，是否变质，润滑油脂是否清洁或混入污物及其他颗粒性物质，轴箱内的轴承组装间隙是否过小，轴承零件是否损坏或拉伤等，并根据情况予以消除。

（4）按规定定期打开轴箱盖进行检查，并加入同牌号合格的润滑油脂。

（5）机车长期存放时，必须定期移动机车，改变滚柱轴承和轴承套的接触点，防止轴承零部件腐蚀。

2. 牵引电动机抱轴承的保养

（1）抱轴油箱油位高度应保持在上下刻线之间。

（2）抱轴承润滑油应保持清洁，毛线集油器应富有弹性，与动轮轴颈应紧密贴合，拉力弹簧作用良好。发现毛线折损应更换。更换新毛线时，必须用抱轴油浸泡 24 h 后才能上车组装，旧毛线清洗甩干后，亦必须浸泡后才能上车组装。

（3）更换润滑油时应取出全部毛线，并在洁净的抱轴油中洗净并拧干。

（4）抱轴轴承在工作中温度不应超过 70 ℃，如温度过高或冒烟时，禁止用油、水进行人工冷却，以免轴颈产生裂纹，为避免车轴弯曲，必须让机车在线路上慢慢移动，直到温度恢复正常为止。

3. 轮缘喷脂器的保养

（1）轮缘喷脂器各系统必须安装牢固，各部无漏泄，确保性能可靠、作用良好。

（2）经常检查分配油泵，确保所有螺钉紧固，活塞动作灵活无卡滞。

（3）喷嘴喷出的油脂成雾状锥形并准确地喷在轮缘根部，如喷在轮箍踏面上应立即进行调整。

（4）机车进行整备作业时，应将电控箱工作开关放"试验"位，一面喷脂一面检查，发现喷嘴不喷脂，喷脂较少或位置不对时，及时提票处理。

（5）机车运用中进行走廊巡视时，应注意检查喷脂器电空阀是否正常工作。不正常时，将电控箱上工作开关从"运行"位移至"试验"位维持运行。"试验"位喷脂时间调整为 2 s，间隔时间应保持在 3.6~15 s 内。

（6）机车入段后应加足干净、牌号正确的润滑油脂。

【知识检测】

简答题

1. 简述主变压器的保养方法。
2. 简述制动电阻柜的保养方法。
3. 简述轴箱及抱轴承的保养方法。

任务三　机车全面检查

电力机车在运用过程中，随着时间的推移和各种因素的影响，机车的电气设备会出现故障，各转动滑动部件和走行部件会出现一定程度的磨损，甚至损坏，同时机车运动部件的润滑油脂也将减少或变质。所有上述异常状态的存在影响着机车的寿命，并危及行车安全。因此对运用机车定时检查、给油，做到早期发现不良处所，及时处理，是提高机车质量、保证运输安全的重要运用工作之一。

本任务主要以 HX_D1C 型机车的全面检查为例。

【任务目标】

知识目标：了解 HX_D1C 型机车全面检查的基本知识。

能力目标：掌握 HX_D1C 型电力机车的全面检查的基本知识。

【任务内容】

HX_D1C 型机车检查要求及说明

（一）基本要求

机车乘务员应对 HX_D1C 型机车结构、各部件名称、正常安装位置及状态非常熟悉，掌握该车型的运用特点以及容易出现故障的部件和关键部位，充分合理地利用检查时间，在检查机车时应以有条不紊的顺序、正确的姿势和适当的检查方法进行，做到：顺序检查、不错不漏、姿势正确、步伐不乱、锤分轻重、目标明确、耳听目视、仔细周到、手触鼻嗅、灵活熟练。

在检查过程中，应根据声音、颜色、形态、温度、气味等线索，准确及时地判断故障处所和故障程度，并采取相应的处理措施。

（二）检查方法

（1）锤击检查是靠检车锤敲击零部件时发出的音响及锤柄的振动感觉来判断螺栓的紧固程度或部件是否发生断裂。锤检法适用于 M14 以上的各紧固螺栓、弹簧装置以及适宜锤击判断故障和容易发生断裂的部件。使用锤击检查时应根据螺栓的大小，部件的状态和位置，用力适当，掌握好"轻重缓急"，不可用力过大，以免损坏部件。不准锤击带有压力的部件，管接头以及摩擦工作面和光洁度较高的部件，M14 及其以下螺栓、螺钉禁止锤击。

锤触检查主要适用于一些较细的管子和卡子，以及一些脆弱零部件，也适用于 M14 及其以下螺栓、螺钉，以检查其是否松动或裂损。

锤撬检查是用锤柄或锤尖拨动、撬动一些零部件的跳动量、横动量及间隙等。

（2）手检法：手检法分为手动检查和手触检查。对不适宜锤检的零部件应使用手动检查，包括晃、拍、握、拧等，适用于较细小的螺钉、管接头、各种阀门及仪表、电器等，检查其是否松动、漏泄、安装不牢固等，判断各风、油管路中阀门的开闭是否正确。

手触检查主要适用于检查有关部件的间隙、温度等，在运行中不能进行手触检查温度的部件，应在停车后马上进行，手触时应先用手指感觉温度，再用手背判断温度。

（3）目视法：在使用锤检和手检的同时都要进行目视检查，做到手、眼、锤协调配合，动作一致。对各仪表指针的位置，检验日期的确认，各紧固件螺体的平垫、弹簧、垫片状态，风、油管路的漏泄程度，水位、油位的确认，电器、接线有无放电、灼痕等均需要进行目视检查。

（三）检查路线

（1）本检查程序检查路线图中用"▽"表示检查开始起点，用"→"表示行走路线及方向，用"○"表示检查结束终点。

（2）HX_D1C 机车全面检查顺序为：走行部→地沟→司机室及走廊→车顶部，应按照规定走行路线图一步不漏，逐一进行检查。

（3）局部检查顺序原则上应由上到下、由内而外、由左向右进行，使应检查的部位都包括在检查路线顺序中，从而做到全面不漏。

（4）机车走行部及地沟检查路线如图 7.3 所示。

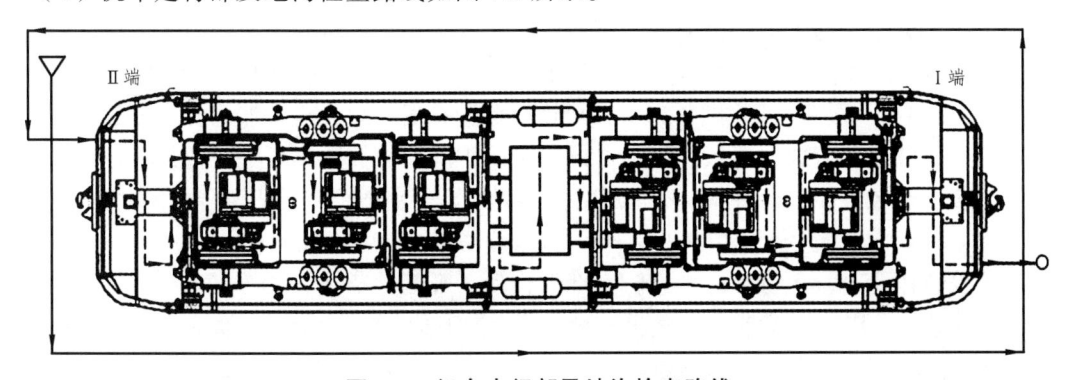

图 7.3 机车走行部及地沟检查路线

（5）机车上部司机室及走廊检查路线如图 7.4 所示。

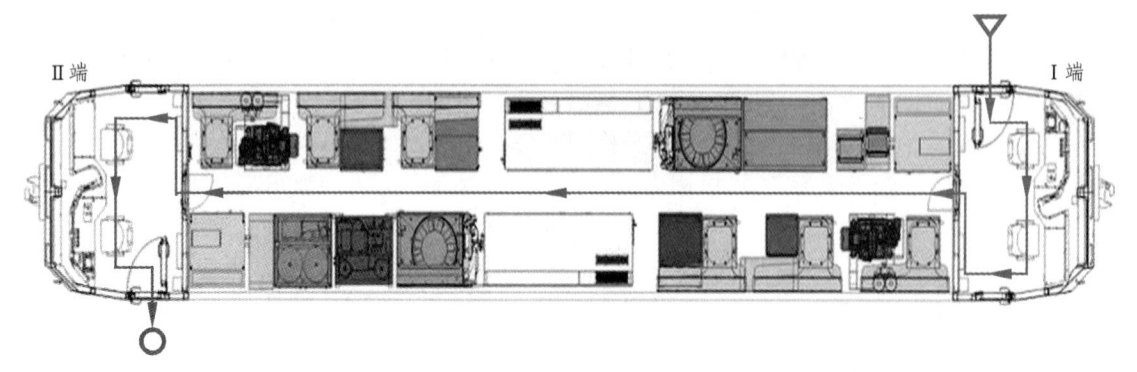

图 7.4　机车上部司机室及走廊检查路线

（6）机车顶部检查路线如图 7.5 所示。

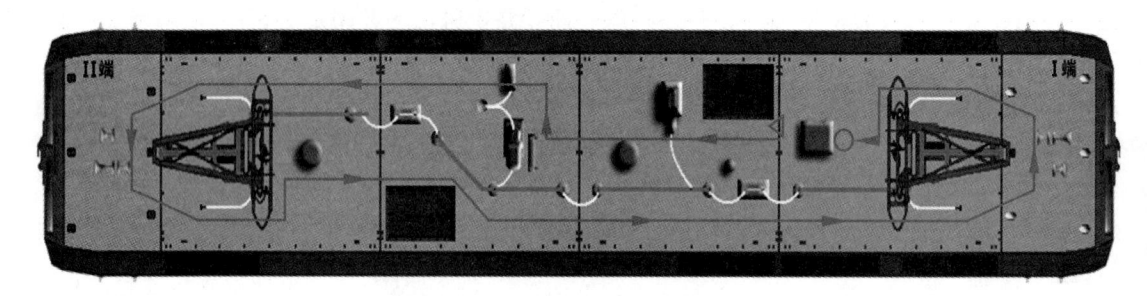

图 7.5　机车顶部检查路线

（四）检查说明

（1）本检查程序既可作为机车乘务员、整备人员库内检查、整备 HX_D1C 机车使用，也可作为机车乘务员运行途中在继乘站、营业站检查机车使用；既可作为全面检查机车时使用，也可作为检查机车局部各柜、室和单独零部件时使用。

（2）本检查程序仅对机车可视、可触部件进行检查，不要求使用专用钥匙或专用工具开柜或开盖检查。

（3）机车全面检查时间：暂定 130 分钟。

（4）机车无论是在库内、继乘站、营业站，走行部可见部分均为检查范围。

（5）库内检查时，机车应停于有检查坑的平直线路上，自动制动阀、单独制动阀均置"运行位"，停放制动"缓解位"，机车二、五动轮放置止轮器，防止机车溜逸。

（6）检查坑两端应放置渡板，来车方向应设防护牌，打开隔离开关，挂好接地线。

（7）机车总风缸压力应在 700 kPa 以上，各自动开关全部向上"闭合位"，各塞门位置正确。

（8）检查作业时，走行部应重点防止部件松动、脱落、断裂、失效、弛缓和轴承固死。

（9）检查作业时，应携带检车锤、手电筒等检查工具，检查机车顶部时，应戴好安全帽，系好安全带，穿好绝缘鞋。

（10）机车顶部检查作业开始前，必须确认机车停放股道的接触网隔离开关已断开，接地线已挂好，进行升弓验电，确认接触网已无电后，降下受电弓，上车顶进行检查作业时，还需有另一人在车下安全地点进行防护。

（11）不允许使用检车锤锤击制动盘内、外摩擦环任何部位以及有较高光洁度要求或有镀层、漆膜（如圆弹簧、变压器等）的零部件。

（12）禁止使用检车锤锤击带有压力的风管、细小风管及风管接头螺母、M14 以下螺母的零件，禁止反方向敲击螺母、螺栓或打在螺栓、螺母的棱角上。

（13）机车在到达入库、继乘站、营业站停车检测轴温时，必须用手持轴温测试仪检测轴温和手触测温相结合进行检查，同时，注意观察轴箱上部两侧的温度贴片有无变色（左侧为 60°C 温度贴片、右侧为 80°C 温度贴片），轴温超过 60°C 时左侧温度贴片会变为红色，同时显示 60°C 字样，轴温超过 80°C 时右侧温度贴片会变为红色，同时显示 80°C 字样；轴温大于 60°C、小于 80°C 时，应随时进行轴温监测，维持运行，轴温超过 80°C 时，及时向段"120"及有关部门进行汇报，按其指示处理。

（14）HX_D1C 型机车螺杆式空气压缩机分别安装有克诺尔、嘉祥和标顶三种不同型号，本检查程序仅以克诺尔产品为例，其他产品型号参照克诺尔螺杆式空气压缩机执行。

（15）HX_D1C 型机车制动机系统分别采用克诺尔公司或法维莱公司产品，本检查程序仅以克诺尔公司 CCBⅡ型制动机为例，法维莱公司制动机参照克诺尔制动机执行。

（16）检查结束后必须及时将所检查部件恢复或保持正常工作状态。

（17）该检查程序分为走行部全面检查程序、机车底部地沟全面检查程序、司机室及走廊全面检查程序和机车顶部全面检查程序四部分，但考虑到机车检查的全面性和完整性，在四部分之间又采用了顺序编号，进一步增强了该检查程序的实用性。

【知识检测】

简述题

1. 简述 HX_D1C 型机车检查的基本程序。
2. 简述 HX_D1C 型机车的检查方法。

项目八 机车常见故障处理

任务一 SS₄改型机车常见故障处理

【任务目标】

知识目标：了解SS₄改型电力机车的故障处理知识。
能力目标：掌握SS₄改型电力机车的故障处理方法。

【任务内容】

一、控制电源故障处理

（一）闭合蓄电池闸刀，电源柜电压表无显示

1. 原因分析

（1）650PV 故障。
（2）601QA 跳开或接触不良。
（3）666QS 背面线断。
（4）蓄电池连线断。

2. 判断处理

（1）闭合电源柜照明灯开关676SB，697EL 灯亮为650PV 故障。可暂不处理，维持运行。
（2）反复断合几次601QA，使其接触良好。
（3）如副台控制电压表显示正常，则检查666QS 背面接线。
（4）连好蓄电池连线。
（5）运行中无法处理时，将该节668QS 重联闸刀置重联位，维持运行。

（二）闭合蓄电池闸刀，副台电压表无显示，控制回路无电

1. 原因分析

（1）667QS 接触不良或接线断。
（2）二极管V5 或673RS 分流器断路。

2. 判断处理

检查处理 667QS 闸刀不良处所，连好断线。运行中无法处理时，闭合 668QS 维持运行。

（三）升弓合闸后，控制电压达不到 110 V

1. 原因分析

（1）600QA 跳开或接触不良。
（2）稳压触发板或主桥故障。
（3）666QS 接触不良或接线断。

2. 判断处理

（1）闭合 600QA，反复断合几次，使其接触良好。
（2）将电源柜上的 A、B 组转换开关，置另一组。
（3）检查处理 666QS 闸刀不良处所，连好断线。
（4）上述处理无效时，闭合该节车 668QS 重联闸刀，维持运行。

（四）控制电压过高或不稳

1. 原因分析

（1）控制电源板某块故障；
（2）控制电源板两块均故障。

2. 判断处理

将电源柜上 A、B 组转换开关置另一组，无效时将 668QS 置重联位，断开 666QS、667QS、600QA，维持运行。

（五）控制电源正常，按任一按钮，控制电压降低过多

1. 原因分析

个别几节蓄电池电压过低。

2. 判断处理

更换不良蓄电池，运行中可将 668QS 置重联位，维持运行。

（六）斩波电源 48 V、24 V、15 V 灯灭，斩波风扇不工作

1. 原因分析

（1）斩波电源板某块故障；
（2）斩波电源板两块均故障。

2. 判断处理

将电源柜上 A、B 组转换开关置另一组维持运行，无效时，将 668QS 置重联位维持运行。

二、电源钥匙开关故障处理

（一）闭合 570QS，门联锁不动作，零位灯不亮

1. 原因分析

（1）602QA 跳开或接触不良。
（2）570QS 本身接点不良。

2. 判断处理

（1）恢复 602QA，反复活动几次，使其接触良好。
（2）活动几次 570QS，如不行，则检查修复 570QS 不良处所。

（二）闭合 570QS，门联锁不动作，零位灯亮

1. 原因分析

（1）电路故障：20QP、50QP、297QP 接点不良或 287YV 本身故障。
（2）风路故障。
（3）门联锁不良。

2. 判断处理

（1）287YV 不吸合为电路故障，检查处理相应接点。应急处理：将 287YV 固在"吸合位"。
（2）287YV 吸合，为风路不畅。如果两位置开关动作正常，则检查 52 阀调整压力，如 287YV 本身风路堵塞或卡死，可轻轻敲击，使其动作，如两位置开关不动作，则开放 140 塞门，检查 100 阀，抽出阀芯清扫，冻结时可用热棉丝或热水加热处理。
应急处理：抽出 100 阀芯，装好阀盖。
（3）门联锁机械卡劲，可用手锤轻轻敲击，或用撬棍撬动；如不行，则须拆下修理。
（4）如门联锁不良，运行中无法修复，可切单节；如牵引力不足，则须强迫该节 515KF 吸合，升另节车受电弓，维持运行。
注意：此时门联锁阀已无保护作用，进高压室必须确认降弓到位，钥匙取出。

（三）闭合 570QS，门联锁动作，零位灯不亮

1. 原因分析

（1）司机控制器不在 0 位。

（2）"零位"灯坏。

（3）412线无电或568KA"CK"不良或本身不能吸合。

注："CK"表示常开联锁；"CB"表示常闭联锁，以后同。

2. 判断处理

（1）闭合412SK，"零位"灯不亮，为灯炮坏，可暂不处理，维持运行，但操纵时要谨慎，手轮回"0"时必须确认到位。

（2）如操纵节司机控制器不在"0"位，则闭合570QS，能听到线路接触器吸合声，非操纵节"零位"灯一亮即灭，恢复操纵节司机控制器或辅助司机控制器即可。

（3）如非操纵节"零位"灯不亮，则恢复司机控制器"0"位。

（4）如568KA不吸合为412线无电或本身故障，接好断线，修复568KA不良处所。

3. 568KA不吸合时的应急处理

方法1：人为合"主断"，降弓过分相绝缘，"零位"灯常不亮，手轮回"0"，须确认。

方法2：人为闭合568KA，"零位"灯常亮，手轮回"0"须确认，合"主断"须确认手轮回"0"，紧急制动无法自动切除牵引力，需及时断电。

（四）闭合570QS，门联锁不动作，故障显示屏显示主接地

1. 原因分析

入库转换开关20QP、50QP置于"库内"位。

2. 判断处理

恢复20QP或50QP运行位。

三、受电弓故障处理

（一）闭合受电弓扳钮，升不起弓

1. 原因分析

（1）高压室门未关好。
（2）扳钮不良。
（3）风压不足。
（4）143塞门关闭。
（5）147塞门关闭或515KF接点不良。
（6）587QS在"故"位或接点不良。
（7）升弓电空阀1YV本身故障。
（8）机械故障。

2. 判断处理

（1）如两弓均不升，则检查确认高压室门、车顶门锁闭到位，风路畅通、风压不足时，用小压缩机打风升弓。

（2）如 1YV 得电，则确认 143 塞门开放，门联锁阀杆伸出到位，不良处理，仍不能升，为 1YV 风路堵塞，或受电弓本身机械故障，作相应处理，运行中可用另一弓维持运行。

（3）如 1YV 不得电，恢复 587QS 运行位，确认非升弓节 147 塞闭开放，515KF 无异状，仍不能升，换端操纵：能升，则检查修复受电弓扳钮及非升弓节 515KF 不良处所，换端操纵后，1YV 仍不得电，则检查修复 1YV 不良处所，运行中可用另一弓维持运行。

3. 应急处理

1YV 不得电，确认风路塞门开放，风压足，可断开 570QS，将 1YV 固定在吸合位，关好高压室门，闭合钥匙，即可升弓。遇降弓处所，须拔钥匙。

（二）升弓不到位

1. 原因分析

（1）风压不足。

（2）降弓弹簧过强，升弓弹簧过弱或折损。

2. 判断处理

（1）疏通风路，使风压达到规定值。

（2）调整升、降弓弹簧强度，不良更换，运行中可升另一弓维持运行。

（三）自动降弓

1. 原因分析

（1）602QA 跳开或烧损。

（2）140 塞门关闭。

（3）287YV 或 1YV 故障，自动释放。

2. 判断处理

（1）恢复 602QA，开放 140 塞门。

（2）287YV 故障可强迫吸合，维持运行。

（3）1YV 故障，可换弓运行。

（四）升弓后车顶有放炮声

1. 原因分析

（1）车顶瓷瓶太脏或露雾太大引起接地放电。

（2）瓷瓶破损或车顶部件故障造成接地放电。
（3）车顶有异物，造成接地放电。

2. 判断处理

（1）发生一次放炮声，不影响供电，可继续运行。
（2）如发生二次放炮声，须请求停电，办妥手续，上车顶处理，清除异物，擦净瓷瓶，排除接地处所。
（3）瓷瓶故障，须拆除相应的导电杆，拆除方法：
① 故障瓷瓶在受电弓与"主断"之间时，拆除相应的导电杆后，换弓运行。
② 故障瓷瓶在两"主断"之间时，拆除相应的导电杆后，升双弓运行，注意过分相。
③ "主断"瓷瓶故障，排除接地处所，隔离开关置分闸状态，586QS 置"故"位，单节机车维持运行。

（五）闭受电弓扳钮，不降弓

1. 原因分析

（1）扳钮假恢复。
（2）升弓电空阀排风口堵。
（3）降弓弹簧折损或滑环折损。
（4）弓、网焊接。

2. 判断处理

（1）关闭 587QS 能降弓，为扳钮不良。
（2）断电，关闭扳钮，取出钥匙。待降弓后，清除 1YV 排风口污物或换弓运行。
（3）如弓网焊接，须立即断电，请求停电，上车顶处理，使弓、网分离，并打磨焊接处所。
（4）如受电弓本身故障时，维持到站后，请求停电上车顶处理，强迫降弓，并将其 587QS 打"故"位，使其不能再升，换弓运行。如遇降弓处所时须停车处理。

（六）运行中突然失压

1. 原因分析

（1）接触网停电。
（2）刮弓或自动降弓。

2. 判断处理

首先确认是否刮弓，如为刮弓，应立即停车，请求停电，上车顶处理，如受电弓正常，则为接触网停电，根据运行情况在保证安全的前提下，可维持进站，否则，应及时停车，并与调度联系，按规定做好防溜，如为自动降弓时按本节自动降弓处理方法处理。

（七）刮弓后的处理办法

（1）立即停车，做好防溜，请求停电，办妥停电手续，挂好接地线。

（2）上车顶检查受电弓被刮状态，将故障受电弓绑好，排除接地处所，587QS 置"故"位，换弓运行。

（3）如受电弓刮下机车，或虽在车上，但有可能因振动掉下车顶时，应将其移至线路旁边，不得侵入邻线，清理车顶遗物，排除接地处所，换弓运行，同时通知有关人员。

（八）过分相后自动降弓，控制电源消失

1. 原因分析

蓄电池故障无电。

2. 判断处理

（1）大闸放中立位，调速手轮回"0"，恢复主台各扳钮。

（2）将操纵节 668QS 置重联位，重新升弓、合闸，正常后继续运行（注意不要低速缓解，必要时停车再开）。

四、主断路器故障处理

（一）按"主断"合按键，"主断"不闭合

1. 原因分析

（1）401SK 扳钮不良。

（2）586QS 在"故"位或接点不良。

（3）调速手轮不在 0 位或 568KA 不吸合，或其常开联锁不良。

（4）"PX"扳钮假恢复，或 567KA "CB"不良。

注："PX"表示劈相机，下同。

（5）539KT "CK"不良。

（6）合闸线圈线断，烧损或阀杆行程不够，位置不正。

（7）风压不足或 145 塞门关闭，4KF 接点不良。

（8）"主断"卡在中间位。

（9）"主断"隔离开关机械故障。

2. 判断处理

（1）两节车全不闭合，确认风压足够，风路畅通，修复 401SK 不良处所。

（2）"零位"灯不亮为 568KA 未吸合，或司机控制器不在 0 位，恢复调速手轮 0 位修复 568KA 不良处所。

（3）按住 401SK，"零压"灯不灭，为 586QS 或 568KA "CK" 不良，恢复 586QS 运行位，修复 568KA 不良处所。

（4）按 401SK，"零压"灯灭，合闸线圈无动作声：

① 人为合"主断"后，不能断开，为 4KF 接点不良，或风压不足，检查修复 4KF 不良处所，疏通风路。

② 人为合"主断"后，能断开，则检查确认：全车"PX"扳钮恢复，567KA 释放，其常闭接点良好，539KT "CK" 接点良好，4QFN 良好，不良处处理。

（5）按 401SK，合闸线圈有动作声，则电路正常，检查修复合闸阀杆及隔离开关转动部分。

（6）如"主断"卡在中间位，人为闭合分、合闸电磁阀，使之复位，如不行，人为闭合，然后，断合几次，使其作用灵活。

（7）如属非操纵节"主断"不闭合，则重复操纵一次，按扳钮时间不少于 2 s，如不行，再按上述方法处理。

（8）如属隔离开关机械故障，运行中无法修复时，可暂不处理，人为闭合维持运行。如隔离开关转动瓷瓶破损时，确认"主断"在断开位，切除该节车。

（9）应急处理

人为闭合"主断"，注意以下几点：

① 确认全车司机控制器，调速手轮回零，"PX"扳钮恢复，风压大于 450 kPa。

② 确认降弓到位，钥匙取出。

③ 先捅合闸衔铁，如不行再推传动活塞，注意安全。

④ 过分相时，调速手轮回 0，恢复各扳钮，降弓过分相。

（二）按"主断"断按键，断不开

1. 原因分析

（1）603QA 跳开或接触不良。

（2）400SK 扳钮接点不良。

（3）4QF 接点不良。

（4）分闸线圈本身故障或阀杆位置不正，行程不够。

（5）145 塞门关闭，风压太低或 4KF 接点不良。

（6）"主断"卡在中间位。

（7）隔离开关机械故障。

2. 判断处理

（1）两节车全断不开为原因（1）、（2），恢复 603QA，反复断合几次，确保其接触良好，反复操纵几次 400SK，如不行，修复不良处所。

（2）人为捅分闸衔铁能断开，为 4QF 接点不良或分闸电磁阀本身故障，分别检查修复。

（3）人为捅分闸衔铁不能断开，为风路不通或机械故障，疏通风路，排除机械故障。

（4）如隔离开关机械故障，运行中无法修复时，在不接地的情况下可维持运行，降弓过分相，运行中加强观察巡视，发现异状及时降弓。

（三）风压正常，但连续断合几次后再合不上

1. 原因分析

多为 145 塞门关闭。

2. 判断处理

开放 145 塞门。

（四）闭合"主断"后主变压器有交流声，但辅助电压表无显示

1. 原因分析

（1）235QS 在库用位。
（2）辅助电压表本身故障。

2. 判断处理

（1）启"PX"能启动为原因（2），可暂不处理，运行中加强巡视。
（2）恢复 235QS 运行位。

（五）"主断"闭合后，辅助电压只有 200 V 左右

1. 原因分析

"主断"闭合不到位。

2. 判断处理

立即断电、降弓，然后断合几次主断路器。再升弓、合闸，若不行，确认"主断"在断开位，切除该节车。

（六）闭合"主断"断按键或某一保护动作跳闸时，列车起非常

1. 原因分析

504 V 击穿。

2. 判断处理

断开 504 V 接线维持运行。注意：此时捅紧急按钮时不自动跳"主断"，应及时切除牵引力。

（七）非线性电阻爆炸

判断处理：

主断路器动、静触头闭合良好，单系非线性电阻爆炸，且车顶不接地时可继续运行。

（八）"主断"灭弧瓷瓶、支持瓷瓶及穿墙瓷瓶裂损

判断处理：

确认"主断"在断开位，无接地点时切除该节车，如有接地点时，必须停电处理。

（九）"主断"闭合后，交流声不正常

1. 原因分析

（1）辅机接触器有焊接现象，走单相。
（2）主变压器或平波电抗器故障。

2. 判断处理

（1）断电、降弓，检查辅机接触器，焊接时拆除三相接线，切除该辅机。
（2）主变压器：
① 吱吱声，为芯部或套管表面内闪络，断电降弓，清扫放电处所，加强走廊巡视。
② 爆裂声，多为芯部接地不良引起，切除该节车。
③ 声音大而嘈杂，多为芯部松动，切除该节车。

（十）无显示跳闸

1. 原因分析

（1）辅机保护二次保护开关管、晶闸管误导通。
（2）电磁信号袭入电子柜，引起误动作。

2. 判断处理

（1）重新启动辅机，启动到某一辅机时，"主断"跳即为该辅机插件误动作，可更换备用插件或将其扳钮置"故"位。
（2）如系误动作，可重新合闸继续运行。
（3）如显示某辅机过流，应立即降弓，检查该辅机接触器，不可盲目切除辅保。

五、劈相机故障处理

（一）闭合"PX"扳钮，"主断"即跳，零压灯亮，无其他显示

1. 原因分析

零压保护装置误动作。

2. 判断处理

检查修复563KA、286KT不良处所。

3. 应急处理

将236QS置"故"位，维持回段。注意观察网压，失压时及时断电。

（二）闭合"PX"扳钮，"劈相机"灯不亮，无任何电器动作声

1. 原因分析

（1）605QA跳开或不良。
（2）404SK扳钮不良。
（3）591QS接点不良。
（4）567KA本身故障。

2. 判断处理

（1）如两节车"PX"全不启动，为原因（1）、（2）、（3），否则为567KA本身故障。
（2）将591QS打自起位能启动，为591QS手动位接触不良，可用自起位维持运行。
（3）人为闭合567KA，仍无效，为605QA跳开或不良，恢复605QA，反复活动几次，使其接触良好。
（4）上述故障无法处理时可人为闭合567KA，并将其固定在吸合位，"主断"断开后须使其释放，再启动时重新闭合567KA。

（三）闭合"PX"扳钮，"劈相机"灯亮，"PX"不启动，213KM不吸合

1. 原因分析

（1）567KA "CK" 不良。
（2）566KA "CB" 不良。
（3）213KM本身故障。

2. 判断处理

（1）如533KT吸合，则检查修复213KM本身，无法修复时切除该节车。

（2）如各时间继电器不吸合，则检查修复567KA"CK"，反之为566KA"CB"不良或其本身卡在吸合位。

（四）闭合"PX"扳钮，201KM不吸合，"PX"不启动

1. 原因分析

（1）213KM"CK"不良。

（2）242QS接点不良。

（3）215EF接点不良。

（4）201KM本身故障。

2. 判断处理

（1）将242QS置"电容"位低压试验，205KM不吸合，则检查修复213KM"CK"。

（2）反复活动几次242QS，使其接点接触良好。

（3）检查辅机保护插件或更换，仍不行，则用通风机1代替"PX"。

（五）劈相机启动电阻甩不开

1. 原因分析

（1）283AK"CK"不良或本身故障。

（2）566KA本身故障或自持不良。

（3）566KA"CB"断不开，527KT不释放或延时过长。

（4）213KM本身故障。

2. 判断处理

（1）如劈相机灯显示正常，则检查修复527KT、213KM不良处所，527KT不释放时可拆其接线，213KM焊接时，拆除其接线，切除该节车。

（2）如劈相机灯打闪，为566KA自持不良。

应急处理：待"PX"启动后，将566KA固定在吸合位，断电后使其释放，再启动时重复进行。

（3）"PX"启动后，人为捅283AK试验按钮，213KM能释放，为283AK本身故障，可用此法维持运行。

（六）"PX"偷停

1. 原因分析

（1）605QA脱落。

（2）辅机保护动作。

（3）201KM 自持不良。

2. 判断处理

（1）恢复 605QA，活动几次，使其接触良好。

（2）检查辅机保护插件，如辅机保护动作，可恢复一次，重新启动，正常后继续运行，如不行，更换备用插件，再不行可用通风机代替"PX"。

（3）检查处理 201KM 自持联锁，运行中无法处理时用通风机 1 代替"PX"。

（七）切除故障"PX"，用通风机 1 代替"PX"

（1）确认"PX"接触器无焊接，焊接时拆除其三相接线，包好绝缘。

（2）将"PX"隔离开关 242QS 置"2"（IFD）位，并将 296QS 置"电容"位。用牵引风机 1 代替"PX"。

（八）"PX"启动电阻烧损后的处理

"PX"启动电阻为短时工作制，通电时间一长极易烧损。烧损后应立即断电、降弓，清理烧损处所，用另一组启动电阻或用 1FD 代替"PX"。

（九）"PX"启动正常，辅机不工作

1. 原因分析

533KT"CB"不良或 533KT 卡在吸合位。

2. 判断处理

检查 533KT"CB"使其接触良好，如 533KT 卡劲，可设法使其释放。

六、压缩机系统故障处理

（一）压缩机不启动

1. 原因分析

（1）577 线无电。

（2）405SK 扳钮不良。

（3）517KF 不良。

（4）566KA"CK"不良。

（5）579QS 在"故"位。

(6) 217EF 不良。

(7) 203KM 或压缩机电机本身故障。

2．判断处理

(1) 闭合其他辅机扳钮，接触器不吸合，为原因 (1)，检查 533KT 常用触点使其接触良好，如 533KT 卡滞，可设法使其释放。

(2) 两节车压缩机不工作，闭合强泵风扳钮能启动，为原因 (2)、(3)，闭合另一车 405SK，能启动，则检查处理 405SK 不良处所，反之，则检查处理 517KF 不良处所。

运行中可用强泵风维持运行，注意观察风压。

(3) 闭合 405SK，"压缩机"灯亮应立即断电，检查 203KM 是否焊接，压缩机电机是否烧损，确认无焊接烧损现象：将压缩机辅机保护插件故障开关恢复一次，重新启动，仍动作，更换插件重新启动，还动作，切除该压缩机。

(4) 确认 579QS 在正常位。

(5) 短接 566KA，"CK"能启动，则检查处理 566KA 不良处所。

(6) 属 203KM 或压缩机电机本身故障时，运行中可暂不处理，切除该压缩机，维持运行尽量少用空气制动，节约用风，并注意监视工作压缩机的温升。

（二）压缩机启动后 247YV 排风不止

1．原因分析

(1) 247YV 不释放。

(2) 523KT 不释放，或 203KM "CB"，断不开。

2．判断处理

(1) 检查 523KT，使其释放。

(2) 如 247YV 卡死，可轻轻敲击使其释放。

（三）压缩机一工作，低压安全阀即排气

1．原因分析

高压风缸进风阀故障，或高压风缸向低压风缸窜风。

2．判断处理

切除该压缩机。

（四）压缩机工作正常，油压表无显示或达不到规定压力

1．原因分析

(1) 油泵坏。

（2）输油管堵。

（3）限压阀漏，调整压力低。

（4）油压表坏。

（5）油量不足或过脏。

（6）压缩机转向错误。

2. 判断处理

（1）检查压缩机油量，不足时补上。

（2）确认压缩机转向正确，如反转时倒换压缩机电机三相电源接线（任换两根即可）。

（3）油压表坏可暂不处理，维持运行。

（4）属原因（1）、（2）、（3），切除该压缩机。

（五）压缩机一打风，高压安全阀即喷气

1. 原因分析

（1）高压安全阀调整值低。

（2）总风缸塞门关闭。

（3）47逆止阀冻结或窜风。

2. 判断处理

开放总风缸塞门，调整高压安全阀，使其达到整定值，冬季给47阀加温，逆止阀窜风，运行中无处理时切除该压缩机。

（六）总风达到规定压力后压缩机运转不停

1. 原因分析

（1）517KF不良。

（2）压缩机接触器焊接。

2. 判断处理

（1）关闭压缩机扳钮，压缩机停转为517KF不良，运行中可暂不处理，人为控制泵风，注意监视总风压力。

（2）关闭压缩机扳钮，将579QS置"故"位仍转，为压缩机接触器焊接断不开，拆除三相接线，切除该压缩机。

（七）排泄阀排风不止

判断处理：

关闭 G1 塞门，开放 G2 塞门，切除空气干燥器，回段处理。间隔一段时间开一下 G1 塞门，排除杂物。

七、通风机及油泵故障处理

（一）闭合通风机扳钮 406SK，通风机不启动，接触器不吸合

1. 原因分析

（1）406SK 接点不良。
（2）566KA"CK"不良。
（3）575QS 接点不良。
（4）219EF 接点不良或动作。
（5）205KM 本身接线断，不能吸合。

2. 判断处理

（1）两节车通风机均不启动，为 406SK 接点不良，运行中可暂不处理，用自启风机维持运行。
（2）575QS 打"故"位，其他风机能启动则为原因（3）、（4）、（5），反之，为 566KA"CK"不良，分别检查处理。
（3）检查 219EF，如动作，可恢复一次再试，如还不行，换插件，更换后仍动作，检查处理 205KM 回路接地、短路处所，无法处理时切除通风机1。
（4）上述处理无效时，检查 205KM 本身接线。暂时处理不了时，确认 205KM 无焊接，切除通风机1。

（二）通风机1启动正常，通风机2不启动或通风机2启动正常，油泵变压器风机不启动

1. 原因分析

（1）535KT 或 536KT 常闭接点不良。
（2）576QS 或 584QS、599QS 在"故"位或接点不良。
（3）220EF 或 227EF、228EF 动作或接点不良。
（4）206KM 或 211KM、212KM 本身故障。

2. 判断处理

检查处理方法同上。

（三）通风机转动正常，牵引风机1或2灯不灭，1.5级以上不能进级

1. 原因分析

（1）风道继电器故障。
（2）风机转向错误。

2. 判断处理

确认风机转向正确（如不正确，则断电、降弓，任意倒换两相接线即可），将相应风道继电器故障开关打"故"位，加强巡视。

（四）通风机启动正常，"油泵灯"不灭

1. 原因分析

（1）584QS在"故"位。
（2）518KF不良或油流流向错误。
（3）油泵蝶阀关闭。
（4）212KM本身不吸合或油泵不工作。

2. 判断处理

（1）恢复584QS运行位。
（2）检查确认油泵转动正常，转向正确，可暂不处理，注意巡视监视变压器油温。
（3）检查212KM是否吸合，做相应处理。如暂时处理不了，可维持运行。注意变压器油温，超过75 ℃时到站停车冷却。

（五）闭合制动风机扳钮407SK，制动风机不启动

1. 原因分析

（1）407SK扳钮不良。
（2）566KA"CK"不良。
（3）581QS接点不良。
（4）223EF动作或接点不良。
（5）209KM本身故障不能吸合。

2. 判断处理

（1）如另一节车制动风机能启动，则407SK正常，反之处理407SK不良处所。
（2）将581QS打"故"位，制动风机2也不能启动，为566KA"CK"不良，进行相应的处理。

（3）否则为原因（3）、（4）、（5），分别检查处理，运行中无法修复时，可暂不处理，停止使用该转向架电阻制动。

（六）辅机灯打闪

1. 原因分析

风道继电器作用不良。

2. 判断处理

可暂不处理，如影响给流时，将该风道继电器隔离开关打"故"位，加强巡视。

（七）切除故障的通风机或油泵

（1）确认辅助电机及接触器无烧损、焊接，焊接时拆除其三相接线，包好绝缘。
（2）将相应的故障隔离开关置"故障"位，接触器的自动开关置于"分断"位。
（3）切除变压器风机或油泵电机后，注意观察变压器油温，高于 75 ℃时，到前方站停车降温。

八、两位置开关和预备电路故障处理

（一）前、后都不转换

1. 原因分析

（1）604QA 跳开，或接触不良。
（2）570QS 接点不良。
（3）627AC 或 628AC 不在零位，558KA 不吸合。
（4）风路不畅。

2. 判断处理

（1）恢复 604QA，反复活动几次，使之接触良好，检查全车调速手轮（包括辅台）均在"零位"，558KA 吸合，反复活动几次 570QS 使其接触良好。
（2）疏通风路，开放 141、142 塞门，使控制风压达到 500 kPa。

3. 应急处理

断电、降弓，进行人为转换。注意换向鼓转换必须停车进行。

（二）前或后不转换

1. 原因分析

（1）主台 403 或 404 线无电。
（2）558KA "CK" 不良。
（3）电空阀本身故障或两位置开关本身卡劲。

2. 判断处理

（1）辅台试验正常，即为主台 403 或 404 线无电，可用辅台维持运行或人为转换。
（2）按电空阀，转换正常，检查 558KA "CK" 及电空阀本身接线。

3. 应急处理

人为转换，注意转换位置要正确。

（三）一台转向架不转换

1. 原因分析

（1）该架反向器电空阀本身不良或两位置开关机械故障。
（2）该架风路塞门关闭。

2. 判断处理

（1）手轮离 "0"，该架线路接触器不吸合，为该架风路塞门关闭，恢复即可。
（2）手按电空阀转换正常，检查处理电空阀本身，反之，检查处理两位置开关不良处所。
（3）时间不允许时人为转换，注意转换位置正确。

（四）前、后转换正常，牵制鼓不转换

1. 原因分析

（1）转换不到牵引位：
① 406 线无电。
② 558KA "CK" 或 560KA "CB" 不良。
③ 牵引电空阀本身故障或牵制鼓机械卡劲。
（2）转换不到 "制" 位：
① 558KA "CK" 不良，405 线无电。
② "制" 位电空阀或牵制鼓本身故障。

2. 判断处理

（1）若两节车牵制鼓均不转换，辅台试验正常，为 405 或 406 线无电。

（2）属于一节车或一架不转换时，分别检查相应接点或电空阀，处理牵制鼓本身不良处所。

3. 应急处理

断电、降弓，人为转换。

（五）操纵两位置转换开关，只在一个方向转换

1. 原因分析

（1）两位置开关皮碗破裂，窜风。
（2）活塞螺栓脱落，行程短。

2. 判断处理

关闭该架风路塞门，手按电空阀排净余风，人为转换，然后开放该架风路塞门（不开放塞门，线路接触器无法闭合，不能进级），注意防止自动转换。

（六）两位置开关向前或向后，"预备"灯不灭

1. 原因分析

（1）561KA"CB"不良或其本身不良。
（2）两位置开关转换没完成或辅助联锁不良。
（3）"PX"未投入工作或567KA"CK"不良。
（4）525KT"CB"或560KA"CB"不良。
（5）"主断"闭合不到位或4QF不良。
（6）556KA本身故障。

2. 判断处理

（1）换向手柄向后"预备"灯能灭，为561KA卡在吸合位或其常闭接点不良，或者两位置开关转换未完成或其辅助接点不良。

（2）将573QS、574QS置"故"位，或强迫530KT吸合后"预备"灯灭，为原因（3）、（4）。确认"PX"投入工作，检查处理567KA"CK"、560KA"CB"不良处所。运行中来不及处理时，可暂不处理，维持回段。注意：低级位时也须开通风机，才能进级。

（3）如573QS、574QS置"故"位，"预备"灯仍未灭，确认"主断"闭合到位，辅助联锁良好，两位置开关位置正确，否则人为转换到位。

（4）检查处理556KA不良处所。

（5）应急处理：将换向手柄置"前"位，确认全车两位置开关转换到位且位置正确，"主断"闭合到位，"PX"工作正常，高级位时风机工作正常，将556KA固定在吸合位，维持运行，停止使用电阻制动。

注意事项：

（1）进行工况或方向转换时必须将556KA释放，确认新的手柄位置下预备完成条件具备后，再人为闭合556KA。

（2）手轮离"0"后，学习司机巡视，确认两位置开关，无自然转换现象，各风机工作正常。

（七）换向手柄"制"位，手轮离"0"，"预备"灯不灭，"电制动"灯不亮

1. 原因分析

（1）闸缸压力过高或516KF接点不良。
（2）线路接触器未吸合或辅助接点不良。
（3）牵制鼓未转换到位或辅助接点不良。
（4）制动风机未工作或209KM、210KM常开联锁不良。
（5）91KM或92KM本身故障。
（6）559KA "CB" 不良。
（7）91KM "CK" 不良。

2. 判断处理

（1）如"预备"不灭，"电制动"灯不亮，91KM、92KM全不吸合：

① 确认闸缸压力100 kPa以下，两位置开关转换到位，位置正确。

② 将581QS、582QS、575QS、576QS均置"故"位，如91KM、92KM能吸合，为原因（2），确认线路接触器吸合（若不吸合时确认560KA动作正常，人为闭合561KA），检查其辅助联锁（可将581QS、575QS置"故"位，如正常，则故障点在第一转向架，反之在第二转向架）。

③ 如将581QS、582QS、575QS、576QS置"故"位，91KM、92KM仍不能吸合，则检查处理516KF及牵制鼓辅助联锁不良处所。

（2）如"电制动"灯亮，"预备"灯不灭，确认91KM吸合，检查处理91KM "CK"和209KM、210KM "CK" 联锁不良处所（可将581QS、582QS置于故障位检查判断），如91KM未吸合，则检查处理559KA "CB" 联锁及91KM本身不良处所。

（3）如"电制动"灯不亮，"预备"灯灭，则检查处理92KM本身不良处所，或其灯回路常开联锁。如92KM吸合正常，仅为灯回路常开联锁不良，不影响给流时，运行中可暂不处理，维持运行，加强仪表检查。

（4）上述处理无效时，可暂不处理，停止使用电阻制动。

（八）换向手柄"前"或"后"位，牵制鼓来回转换，556KA、560KA、561KA打扳

1. 原因分析

91KM焊接或91KM "CK" 断不开。

2. 判断处理

（1）如91KM焊接，则断电、降弓、撬开、装好灭弧罩。暂时撬不开时，拆其扁线，包好绝缘，停止使用电制动。

（2）如91KM"CK"断不开时，拆其接线，停止使用电制动。

（3）发生此故障时，手轮离"0"，则"预备"灯灭，能给流。如后节车工况鼓在"制"位，则会烧坏电阻带。所以无论任何情况下，手轮离"0"时，必须注意"预备"灯显示。

九、进级电路的故障处理

（一）调速手轮离"0"，线路接触器不吸合

1. 原因分析

（1）风压不足或风路不畅。
（2）415线无电。
（3）532KT未吸合或常开不良。
（4）10QP、60QP不在运行位。
（5）561KA卡滞。

2. 判断处理

（1）打换向手柄，如两位置开关不动作，为原因（1），疏通风路。
（2）如全车线路接触器不吸合，则为操纵节415线无电。
（3）如一节车线路接触器不吸合，则为原因（3）、（4），恢复10QP、60QP运行位，处理532KT不良处所。
（4）如牵引位不吸合，则为561KA卡在吸合位，设法使其释放。
（5）如制动位不吸合，则为561KA不吸合，运行中可暂不处理，维持回段，如必须使用电制动时，确认560KA动作正常，人为闭合561KA。
（6）如某一架线路接触器不吸合，牵引位恢复575QS或576QS运行位，仍不吸合，修复561KA常闭接点不良处所。制动位不吸合，恢复581QS或582QS运行位，仍不吸合，修复561KA常开接点不良处所。

（二）牵引无流

1. 原因分析

（1）预备没完成，556KA未吸合或其558线断。
（2）非操纵节570QS在"闭合"位。
（3）司机控制器电位器故障，或非操纵节司控器不在"0"位。
（4）线路接触器没吸合。

（5）电子柜故障。

2. 判断处理

（1）预备没完成按"任务一 SS_4 改型机车"八（六）处理，并检查操纵节556KA的558接线。

（2）检查恢复全车司机控制器"0"位，确认非操纵节570QS在断开位。

（3）线路接触器不闭合按"任务一 SS_4 改型机车"九（一）处理。

（4）辅台试验正常，为主台电位器故障，用辅台维持运行。

（5）检查电子柜1780线无松脱，N105、N106插座安装牢固，两节车电子柜A、B组选择开关一致。

（6）上述处理无效，转B组运行。

（7）如某一电机线路接触器不吸合，则恢复该电机闸刀运行位，修复其辅助联锁不良处所。

（8）如532KT不吸合，牵引力又不足时，可人为闭合，此时应特别注意，绝对不能错打反向器。

（三）窜车

1. 原因分析

（1）操纵端电位器故障或700地线不通，指令不受控制。

（2）532KT动作不良。

（3）硅元件降级或击穿。

（4）电子系统故障。

2. 判断处理

发现窜车时应立即施行紧急制动并断电，然后再进行检查处理。

（1）如整车电流上窜，用辅台操纵正常，为主台电位器破损，用辅台维持回段，仍窜车则转B组。

（2）如一节车电流上窜，进行低压试验，看532KT动作情况，不良则处理。

（3）检查N105、N106插座，使其接触良好。

（4）如某架电流上窜，转B组仍窜，则多为该架硅元件降级或击穿，拔掉75、77或76、78插座仍窜，则切除该架，维持运行。

（5）上述处理无效，转B组运行。

（四）1.5级以上自动退流

1. 原因分析

（1）风机偷停或风向错误。

（2）风道继电器故障。

（3）530KT 不吸合或常开不良。

2. 处理判断

（1）如某风机灯打闪，为该风机偷停或风道继电器故障。确认该风机运转正常，将相应的风速故障开关置"故"位，维持运行，加强巡视，如风机停转或故障，确认接触器无焊接，按通风机不启动处理，无效时将该风机故障隔离开关置"故"位，维持运行。

（2）如全车风机运转正常，风向正确（转向错误时，任意倒换两根三相接线即可）。可检查修复 530KT 不良处所，运行中可强迫 530KT 吸合，加强巡视。

十、接地、过流及其他故障处理

（一）升弓合闸立即跳闸，显示"原边过流"

1. 原因分析

（1）原边有过流现象。
（2）101KC 误动作。
（3）晶闸管击穿。

2. 判断处理

（1）如 101KC 动作，确认无烧损现象和焦糊气味，重新合闸一次，仍跳，检查确认 101KC 无异状，切除该节车。
（2）如 101KC 未动作，为整流柜晶闸管击穿，可切除该节车，如牵引力不足时，切除故障整流柜，维持回段。

（二）手轮离"0"即跳闸，或牵引电压达到 500 V 左右跳闸，显示"原边过流"

1. 原因分析

（1）手轮离"0"跳闸为整流柜 D3 或 D4 击穿或反装。
（2）如牵引电压达到 500 V 左右跳闸，为 D1 或 D2 击穿或反装。

2. 判断处理

拔掉故障整流柜 75、77 或 76、78 插座（试拔）。

（三）"牵引电机"灯亮，"主断"跳

1. 原因分析

（1）操纵不当或系统故障。

(2)牵引电机故障。

2. 判断处理

(1)属原因(1),重新合闸,正常后继续运行。
(2)如仍跳,则将该电机闸刀置中间位,维持运行,停用电阻制动。
(3)如同时显示转向架接地,则将该电机闸刀置中间位,维持运行,停止使用电阻制动。

(四)主接地

判断处理:

重新合闸一次,仍跳,立即走廊巡视,确认主电路各电器无烧损情况时,凭辅台显示,将相应转向架接地闸刀置"故"位,维持运行,加强巡视。

(五)辅接地

判断处理:

(1)先切除热饭电炉、空调、加热窗等生活用电设备。
(2)恢复一次,若还跳闸,则将"辅接地故障"隔离开关237QS置"故"位,维持运行,加强巡视。

(六)辅过流

1. 282KC动作,引起"辅过流"灯亮,"主断"跳

判断处理:

检查辅机接触器及辅机接线无焊接烧损现象和焦糊气味,重新合闸一次,如仍动作,确认282KC无异状,切除该节车。

2. 辅保动作,引起"辅过流"灯亮

判断处理:

断合一次相应的辅保开关,重新合闸启动,仍动作更换插件,重新启动,如还动作,确认该辅机接触器无焊接现象,将该辅机故障扳钮置"故"位,切除该辅机。

3. 辅机接触器焊接后的处理办法(以下切除辅机办法均同)

拆除其三相接线,包好绝缘,将该辅机故障扳钮置"切除"位。

(七)励磁过流,电制动自动切除

判断处理:

调速手轮回"0",重新合闸一次,再给电制动,不行则不用电制动。

（八）空转灯亮，自动减载

判断处理：

（1）如电流大，黏着条件差，可适当减载或撒砂。
（2）如属空转保护误动作，则转 B 组运行。
（3）如转 B 组不行，则打开电子柜门，将空转保护板故障开关置故障位，仍用 A 组维持运行。

注意防止空转，不得盲目给流，强行牵引。

（九）电子柜"预备"灯不灭

判断处理：

（1）确认 609QA 接触良好，电子柜 A、B 组转换开关均在 A 或 B 组。N105、N106 插座无松动。
（2）如控制电压低于 77 V 或高于 130 V 则断开故障节机车 666QS、667QS、600QA，闭合 668QS 维持运行。
（3）A 组不行，转 B 组。
（4）若非操纵节电子柜"预备"不灭，无法处理时，则切除非操纵节，维持运行。

（十）切除故障节机车，单节维持运行的办法

1. 切除非操纵节（后节）

（1）确认非操纵节主断路器在"断开"位，将 236QS、586QS 均置"故"位。
（2）将非操纵节 668QS 置"重联"位，电子柜选择开关置"0"位。
（3）确认后节车两位置开关位置正确，将该节车 575QS、576QS 均置"故"位。

2. 切除操纵节（前节）

（1）确认操纵节主断路器在断开位，将 236QS、586QS 均置"故"位。
（2）将操纵节 668QS 置"重联"位。
（3）确认前节车两位置开关位置正确。
（4）将操纵节 24QS 置"试验"位。
（5）将操纵节 556KA 固定在"吸合"位。

（十一）辅助压缩机泵风慢，或工作正常但辅助风缸压力不起

1. 原因分析

（1）辅助风缸排水阀未关闭。
（2）97 塞门开放。

139

（3）570QS 闭合，漏泄量大。
（4）108 逆止阀窜风。
（5）107 逆止阀冻堵。

2. 判断处理

（1）关闭辅助风缸排水阀及 97 塞门，断开 570QS。
（2）若 108 逆止阀窜风时，可关闭 140 塞门，待合弓合闸打满风后，立即开放 140 塞门。
（3）若上述处理无效时，检查 107 逆止阀，冬季加温处理或用一台辅压机打风升弓合闸。

【知识检测】

简答题

1. 简述进级电路的故障处理方法。
2. 简述通风机及油泵故障处理方法。

任务二 HX$_D$1C 型电力机车故障处理

【任务目标】

知识目标：了解 HX$_D$1C 型电力机车的故障处理知识。
能力目标：掌握 HX$_D$1C 型电力机车的故障处理方法。

【任务内容】

一、控制电源故障处理

（一）运行途中，微机显示屏提示"蓄电池充电装置故障"时的处理

运行途中，微机显示屏故障信息显示区显示"！"、"110 V"，进入"现存故障"界面，其显示"蓄电池充电装置故障"时，立即进入机械间，检查控制电源柜，若其告警红灯亮，二组以上充电单元工作正常（输出正常绿灯亮），按压充电装置监视仪"确认"键，确认蓄电池充电正常，则不需处理，维持运行，回段报修；若其告警红灯亮，三组以上充电单元故障（输出正常绿灯灭），则同时按压充电装置监视仪"＋"、"－"键，并保持 5 秒，使充电机复位、重置。若故障消除，即可恢复正常运行，否则，则尽量维持运行到前方站停车后，断电、降弓，断开控制电源柜"控制电源输出"自动开关 20 秒再闭合，若仍不能使两组以上充电模块恢复到正常工作状态，应立即向列车调度员汇报，按其指示办理。

（二）运行途中，微机显示屏提示"蓄电池输出过流"时的处理

运行途中，微机显示屏故障信息显示区显示"！"、"110 V"，进入"现存故障"界面，其显示"蓄电池输出过流"时，进入机械间，按压控制电源充电装置监视仪"确认"按钮，若其显示输出电流 50 A 以上，表明控制电源充电装置输出过流，若未引起保护装置动作，可暂不处理，待运行到前方停车站，再确认充电机输出电流值，若已下降，可继续运行，若仍在 50 A 以上，可通过分别断开单极自动开关的方法，查找出过流原因，对症处理后维持运行。若查找不出故障原因或无法处理时，应立即向"120"汇报，按其指示办理。

（三）运行途中，主断路器断开，微机显示屏提示"蓄电池电压低于 88 V"时的处理

运行途中，主断路器断开，微机显示屏故障信息显示区显示"！"、"110 V"，进入"现存故障"界面，其显示"蓄电池电压低于 88 V"时，尽量维持运行到前方站停车（无法维持时就地停车），断开各种照明等不影响主断路器闭合的自动开关，重新闭合主断路器，设法使控制电源充电装置工作，蓄电池处于充电状态后，逐个恢复自动开关闭合位维持运行。若主断路器无法闭合或控制电源充电装置无法工作时，应及时请求救援。

为了防止蓄电池电压低于 88 V，运行途中，应随时注意控制电源电压，保证蓄电池处于充电状态，若发现控制电路电压异常，即应立即进行处理或维持运行到前方站进行处理，切勿盲目维持运行。

（四）运行途中，微机显示屏提示"110 V 控制电路接地时"的处理

运行途中，微机显示屏提示"控制电路接地"时，应立即对控制电路自动开关进行检查。

（1）伴有其他自动开关断开，若其断开可维持运行时，可暂不处理，待维持运行到终点站报修；若其断开无法维持运行时，则重点检查自动开关断开电路，发现异状，进行对症处理后，重新闭合自动开关继续运行。

（2）未有自动开关断开时，应再次对控制电路检查，若未发现短路、烧损、焦糊味，在征得"120"同意后，可继续维持运行到本次值乘的终点站。

（3）控制电路接地维持运行时，应随时注意微机显示屏故障信息显示区及控制电路电压表的显示，谨防机车故障扩大。

二、电气系统故障处理

（一）运行途中，受电弓升不起来的处理

进入微机显示屏"受电弓状态"界面，找出受电弓升不起来（自动降弓）的原因（底色变白条目），再对症进行处理。

（1）若"高压隔离开关同时打开"底色变白，则检查车顶隔离开关位置，至少使一端车顶隔离开关处于"合"位。

（2）若"主断/受电弓自动开关断开"底色变白，则到低压电气柜检查、活动"主断/受电弓"自动开关＝21-F114，使其处在"闭合"位。

（3）若"控制风缸风压不足"底色变白，检查控制风缸塞门在开放位、控制风缸排水塞门在"关闭"位，消除控制风缸风压低的原因。

（4）若"辅助压缩机自动开关断开（风压不足）"底色变白时，则到低压电气柜检查、活动辅助压缩机自动开关＝21-F157，使其处在"闭合"位。

（5）若"辅助压缩机故障（风压不足）"底色变白时，检查、消除辅助压缩机故障或设法提高控制风路风压后再升弓。

（6）若"紧急按钮按下"底色变白，检查、恢复两端司机室紧急按钮至"运行"位。

（7）若"机车模式开关不在正常位或检测到外部供电"底色变白，到低压电气柜检查、恢复机车模式开关＝21-S54在"正常"位。

（8）若"受电弓升起15分钟后，未检测到网压或主断未闭合"底色变白时，说明受电弓自动降下原因，应待接触网送电后再升弓或升弓后及时闭合主断路器即可。

（9）若"TCU自动开关同时断开"底色变白时，查找、消除引起TCU1电源、TCU2电源自动开关同时断开的原因，至少恢复一个TCU电源自动开关在"闭合"位。

（10）若"顺序控制降弓"底色变白时，说明虽未直接发出降弓指令，但在执行某一控制指令时，必须在降弓情况下才能进行，故微机自动进行了降弓，一般情况下，机车电钥匙重新置"合"位即可消除。

（11）若"CCU与TCU通信故障"底色变白时，则恢复与其相关的自动开关，待CCU与TCU通信故障消除，进行复位操作即可。

（12）若"列车未占用"底色变白时，闭合操纵端机车电钥匙后即可消除。

（13）若"受电弓隔离塞门关闭"底色变白时，检查、确认受电弓隔离塞门开放位（蓝色钥匙处于垂直状态）。

（14）若"降弓指令"底色变白时，则需检查、消除存在的所有降弓指令。

（15）若"受电弓1升弓故障"底色变白时，应将低压电气柜受电弓模式开关置"弓2"位，切除Ⅰ端受电弓即可。

（16）若"受电弓2升弓故障"底色变白时，应将低压电气柜受电弓模式开关置"弓2"位，切除Ⅱ端受电弓即可。

（17）若"主断卡合"底色变白时，确认控制电气柜主断路器风路塞门在开放状态后，断开控制电源柜"控制电源输出"自动开关20 s再闭合。

（18）若"蓄电池电压低于77 V"底色变白时，检查、消除引起蓄电池电压低的原因，使控制电路电压高于77 V。

（19）若"TCU保护性降弓"底色变白，则同时断开低压电器柜"TCU1电源"、"TCU2电源"自动开关20 s再闭合后，再进行复位操作。

（二）运行途中，遇机车故障或突发情况断电降弓后，再升弓时，前后受电弓均升不起来时的处理

（1）检查总风缸风压是否低于 450 kPa，低于时，受电弓扳键开关置"升"位，确认辅助压缩机工作正常，待其停止工作后，再进行升弓操作。

（2）若处理故障时曾转换过高压接地开关，则应注意检查、确认高压接地开关恢复到"运行"位及制动控制柜蓝色钥匙处于垂直状态。

（3）确认、恢复低压电气柜断开的自动开关，并考虑处理故障时的操作是否对升弓有所影响，然后对症处理。

（4）经以上处理，故障仍不能消除时，还应考虑两台受电弓同时故障或烧损（气囊被弓网间拉弧产生的熔渣烧损）。

（三）运行途中，机车受电弓自动降落时的处理

运行途中，遇机车受电弓自动降落后，应首先甄别降落原因，再对症进行处理：

（1）自动降弓装置动作时，司机应立即采取停车措施，并确认故障发生地点，司机确认接触网有无异常。停车后，对受电弓进行详细检查，未刮弓时，换弓运行。

（2）受电弓电空阀烧损造成受电弓自动降落后，应切除该台受电弓，换升另一台受电弓维持运行。

（3）低压电气柜自动开关断开造成受电弓自动降落时，在查明断开原因并作相应处理后，将其恢复至闭合位继续运行。

（4）进入微机显示屏"受电弓状态"界面，根据其提示进行对症处理。

（四）运行途中，微机显示屏主界面显示"STOS"、"受电弓"时的处理

运行途中，微机显示屏主界面屏显示"STOS"、"受电弓"时，立即进入"现存故障"界面，若显示"受电弓1（2）升弓故障"，说明受电弓1（2）电空阀能够得电动作，延时15 s，仍未收到受电弓1（2）气囊的正常风压反馈信号，此时，若机车在升弓运行状态，就会出现受电弓1（2）自动降落，若在进行升弓操作状态，则会出现受电弓1（2）无法升起。

遇此故障，则按以下方法进行处理：

（1）通过转换受电弓模式开关，换升另一受电弓维持运行。

（2）换升受电弓后，仍出现与前升受电弓相同故障时，应立即对受电弓风路进行检查，以确保受电弓风路畅通，且具有足够风压。

（3）若因故机车仅能升起一台受电弓，而该弓又出现升弓故障时：

① 若因自动降弓装置动作引起时，可适当调高该受电弓调节板风压或切除自动降弓装置维持运行。

② 检查该受电弓风路，确认风路塞门位置正确，风路畅通。

③ 确无法运行时，及时请求救援。

（五）运行途中，主断路器不闭合或自动断开时的处理

进入微机显示屏"主断状态"界面，查出造成主断路器不闭合或自动断开的原因（底色变白条目）后，再对症进行处理。

（1）若"主断/受电弓自动开关断开"底色变白时，则到低压电气柜检查、活动主断/受电弓自动开关＝21-F114，使其处在"闭合"位。

（2）若"控制风缸风压不足"底色变白时，则检查控制风缸塞门在开放位、控制风缸排水塞门在"关闭"位，消除控制风缸风压低的原因。

（3）若"紧急按钮按下"底色变白时，则检查、恢复两端司机室紧急按钮至"运行"位。

（4）若"受电弓塞门关闭"底色变白时，则到制动控制柜检查受电弓隔离塞门，确保其在"开放"位。

（5）若"过分相"底色变白时，则在低压电气柜右侧面的自动过分相处理器上，将过分相故障钮子开关置"故障"位，切除自动过分相装置维持运行。

（6）若"原边电压过压"底色变白时，应立即查看接触网网压，若接触网网压过高时，则等待网压恢复正常后再闭合主断路器。

（7）若"原边电压欠压"底色变白时，应立即查看接触网网压，若接触网网压过低时，则等待网压恢复正常后再闭合主断路器。

（8）若"变压器油温过高"底色变白时，消除变压器油温高的原因，待变压器油温降低后再闭合主断路器。

（9）若"变压器油温过低"底色变白时，设法提高变压器油温，待变压器油温提高后再闭合主断路器。

（10）若"主断闭合/断开故障"底色变白时，在消除其他主断路器故障后，进行复位操作。

（11）若"主变流器水位保护"底色变白时，切除对应的主变流柜后，进行复位操作。

（12）若"机车模式开关不在正常位或检测到外部供电"底色变白时，到低压电气柜检查、恢复机车模式开关＝21-S54在"正常"位。

（13）若"顺序控制分主断"底色变白时，说明虽未直接发出分主断的指令，但在执行其他控制指令时，其必须在断电情况下才能进行，故微机自动进行了分主断，进行复位操作即可。

（14）若"转向架/电机隔离"底色变白时，则同时断开低压电气柜"TCU1电源"、"TCU2电源"自动开关20 s后重新闭合，再进行复位操作。

（15）若"保护性降弓分主断"底色变白时，其说明主断路器断开的原因，在检查、消除故障后，进行微机复位操作。

（16）若"分主断指令"底色变白时，在消除分主断路器指令后，进行微机复位操作即可。

（17）若"辅变切换分主断"底色变白，说明主断路器是因辅变流器切换而断开的，进行复位操作即可。

（18）若"蓄电池电压低于88 V"底色变白，应检查蓄电池及控制回路，消除引起蓄电池电压低的原因，待蓄电池电压高于88 V，及时闭合主断路器，向蓄电池充电。

（19）若"受电弓未升起"底色变白，待升起受电弓后，再进行闭合主断路器操作。

（20）若"司机控制器不在'0'位"底色变白，则检查、确认司机控制器调速手柄在"0"位。

（21）若"两个油路均故障"底色变白，则检查、处理变压器油流回路故障，最少使一个油流回路恢复正常工作。

（22）若"TCU1、2被隔离"底色变白，则检查、处理主变流及其控制单元故障，最少保证有一变流器正常投入工作。

（23）若"VCM主、从切换分主断"底色变白，说明主断路器是因VCM主、从切换断开的，进行复位操作即可。

（六）运行途中，主断路器扳键开关置"分"位，主断路器断不开时的处理

运行途中，若遇过分相绝缘器等紧急情况，需要立即断开主断路器，而将主断路器扳键开关置"分"位，主断路器又断不开时，应采取确认调速手柄回"0"位后，降下受电弓或按压紧急停车按钮的措施，以使机车迅速失去牵引力，待机车通过分相绝缘器或停车后，再根据情况分别进行处理：

（1）若扳键开关不良，可换端进行操纵。
（2）若主断路器本身故障，向有关人员汇报，按其指示办理。

（七）运行途中，某台牵引电机无扭矩输出时的处理

（1）某台牵引电机无扭矩输出，而其他牵引电机扭矩输出正常时，可维持运行到前方停车站或回段后再进行处理。

（2）若某台牵引电机故障，引起主断路器断开时，可利用其对应的牵引电机隔离开关将故障牵引电机切除后维持运行。

（3）若切除该牵引电机即无法维持运行时，应尽量运行到前方停车站后进行处理：
① 检查、恢复该台牵引电机对应的牵引风机自动开关至"闭合"位。
② 进入"现存故障"界面，按其提示对症处理。
③ 无明确故障处理方法时：
a. 司机控制器调速手柄回"0"，断开再闭合其对应的"TCU电源"自动开关（牵引电机1、2、3对应TCU1，牵引电机4、5、6对应TCU2）后，按压一次"复位"按钮。
b. 在停车状态下断开再闭合控制电源柜"控制电源输出"自动开关，使微机复位，消除故障恢复运行，若故障不能消除，应及时请求救援。

（八）运行途中，某架牵引电机均无扭矩输出时的处理

（1）运行途中，某架牵引电机均无扭矩输出，但仍能够维持到运行终点站时，可暂不处理，待运行到终点站报修。

（2）运行途中，某架牵引电机均无扭矩输出，无法维持运行到终点站时，应尽量维持到前方站停车，按以下方法进行处理：

① 检查、恢复水泵 1、水泵 2 自动开关至"闭合"位。

② 检查、恢复冷却风机 1、冷却风机 2 自动开关至"闭合"位。

③ 检查对应的"TCU 电源"自动开关，若其在断开位，将其闭合后，再同时断开"VCM1 电源"、"VCM2 电源"20 s 再闭合。

④ 进入"现存故障"界面，对应变流器水循环系统故障按"任务二　HX_D1C 型机车"二（十九）处理方法进行处理。

⑤ 无明确故障处理方法时：

a. 司机控制器调速手柄回"0"，断开再闭合其对应的"TCU 电源"自动开关（Ⅰ架对应 TCU1、Ⅱ架对应 TCU2）后，按压一次"复位"按钮。

b. 在停车状态下断开再闭合控制电源柜"控制电源输出"自动开关，使微机复位，消除故障恢复运行。若故障不能消除，应及时请求救援。

（九）运行途中，六台牵引电机均无扭矩输出时的处理

运行途中，六台牵引电机均无扭矩输出时，应立即进入微机显示屏"牵引状态"界面，查出造成机车无扭矩输出的原因（底色变白条目）后，对症进行处理：

（1）若"惩罚制动"底色变白，先消除惩罚制动原因，然后将自阀置于"抑制"位 1 秒以上再置于"运转"位。

（2）若"无明确方向"底色变白，操作换向手柄，使机车运行方向选择"向前"或"向后"位。

（3）若"无设定牵引/制动力，存在实际牵引/制动力超过 10 秒"底色变白，此条记录了牵引电机均无扭矩输出的原因，通过复位操作进行消除。

（4）若"机车实际速度大于 122 km/h"底色变白，此条记录了牵引电机无扭矩输出原因，立即采取措施降低机车速度，使其低于 120 km/h。

（5）若"列车初始化未完成（仅在重联模式下）"底色变白时，应待重联机车完成初始化后再进行牵引。

（6）若"ATP 牵引封锁请求"底色变白时，对列车运行监控记录装置进行操作，使其解除牵引封锁后，操作大闸手柄无法缓解列车制动，制动显示屏一直提示惩罚制动源存在时，则断开控制电源柜"控制电源输出"自动开关 60 秒后再闭合，再将大闸手柄置"抑制"位 1 秒再回"运转"位。

（7）若"制动指令存在，机车处于制动模式"底色变白时，则设法消除制动指令，使机车处于缓解状态。

（8）若"BCU 牵引封锁请求"底色变白，按制动机故障的处理方法进行处理。

（9）若"CCBⅡ故障"底色变白，按制动机故障的处理方法进行处理。

（10）若"本务机车 28-F130、28-F131、28-F132 中一个断开，或重联机车 28-F130"底色变白时，则到本务机车低压电气柜前，检查、活动"制动系统检测"自动开关＝28-F130、"CCBⅡ MIPM 电源"自动开关＝28-F131、"CCBⅡ EPCU 电源"自动开关＝28-F132，到重联

机车低压电气柜前,检查、活动"制动系统检测"自动开关=28-F130,使其均处于闭合位。

（11）若"停放制动施加"底色变白时,进行停放缓解操作,使停放装置处于缓解状态。

（12）若"紧急制动施加"底色变白时,说明机车现处于紧急制动状态,再消除紧急制动原因后,大闸手柄置"紧急"位60秒再回"运转"位。

（13）若"所有转向架的空气制动被隔离"底色变白,说明机车Ⅰ、Ⅱ架制动缸塞门均处于关闭位,此时,机车无法进行空气制动且机车空气制动将一直处于缓解状态。为保证安全,应至少有一架制动缸塞门处于开放状态。

（14）若"空气制动施加"底色变白时,应按操作规程缓解空气制动即可。

（15）若"总风缸压力低于650 kPa"底色变白时,检查机车风源系统,利用压缩机扳键开关的"强泵风"位,使总风缸风压高于650 kPa。

（16）若"分主断命令"底色变白时,此时,主断路器已经断开,待分主断路器的命令消除后,再进行复位操作。

（17）若"设有牵引力/制动力,20秒后仍没有牵引力/制动力"底色变白时,消除机车无扭矩输出的原因后,进行复位操作。

（18）若"TCU牵引封锁"底色变白时,应断电、降弓、调速手柄回"0"位:

① 断开低压电气柜"TCU1电源"、"TCU2电源"自动开关20秒再闭合后,按压司机台"复位"按钮一次。

② 断开低压电气柜"VCM1电源"、"VCM2电源"自动开关20秒再闭合。

③ 断开控制电源柜"控制电源输出"自动开关20秒再闭合。

（19）若"蓄电池电压低于77 V"底色变白时,检查控制电路,消除造成蓄电池电压低的原因,设法使控制电路电压高于77 V。

（20）若"辅助系统未配置"底色变白时,检查辅助变流器,确保最少有一台辅变流器在工作状态。

（21）若"重联车牵引封锁请求"底色变白时,检查、消除重联机车牵引封锁请求。

（十）运行途中,"压缩机"三相自动开关断开时的处理

运行途中,微机显示屏故障信息显示区显示"!"、"三相开关",进入"现存故障"界面,提示某一压缩机三相自动开关断开时,按以下方法进行处理:

（1）机车正在牵引或电制动（带载）运行,可利用压缩机扳键开关"强泵风"位,通过另一压缩机泵风维持运行。

（2）机车正在惰行或在车站停车时,则按以下方法进行处理:

① 司机控制器手柄回"0"位,断开主断路器。

② 根据微机显示屏提示,恢复断开的压缩机自动开关后,再闭合主断路器,进行压缩机工作试验,若压缩机工作正常,则恢复正常运行,若压缩机自动开关随即断开,则不再进行处理,利用另一台压缩机维持运行,回段报修。

（3）切除一台压缩机后,全车压缩机的泵风速度将减小一半,故运行中,应随时注意观察总风缸风压,并使其保持在800 kPa以上。缓解列车制动前,应将压缩机扳键开关置"强泵风"位提前泵风,以保证缓解用风的需要。对站停列车,可向车站申明,由车站提前通知

开车准备，以保证出站信号机开放后，及时将列车开出。

（十一）运行途中，某一牵引风机三相自动开关断开时的处理

运行途中，某一牵引电机无扭矩输出，微机显示屏故障信息显示区显示"!"、"三相开关"，进入"现存故障"界面，微机显示屏提示某一牵引风机自动开关断开时，则按以下方法进行处理：

（1）机车正在牵引或电制动（带载）运行，可暂不处理，在微机控制系统切除故障牵引风机对应牵引电机的状态下维持运行。

（2）机车正在惰行或在车站停车时，则按以下方法进行处理：

① 司机控制器手柄回"0"位，断开主断路器。

② 根据微机显示屏提示，恢复断开的牵引风机自动开关后，再闭合主断路器，进行牵引风机工作试验，若牵引风机工作正常，则恢复正常运行，若牵引风机自动开关随即断开，由微机控制系统自动或不再闭合断开的牵引风机自动开关，切除故障牵引风机对应的主变流器单元维持运行，回段报修。

③ 一台牵引风机故障，即可造成其对应的牵引电机无扭矩输出，机车牵引、电制动力均会出现不同程度的下降，故在维持运行时，机车乘务员应提前预想，合理操纵列车，谨防坡停。

（十二）运行途中，某一冷却风机三相自动开关断开时的处理

运行途中，微机显示屏故障信息显示区显示"!"、"三相开关"，进入"现存故障"界面，微机显示屏提示某一冷却风机自动开关断开时，则按以下方法进行处理：

（1）机车正在牵引或电制动（带载）运行，可暂不处理，尽可能维持运行到前方站再进行处理。

（2）机车正在惰行或在车站停车（包括因冷却风机故障造成的区间被迫停车）时，按以下方法进行处理：

① 司机控制器手柄回"0"位，断开主断路器。

② 根据微机显示屏提示，恢复断开的冷却风机自动开关后，再闭合主断路器，进行风机工作试验，若冷却风机工作正常，则恢复正常运行，若冷却风机自动开关随即断开。

a. 一架牵引电机无扭矩输出能够维持运行时，则利用牵引电机转换开关，切除故障冷却风机对应的三台牵引电机维持运行，回段报修。

b. 一架牵引电机无扭矩输出，即不能维持运行时，立即请求救援。

c. 一台冷却风机自动开关断开，微机控制系统并不马上使机车扭矩输出发生变化，但由于冷却器无通风，其温度将会逐渐升高，当水温超过 55 ℃时，该冷却风机对应架牵引电机则降低扭矩输出，当水温超过 60 ℃时，该冷却风机对应架牵引电机无扭矩输出，当变压器油温超过 87 ℃时，机车无扭矩输出，当变压器油温超过 90 ℃时，主断路器断开。

d. 由于一台冷却风机长时间故障，即可造成机车牵引、电制动力均会出现很大程度下降，故在运行中出现冷却风机故障，在维持运行到前方站后，若机车乘务员无把握能够保证安全运行到终点站时，应及时向列车调度员汇报，按其指示办理。

（十三）运行途中，油泵三相自动开关断开时的处理

运行途中，微机显示屏故障信息显示区显示"！"、"三相开关"，进入"现存故障"界面，微机显示屏提示某一油泵三相自动开关断开时，立即恢复该油泵三相自动开关，若恢复后油泵工作正常，即恢复正常运行，若闭合后又断开，则切除该油泵维持运行。但应随时注意变压器油温及机车功率发挥情况，谨防油温升至 87 ℃，致使机车油温高保护动作，而发生机故事故。

一台油泵自动开关断开维持运行时，可切除一台辅变流器，使冷却风机一直处于高速运转状态（恒压、恒频工作状态），以利变压器散热。

（十四）运行途中，水泵三相自动开关断开时的处理

运行途中，微机显示屏故障信息显示区显示"！"、"三相开关"，某一架牵引电机无扭矩输出，进入"现存故障"界面，提示水泵三相自动开关断开时，立即闭合断开的水泵自动开关，若水泵能够恢复正常工作，则调速手柄回"0"后，重新进行牵引、电制动操作，若闭合后，水泵自动开关又断开，则不再闭合维持运行。

一台水泵三相自动开关断开，该水泵对应架牵引电机无扭矩输出，若无法维持运行到终点站时，应尽量维持到前方站停车，按列车调度员的指示办理，若确无法维持运行到前方站时，在逼迫停车后应及时请求救援。

（十五）运行途中，主电路接地时的处理

运行途中，主断路器断开，微机显示屏提示"原边接地"、"TCU1 主回路接地"、"TCU2 主回路接地"时，机车乘务员应立即将司机控制器手柄回"0"位，按压司机台"复位"按钮进行复位操作后，重新闭合主断路器，进行牵引、电制动操作，若故障消除或微机控制系统自动将接地主变流柜隔离时，即恢复或维持运行，若故障仍然存在，则按以下方法进行处理：

（1）若微机显示屏提示"TCU1（2）主回路接地"时，司机控制器调速手柄回"0"位，断开低压电器柜"TCU1（2）电源"自动开关，按压三次"复位"按钮，隔离主变流柜1（2），利用主变流柜2（1）维持运行。

（2）经以上处理，故障仍无法消除时，应尽量维持进站，请求救援，若确无法维持运行到车站时，在逼迫停车后，立即请求救援。

（十六）运行途中，微机显示屏显示"AC 230 V 接地"时的处理

运行途中，微机显示屏显示"AC230V 接地"时，立即断开低压电气柜（自动开关第四排）"窗加热"自动开关＝63-F60、"砂箱加热"自动开关＝72-F51、"防寒预留"自动开关＝77-F63、"司机室加热"自动开关＝62-F34、"卫生间加热"自动开关＝77-F46、"电热水壶/微波炉"自动开关＝77-F53 维持运行，待运行到前方停车站后，再按以下方法进行处理：

（1）断开上述自动开关，接地消失时，可逐个恢复断开的自动开关，若恢复某个自动开

关后，接地随之出现，即说明此自动开关回路接地，则重新断开该自动开关维持运行。

（2）若断开上述自动开关，接地仍然存在时，说明接地发生在充电机回路，此时，可逐个断开控制电源柜内四个充电模块自动开关进行试验，若断开某个充电模块自动开关接地随之消失，即不再闭合该充电模块自动开关维持运行。

（3）经以上试验（处理），仍未发现（隔离）接地处所，且未发现机车有烧损、短路、焦糊味等其他异状时，在征得"120"同意后，可继续维持运行到本次值乘的终点站。

（十七）运行途中，某架三台牵引电机输出扭矩降低50%时的处理

运行途中，某架三台牵引电机输出扭矩降低50%，微机显示屏故障信息显示区显示"变流器水温超温保护"，进入"温度"界面，若该架对应的主变流器冷却水温高于55 ℃，即可确定为变流器水温超温保护动作，此时，尽量设法消除造成变流器水温高的原因维持运行，并注意观察水温变化，若水温继续升高，且切除一架能够维持运行时，切除该架维持运行，若水温继续升高，切除一架无法维持运行时，应尽可能维持运行到前方站停车，再请求救援。

（十八）运行途中，某台牵引电机输出扭矩降低50%时的处理

运行途中，某台牵引电机输出扭矩降低50%，微机显示屏故障信息显示区显示"主变流器"，进入"现存故障"界面，若提示该牵引电机对应轴模块过热，说明该对应轴变流装置IGBT温度超过85 ℃。对切除该台牵引电机仍可维持运行的列车，立即通过牵引电机隔离开关切除该牵引电机维持运行。否则，暂不处理，待维持运行到前方站或终点站再进行处理。

（十九）运行途中，某架牵引电机无扭矩输出，微机显示屏有变流器水温超温保护提示时的处理

运行途中，某架牵引电机无扭矩输出，微机显示屏有变流器水温超温保护时，进入微机显示屏"温度"界面，该架对应主变流器冷却水温超过60 ℃，即可判定因变流器水温超温保护动作，致使该架牵引电机无扭矩输出，此时，应尽量设法消除引起变流器水温高的原因维持运行到终点站或前方站。若该主变流柜封锁即无法维持运行时，在停车后，断开控制电源柜"控制电源输出"自动开关20秒再闭合，若故障仍不能消除时，应立即请求救援。

（二十）运行途中，某架牵引电机无扭矩输出，微机显示屏有变流器水压力过高或过低保护提示时的处理

运行途中，某架牵引电机无扭矩输出，微机显示屏有变压器水压力过高或过低保护时，进入微机显示屏"温度"界面，若该架对应主变流器冷却水压力低于2.0 bar（bar——巴，1巴 = 100 kPa），即可确定为变流器水压力过低保护动作，若该架对应主变流器冷却水压力高于3.3 bar，即可确定为变流器水压力过高保护动作，此时，尽量设法查找水循环受阻处所，

消除造成变流器冷却水压力高或低的原因后维持运行。若该主变流柜封锁无法维持运行时，在被迫停车后，则断开控制电源柜"控制电源输出"自动开关20秒再闭合，若故障仍不能消除时，应立即请求救援。

（二十一）运行途中，某架牵引电机无扭矩输出，微机显示屏有变流器水温差保护提示时的处理

运行途中，某架牵引电机无扭矩输出，微机显示屏有变流器水温差保护（动作值：主变流器进口水温与出口水温温差大于6 ℃）提示时，应对变流器水循环系统、冷却风机进行检查，发现不良处所，及时对症处理，尽量设法维持运行。待变流器水温差恢复正常后即可恢复正常运行。若未发现故障处所，且该主变流柜封锁即无法维持运行时，在逼迫停车后，断开控制电源柜"控制电源输出"自动开关20秒再闭合，若故障仍不能消除时，应立即请求救援。

（二十二）运行途中，某架牵引电机均无扭矩输出，微机显示屏有变流器柜体内温度超温保护提示时的处理

运行途中，某架牵引电机无扭矩输出，微机显示屏有变流器柜体温度超温保护时，进入微机显示屏"温度"界面，该架对应主变流器柜体温度超过70 ℃，即可确定为变流器柜体内温度过高保护动作，此时，应对变流器水循环系统、冷却风机进行检查，发现不良处所，及时对症处理，尽量设法消除造成变流器柜体温度高的原因后维持运行。待变流器柜体温度恢复正常后即可恢复正常运行。若未发现故障处所，且该主变流柜封锁即无法维持运行时，则在被迫停车后，断开控制电源柜"控制电源输出"自动开关20秒再闭合，若故障仍不能消除时，应立即请求救援。

（二十三）运行途中，微机显示屏显示"电机×温度过高保护"时的处理

（1）切除一台牵引电机能够维持运行时，调速手柄回"0"位，通过牵引电机隔离开关切除该台电机维持运行。
（2）列车运行在大上坡道等特殊区段，可暂不处理，继续维持牵引运行。
（3）若该电机已被微机系统自动切除，无法维持运行到终点站时，应尽量维持到前方站停车。

（二十四）运行途中，某一油泵停止工作时的处理

运行途中，某一油泵停止工作时，应根据微机显示屏的提示，检查、确认油泵三相自动开关在"闭合"位后，继续维持运行。若油泵自动开关恢复"闭合"位后又断开，或暂时未

查找出故障处所时，可切除一台辅变流器，使冷却风机一直处于高速运转状态（恒压、恒频工作状态），尽量维持运行，并随时注意变压器油温，在油温不超过 87 ℃ 的情况下，尽可能维持运行到终点站或回段报修。

若油温超过 87 ℃，或虽未超过 87 ℃，但因列车运行在长大上坡道且油温持续升高时，在站通过列车可停车，待变压器油温降低再维持运行或按列车调度员的指示办理。

（二十五）运行途中，两台油泵均停止工作时的处理

由于两台油泵停止工作后，机车牵引电机均降低扭矩输出，两分钟后，主断路器将断开，故运行途中，两台油泵均停止工作时，应根据微机显示屏的提示，检查、恢复油泵自动开关在闭合位，对油泵回路进行检查，设法使一台油泵恢复工作后，再切除一台辅变流器，使冷却风机一直处于高速运转状态（恒压、恒频工作状态），尽可能维持运行到前方站再进行处理，若确无法维持运行到前方站时，及时请求救援。

（二十六）运行途中，微机显示屏故障信息显示区显示"接触器"时的处理

（1）断电、压缩机扳键开关回"0"位。

（2）断开低压电气柜"辅机控制"自动开关 20 秒再闭合，故障消除，即可恢复运行。

（3）若故障仍然存在，进入微机显示屏"现存故障"界面，根据其显示，判定是辅变流器接触器还是压缩机接触器故障后，再按以下方法进行处理：

① 若"现存故障"界面显示"31-K10 卡合"、"31-K10 卡分"、"31-K20 卡合"、"31-K20 卡合"、"31-K02 卡合"、"31-K02 卡分"时，即可判定为辅变流器接触器故障，此时，微机控制系统会自动将其对应的辅变流器切除，并对辅助电路进行重新配置后恢复故障运行。

② 若"现存故障"界面显示"主压缩机 1 接触器卡合"、"主压缩机 1 接触器卡分"即可判定压缩机 1 接触器故障，此时，应断开低压电气柜"压缩机 1"三相自动开关，利用压缩机 2 泵风维持运行。

③ 若"现存故障"界面显示"主压缩机 2 接触器卡合"、"主压缩机 2 接触器卡分"即可判定压缩机 2 接触器故障，此时，应断开低压电气柜"压缩机 2"三相自动开关，利用压缩机 1 泵风维持运行。

（二十七）运行途中，微机显示屏故障信息显示区显示"机车总线"时的处理

运行途中，遇微机显示屏故障信息显示区显示"机车总线"时，应立即进入微机显示屏"现存故障"界面进行确认，按其显示分别进行处理。

（1）微机显示屏"现存故障"界面显示"DXM11 通信故障"、"DIM12 通信故障"、"AXM13 通信故障"、"CI01 电源 MVB 打开"时，检查、恢复低压电气柜Ⅰ端司机室 I/O 自动开关。

（2）微机显示屏"现存故障"界面显示"DXM21 通信故障"、"DIM22 通信故障"、"AXM23 通信故障"、"CI02 电源 MVB 打开"时，检查、恢复低压电气柜Ⅱ端司机室 I/O 自动开关。

（3）微机显示屏"现存故障"界面显示"DXM11 通信故障"、"DIM12 通信故障"、"DXM21 通信故障"、"DIM22 通信故障"其中任一，且已无法维持运行时，应断电、降弓，断开再闭合控制电源柜"控制电源输出"自动开关，若故障消除，恢复运行，若故障仍然存在，则换端操纵。

（4）微机显示屏"现存故障"界面显示"AXM13 通信故障"、"AXM23 通信故障"其中任一时，应将跛行开关（司机台紧急运行开关）转至"紧急"位维持运行。

（5）微机显示屏"现存故障"界面显示"DXM31 通信故障"、"DXM32 通信故障"、"DXM33 通信故障"、"DXM34 通信故障"、"DXM35 通信故障"、"DXM36 通信故障"、"DIM37 通信故障"其中任一，且已无法维持运行时，应断电、降弓，断开再闭合控制电源柜"控制电源输出"自动开关，使微机复位消除故障。

（6）微机显示屏"现存故障"界面显示"ACU1 通信故障"或"ACU2 通信故障"时：

① 司机控制器调速手柄回"0"位，按压"复位"按钮（可三次），一般消除故障或隔离故障的辅变流器。

② 检查低压电器柜"ACU1 电源"、"ACU2 电源"自动开关，若其任一断开，按压三次"复位"键，切除辅变流器 1 或辅变流器 2 维持运行。

③ 断开再闭合控制电源柜"控制电源输出"自动开关，使微机复位，以消除故障。

④ 恢复被切除的辅变流器，应在停车、断电、降弓情况下，将"ACU1 电源"、"ACU2 电源"自动开关恢复至"闭合"位，再同时断开"VCM1 电源"、"VCM2 电源"自动开关 20 秒后重新闭合。

（7）微机显示屏"现存故障"界面显示"TCU1 通信故障"或"TCU2 通信故障"时：

① 切除某一主变流柜能够维持运行时，司机控制器调速手柄回"0"位，按压"复位"按钮（可三次），以消除故障或隔离故障的主变流柜。

② 检查低压电器柜"TCU1 电源"、"TCU2 电源"自动开关，若其断开，恢复其至"闭合"，再按压一次"复位"按钮，恢复正常运行。

③ 断开再闭合控制电源柜"控制电源输出"自动开关，使微机复位，以消除故障。

（二十八）运行途中，微机显示屏显示"辅变流器（ACU）接地故障"时的处理

司机控制器调速手柄回"0"，按压"复位"按钮一次，重新闭合主断路器后进行牵引、电制动操作。

（1）若辅变流启动正常或微机控制系统切除接地辅变流器、顺利启动另一辅变流器时，即可恢复正常运行或维持故障运行。

（2）若辅变流器启动，主断路器即断开，则按以下方法进行处理：

① 若两辅变流器被全部切除（进入"辅助系统"界面，辅变流器 1、辅变流器 2 均打红色斜线）时，应首先断开再闭合低压电器柜"ACU1 电源"、"ACU2 电源"后，再同时断开

低压电器柜"VCM1 电源"、"VCM2 电源"20 秒后再闭合，以使切除的辅变流器恢复正常状态。

② 断开低压电器柜所有三相自动开关，重新闭合主断路器，若接地消失或不再出现，则可确定接地在三相自动开关后的电路，此后，逐个闭合三相自动开关，若哪个三相自动开关闭合即出现接地故障，则保持该自动开关故障位维持运行。

③ 若断开所有三相自动开关进行试验，接地故障仍然存在或重新出现时，则人为分别切除辅变流器 1、辅变流器 2 进行试验，若切除某一辅变流器接地不再出现，则人为切除该辅变流器维持运行。

（二十九）运行途中，微机显示屏故障信息显示区显示"辅助变流器 1"或"辅助变流器 2"时的处理

以"辅助变流器 1"为例，进入"现存故障"界面，按其不同显示，分别进行处理。

显示"辅变 1 整流器输入过流"、"辅变 1 整流器元件故障"、"辅变 1 接触器 K1 卡分"、"辅变 1 接触器 K2 卡分"、"辅变 1 接触器 K1 卡合"、"辅变 1 接触器 K2 卡合"、"辅变 1 整流器元件过热"、"辅变 1 逆变器元件故障"、"辅变 1 逆变器输出过压"、"辅变 1 逆变器输出欠压"、"辅变 1 逆变器输出不平衡"、"辅变 1 逆变器模块过热"、"辅变 1 逆变器输入过压"、"辅变 1 逆变器输出过流"、"辅变 1 输入电压异常"、"辅变 1 整流器模块过载"、"辅变 1 充电故障"、"辅变 1 整流器输出不正常"、"辅变 1 无风机自动开关反馈"、"辅变 1 均压电阻故障"、"辅变 1 四象限软件故障"、"辅变 1 逆变器故障"任一故障时，按以下方法进行处理：

（1）按压一次"复位"按钮，重新闭合主断路器，若主断路器能够闭合，且至少有一辅变流器工作时，即可维持运行。

（2）按压三次"复位"按钮，将故障的辅变流器隔离后，维持运行。

（3）若经以上处理，故障仍然存在时，将断开故障对应的低压电器柜"ACU1 电源"自动开关，再按压三次复位按钮，人为切除故障的辅变流器维持运行。

（三十）运行途中，微机显示屏故障信息显示区显示"主变流器 1"或"主变流器 2"时的处理

下面以"辅助变流器 1"为例。

（1）进入"现存故障"界面，显示"L1A×××故障"、"L1B×××故障"、"L1×××故障"、"1 轴×××××"、"M1×××故障"任一时，即可判明为主电路单元 1 存在故障，则按以下方法进行处理：

① 若第一牵引电机无扭矩输出仍可继续运行时，应将司机控制器手柄回"0"位，按压一次（最多四次）司机台"复位"按钮，以使故障消除或由微机控制系统将主电路单元 1 自动切除后，重新进行牵引、电制动操作，若故障仍然存在或再次出现时，则将牵引电机 1/2 隔离开关置"电机 1"位）后维持运行。

② 若第一牵引电机无扭矩输出，即无法维持运行时，则：

a. 断开再闭合低压电器柜"TCU1电源"自动开关后，司机控制器调速手柄回"0"位，按压一次司机台"复位"按钮，若故障消除，即可恢复运行。

b. 断电、降弓，同时断开低压电气柜"VCM1电源"、"VCM2电源"20秒再闭合后，重新进行牵引、电制动操作。

c. 在停车状态下断开控制电源柜"控制电源输出"自动开关20秒再闭合，以使微机复位，消除故障恢复运行。

d. 若经以上处理，故障仍不能消除时，应及时请求救援。

（2）进入"现存故障"界面，显示"L2A×××故障"、"L2B×××故障"、"L2×××故障"、"2轴×××××"、"M2×××故障"任一时，即可判明为主电路单元2存在故障，则按以下方法进行处理：

① 若第二牵引电机无扭矩输出仍可继续运行时，应将司机控制器调速手柄回"0"位，按压一次（最多四次）司机台"复位"按钮，以使故障消除或由微机控制系统将主电路单元2自动切除后，重新进行牵引、电制动操作。若故障仍然存在或再次出现时，则将牵引电机1/2隔离开关置"电机2"位）后维持运行。

② 若第二牵引电机无扭矩输出，即无法维持运行时，则：

a. 断开再闭合低压电器柜"TCU1电源"自动开关后，司机控制器调速手柄回"0"位，按压一次司机台"复位"按钮，若故障消除，即可恢复运行。

b. 断电、降弓，同时断开低压电气柜"VCM1电源"、"VCM2电源"20秒再闭合后，重新进行牵引、电制动操作。

c. 在停车状态下断开控制电源柜"控制电源输出"自动开关20秒再闭合，以使微机复位，消除故障恢复运行。

d. 若经以上处理，故障仍不能消除时，应及时请求救援。

（3）进入"现存故障"界面，显示"L3A×××故障"、"L3B×××故障"、"L3×××故障"、"3轴×××××"、"M3×××故障"任一时，即可判明为主电路单元3存在故障，则按以下方法进行处理：

① 若第三牵引电机无扭矩输出仍可继续运行时，应将司机控制器调速手柄回"0"位，按压一次（最多四次）司机台"复位"按钮，以使故障消除或由微机控制系统将主电路单元3自动切除后，重新进行牵引、电制动操作。若故障仍然存在或再次出现时，则将牵引电机3/4隔离开关置"电机3"位）后维持运行。

② 若第三牵引电机无扭矩输出即无法维持运行时，则：

a. 断开再闭合低压电气柜"TCU1电源"自动开关后，司机控制器调速手柄回"0"位，按压一次司机台"复位"按钮，若故障消除，即可恢复运行。

b. 断电、降弓，同时断开低压电气柜"VCM1电源"、"VCM2电源"20秒再闭合后，重新进行牵引、电制动操作。

c. 在停车状态下断开控制电源柜"控制电源输出"自动开关20秒再闭合，以使微机复位，消除故障恢复运行。

d. 若经以上处理，故障仍不能消除时，应及时请求救援。

（4）进入"现存故障"界面，显示"TCU1×××××"、"LCC（MCC×）生命信号中断"、

"充电超时"、"SMC 中间直流电压过、欠压保护"时：

① 若Ⅰ架牵引电机无扭矩输出仍可继续运行时，应将司机控制器调速手柄回"0"位，按压一次（最多四次）司机台"复位"按钮，以使故障消除或由微机控制系统将Ⅰ架自动切除后，重新进行牵引、电制动操作。若故障仍然存在或再次出现时，则断开低压电气柜"TCU1 电源"自动开关后，司机控制器调速手柄回"0"位，按压三次司机台"复位"按钮，切除Ⅰ架后维持运行。

② 若Ⅰ架牵引电机无扭矩输出，即无法维持运行时，则：

 a. 断开再闭合低压电气柜"TCU1 电源"自动开关后，司机控制器调速手柄回"0"位，按压一次司机台"复位"按钮，若故障消除，即可恢复运行。

 b. 断电、降弓，同时断开低压电气柜"VCM1 电源"、"VCM2 电源"20 秒再闭合后，重新进行牵引、电制动操作。

 c. 在停车状态下断开控制电源柜"控制电源输出"自动开关 20 秒再闭合，以使微机复位，消除故障恢复运行。

 d. 若经以上处理，故障仍不能消除时，应及时请求救援。

（5）进入"现存故障"界面，显示"SMC 高（低）网压保护"时，Ⅱ架牵引电机均无扭矩输出，可暂不进行处理，继续维持运行，并及时向车站汇报，待网压恢复正常，再恢复运行。

（6）进入"现存故障"界面，显示变流器水循环故障按"任务二　HX_D1C 型机车"二（二十）的处理方法进行处理。

（7）进入"现存故障"界面，显示"电机×温度过高保护"时，按"任务二　HX_D1C 型机车"二（二十）的处理方法进行处理。

（三十一）运行途中，微机显示屏黑屏时的处理

（1）运行途中，微机显示屏黑屏或显示不正常时，若机车仍有牵引力，可暂不处理，待运行到前方停车站再进行处理。

（2）利用司机台"复位"按钮进行复位操作。

（3）检查、活动低压电气柜"IDU1/IDU2 电源"自动开关＝42-F106，使其处于闭合位。

（4）确认微机显示屏上无异物，断开控制电气柜"IDU1/IDU2 电源"自动开关，用手指一直按住触摸屏，此时按住触摸屏的手指不要拿开，闭合控制电气柜"IDU1/IDU2 电源"自动开关，大约 10 秒后，屏幕右上角出现一个白色小光标，按住光标 2~3 秒，此处光标消失（发出嚓的声音），触摸屏左下角出现同样的光标，按住此处光标 2~3 秒，光标消失（发出嚓的声音），此时进入微机显示屏英文黑白菜单界面，按左下角"writeconfig"（写入）触摸按钮，再按右下角重启触摸按钮，待微机启动后，再试微机显示屏触摸屏各触摸按钮，若有效，则表明修复成功。

（5）断电、降弓后，断开控制电源柜"控制电源输出"自动开关 60 秒再闭合，使微机失电、复位后重启。

三、制动系统故障

（一）操纵端制动显示屏黑屏时的处理

运行途中，操纵端制动显示屏黑屏，若仍能利用大、小闸控制列车管、机车制动缸风压时，可暂不处理，继续维持运行，若无法维持运行时，应立即查看操纵端制动显示屏电源指示灯，按以下方法分别进行处理：

（1）电源指示灯亮时，立即按压显示屏下方【F1】~【F8】任意键 1~3 秒后，观察确认制动显示屏是否正常。

（2）电源指示灯不亮时：

① 检查、确认低压电气柜"CCBⅡLCDM 电源"自动开关 = 28-F133 自动开关在"闭合"位。

② 断开低压电气柜上"制动系统检测"自动开关 = 28-F130、"CCBⅡMIPM 电源"自动开关 = 28-F131、"CCBⅡEPCU 电源"自动开关 = 28-F132、"CCBⅡLCDM 电源"自动开关 = 28-F133 自动开关 30 秒后再闭合。

（二）运行中自动起非常，制动显示屏提示"紧急制动"时的处理

将本务机车大闸手柄置"紧急"位 60 秒后再回"运转"位，观察列车管是否能够正常缓解。

（1）若能够正常缓解，则暂不处理，先维持运行。

（2）若不能正常缓解，进入制动显示屏"事件/故障记录"画面（点击【F3】"电空制动"键→点击【F7】"维护菜单"键→点击【F2】"事件记录"键），查看故障记录内容，根据以下相关故障信息提示做相应处理：

① 紧急制动：操作员。

含义：乘务员将大闸手柄置"紧急"位。

处理：大闸手柄置"紧急"位 60 秒后回"运转"位。

② 紧急制动：机车。

含义：人为按压紧急停车按钮。

处理：检查恢复机车紧急停车按钮后，大闸手柄置"紧急"位 60 秒后回"运转"位。

③ 紧急制动：ATP。

含义：LKJ 自停动作。

处理：检查解锁运记后，大闸手柄置"紧急"位 60 秒后回"运转"位。

④ 紧急制动：列车管线。

含义：列车管线有快速排风或较大泄漏处所。

处理：

a. 关闭机后第一位车辆列车管折角塞门，大闸手柄置"紧急"位 60 秒后再回"运转"

位，重新缓解。若列车管缓解正常，则可判断为车辆制动机故障，若列车管仍不能缓解时，打开机后第一位车辆列车管折角塞门，关闭固定重联一位、二位机车连接处列车管折角塞门，大闸手柄置"紧急"位60秒后回"运转"位，若列车管能够缓解，则为二位机车列车管存在故障，若仍不能正常缓解，则为一位机车列车管线存在故障。

b. 判断出故障处所后，应根据排风处所不同进行对症处理。

⑤ 紧急制动：列车管线（伴随制动显示屏显示F014-53代码）。

含义：非操纵端大闸在"紧急位"。

处理：将非操纵端及后位机车大闸手柄锁定在"重联"位后，再将操纵端大闸手柄置"紧急"位60秒后回"运转"位。

（三）机车发生惩罚制动时的处理

1. 机车发生惩罚制动的原因

（1）机车电钥匙回"0"位。

（2）同时断开低压电气柜"VCM1电源"、"VCM2电源"自动开关22-F101、22-F102。

（3）断开低压电气柜Ⅰ端司机室I/O自动开关24-F103。

（4）断开低压电气柜Ⅱ端司机室I/O自动开关24-F105。

（5）断开低压电气柜机械室I/O自动开关24-F107。

（6）断开低压电气柜"CCBⅡ MIPM电源"自动开关28-F131。

（7）断开低压电气柜"CCBⅡ EPCU电源"自动开关28-F132。

（8）断开控制电源柜"控制电源输出"自动开关32-F02。

（9）低压断开控制电源柜"蓄电池"自动开关32-F03。

（10）警惕装置动作。

（11）停放制动未缓解且机车速度大于5 km/h。

（12）运记发出惩罚制动请求。

（13）A、B端识别错误。

（14）制动系统故障。

2. 处理

（1）将大闸手柄置"抑制"位1秒后回"运转"位。

（2）通过微机显示屏查看有关开关信息，恢复低压电气柜、控制电源柜有关自动开关"闭合"位，将机车电钥匙置"合"位后，再将大闸手柄置"抑制"位1秒后回"运转"位。

（3）消除制动系统故障后，再将大闸手柄置"抑制"位1秒后回"运转"位。

（4）经以上处理，惩罚制动仍然不能消除时，断开控制电源柜"控制电源输出"自动开关60秒再闭合后，再将大闸手柄置"抑制"位1秒后回"运转"位。

（5）操纵端处理无效，确认制动控制柜的集成处理器模块IPM上第二个指示灯"CPU OK"灯亮时，换端操纵维持进站。

（四）压缩机长时间泵风，空气干燥器排风不止时的处理

（1）将排风空气干燥器电控器总电源开关置"关"位，切断其控制电源。
（2）将排风空气干燥器下部排污塞门关闭维持运行。
（3）若列车用风量较小时，则断开故障空气干燥器对应的压缩机三相自动开关，利用另一压缩机泵风维持运行。
（4）空气干燥器故障维持运行时，应及时反馈信息。

（五）机车制动缸不缓解时的处理

（1）确认机车制动系统设置正确，大、小闸位置正确。
（2）牵引车辆时，可轮流缓慢关闭再打开制动控制柜上的架制动缸风路塞门，使制动缸缓慢缓解后维持运行。运行中应谨慎操纵，尽量使用电制动降低或控制列车速度，必须使用空气制动时，应采取电空配合方式，先电制动、后空气制动。待维持运行到前方停车站后，再按以下方法进行处理：
① 同时断开、再闭合低压电气柜"制动系统检测"、"CCB II MIP 电源"、"CCB II EPCU 电源"、"CCB II LCDM 电源"自动开关。
② 断电、降弓，断开控制电源柜"控制电源输出"自动开关60秒再闭合。

（六）列车实施紧急制动再缓解后，列车管充不起风时的处理

（1）将大闸手柄置"紧急"位60秒后，再置"运转"位。
（2）若因按压"紧急停车"按钮而实施的紧急制动，则检查、确认"紧急停车"按钮已恢复。
（3）若因打开列车管手动放风塞门而实施的紧急制动，则检查、确认列车管手动放风塞门已关闭。
（4）大闸置"紧急"位实施紧急制动后，若缓解时，列车管充不起风，司机室下部排风，可能为大闸紧急制动阀卡在紧急制动位，此时，在轻敲紧急制动阀后，将大闸手柄紧急—运转位来回移动几次，使紧急制动阀复位。
（5）若因列车管风压迅速下降引起紧急放风阀动作后，缓解时紧急放风阀排风，则轻敲紧急放风阀，大闸手柄紧急—运转位来回移动几次，使紧急放风阀复位。
（6）在列车制动状态下，关闭机后列车管折角塞门进行试验，若机车列车管充风正常，则为车辆故障，若机车列车管仍充不起风时，则断电、降弓，断开控制电源柜"控制电源输出"自动开关60秒再闭合，使制动系统失电，复位、重启，故障得以消除。

（七）进行常用制动时，列车管不减压时的处理

（1）列车在区间调速、电制动良好时，立即开启电制动控制列车速度，电制动故障时，应立即采取紧急制动措施。

（2）列车停车时，应立即采取紧急制动措施，以确保列车安全。

（3）列车停车后，可同时断开、再闭合低压电气柜"制动系统检测"、"CCB Ⅱ MIP 电源"、"CCB Ⅱ EPCU 电源"、"CCB Ⅱ LCDM 电源"自动开关进行试验，若故障仍然存在，则断开控制电源柜"控制电源输出"自动开关 60 秒再闭合，以使制动系统失电、复位、重启来消除故障。

（4）若经以上处理，故障仍不能消除时，应尽可能维持低速运行到前方站停车进行处理。

【知识检测】

简答题

1. 简述制动系统故障时应如何处理。

项目九　机车操纵规则

任务一　列车安全操纵

【任务目标】

知识目标：了解列车操纵安全注意事项的基本内容。

能力目标：能安全操纵列车。

【相关知识】

（1）机车司机在运行中必须严格执行"彻底瞭望、确认信号、准确呼唤、手比眼看"的"十六字令"，依照《机车乘务员一次出乘作业标准》、《列车操纵示意图》、《列车操纵提示卡》正确操纵列车，并规范执行确认呼唤（应答）和车机联控制度。

严格遵守每百吨列车重量换算闸瓦压力限制速度，列车限制速度，线路、桥隧、信号容许速度，机车车辆最高运行速度，道岔、曲线及各种临时限制速度，以及 LKJ 速度控制模式设定的限制速度的规定。列车运行中，当列尾装置主机发出电池欠压报警、通信中断等异常情况时，司机应及时通知就近车站值班员或列车调度员，旅客列车应同时通知车辆乘务员。

（2）设有两端司机室的机车，司机必须在运行方向前端司机室操纵（调车作业推进运行时除外），机车信号转换开关置于正确位置，非操纵端与行车无关的各开关均应置于断开位并锁闭，取出制动机手柄或置于规定位置，列车无线调度通信设备和列尾装置司机控制盒置于关闭位，安装双套 LKJ 主机的机车，非操纵端 LKJ 应关闭。

（3）操纵机车时，未缓解机车制动不得加负荷（特殊情况除外），运行中或未停稳前，严禁换向操纵。设有速度工况转换装置的机车，车未停稳，不准进行速度工况转换。

（4）电力机车进级时，应使牵引电流稳定上升，遇天气不良时应实施预防性撒砂，当机车出现空转不能消除时，应及时调整主手柄位置，具有功率自动调节控制功能的和谐型机车运行在困难区段出现空转时，不得盲目退回手柄。

（5）电力机车运行中应注意以下事项：

① 根据列车速度，选择适当的手柄位置。牵引电动机电压、电流不得超过额定值。

② 解除机车牵引力时，牵引手柄要在接近"0"位前稍作停留再退回"0"位。

③ 使用磁场削弱时，要在牵引电机端电压接近或达到额定值、电流还有相当余量时，逐级进行。

④ 通过分相绝缘器时严禁升起前后两受电弓，一般不应在牵引电动机带负荷的情况下断开主断路器。按"断"、"合"电标，断开、闭合主断路器（装有自动过分相装置除外）。若货物列车通过分相绝缘器前，列车速度过低时（速度值由铁路局规定），允许快速退回牵引手柄。

⑤ 遇接触网故障或挂有异物，降、升受电弓标或临时降、升弓手信号时，及时降下或升起受电弓。

⑥ 接触网临时停电或异常时，要迅速断开主断路器、降下受电弓，立即采取停车措施，检查弓网状态。装有车顶绝缘检测装置的机车，司机要检查确认机车绝缘情况，确认机车绝缘装置故障或绝缘不良时，不得盲目升弓。

（6）运行中应确认制动缸压力表压力。

（7）装有列尾装置的列车出发前、进站前、进入长大下坡道前和停车站出站后，应使用列尾装置对制动主管的压力变化情况进行检查，发现制动主管的压力异常时，应立即停车，停车后，查明原因妥善处理，并通知就近车站值班员或列车调度员。

（8）施行常用制动时，应考虑列车速度、线路坡道、牵引辆数和吨数、车辆种类以及闸瓦压力等条件，保持列车均匀减速，防止列车冲动。进入停车线停车时，提前确认LKJ显示距离与地面信号位置是否一致，准确掌握制动时机、制动距离和减压量，应做到一次停妥，牵引列车时，不应使用单阀制动停车，并遵守以下规定：

① 初次减压量，不得少于 50 kPa。长大下坡道应适当增加初次减压量，具体减压量由铁路局制定。

② 追加减压一般不应超过两次，一次追加减压量，不得超过初次减压量。

③ 累计减压量，不应超过最大有效减压量。

④ 单阀缓解量，每次不得超过 30 kPa（CCBII、法维莱型制动机除外）。

⑤ 减压时，自阀排风未止不应追加、停车或缓解列车制动。

⑥ 货物列车运行中，自阀减压排风未止，不得缓解机车制动。

⑦ 禁止在制动保压后，将自阀手柄由中立位推向"缓解"、"运转"、"保持"位后，又移回"中立"位（牵引采用阶段缓解装置的列车除外）。

⑧ 货物列车速度在 15 km/h 以下时，不应缓解列车制动。长大下坡道区段因受制动周期等因素限制，最低缓解速度不应低于 10 km/h。重载货物列车速度在 30 km/h 以下时，不应缓解列车制动。

⑨ 少量减压停车后，应追加减压至 100 kPa 及以上。

⑩ 站停超过 20 min 时，开车前应进行列车制动机简略试验。

（9）施行紧急制动时，应迅速将自阀手柄推向紧急制动位，并立即解除机车牵引力，期间不得断开主断路器、降弓，动力制动应处在备用状态。列车未停稳，严禁移动自阀、单阀手柄（投入动力制动时，单阀除外）。无自动撒砂装置或自动撒砂装置失效时，停车前应适当撒砂。

（10）单机（包括双机、专列回送的机车，下同）在自动闭塞区间紧急制动停车后，具备移动条件时司机须立即将机车移动不少于 15 m，再按照先防护后报告的原则，在轨道电路调谐区外使用短路铜线短接轨道电路，然后向就近车站值班员或列车调度员报告停车位置和原因。

单机被迫停在调谐区内时，司机须立即在调谐区外使用短路铜线短接轨道电路，然后向就近车站值班员或列车调度员报告停车位置和原因。

（11）列车运行中，发现制动主管压力急剧下降、波动，空气压缩机不工作或长时间泵风不止，列尾装置发出制动主管压力不正常报警等异常情况时，应迅速停止向制动主管充风，解除机车牵引力，及时采取停车措施。

（12）列车停车再开车后，应选择适当地点进行贯通试验。司机确认制动主管排风结束、列车速度下降方可缓解，同时司机应注意风表压力及列车充、排风时间（万吨及以上重载列车除外），装有列尾装置的列车还应使用列尾装置查询列车尾部制动主管风压。

（13）装有动力制动装置的机车在列车调速时，要采用动力制动为主、空气制动为辅、相互配合使用的方法，并应做到：

① 电力机车给定制动励磁电流时，电流的升、降要做到平稳。

② 制动电流不得超过额定值。

③ 动力制动与空气制动配合使用时，应将机车制动缸压力及时缓解为0（设有自动控制装置的机车除外）。

④ 需要缓解时，应先缓解空气制动，再解除动力制动。

⑤ 多机牵引使用动力制动时，前部机车使用后，再通知后部机车依次使用，需要解除动力制动时，根据前部机车的通知，后部机车先解除，前部机车后解除（装有重联线和同步装置机车运行时除外）。

（14）当发现列车失去空气制动力或制动力减弱危及行车安全时，紧急制动可以同步投入动力制动的机车，司机应立即使用紧急制动，并将动力制动投入达到最大值，在确认动力制动发挥作用后，使用单阀缓解制动缸压力至 150 kPa 以下（设有自动控制装置的机车可不进行单阀缓解操作）。有运转车长（车辆乘务人员）值乘的列车，司机迅速通知运转车长（车辆乘务人员），使用车辆紧急制动阀停车，装有列尾装置的列车，司机应采取列尾装置主机排风制动措施使列车停车，停车前适当撒砂。

（15）装有动力制动的机车在使用动力制动调速过程中发生紧急制动或需紧急制动时，司机应保持机车动力制动，同时立即用单阀缓解机车制动缸压力至 150 kPa 以下（设有自动控制装置的机车可不进行单阀缓解操作）。

（16）列车或单机停留时，不准停止劈相机及空气压缩机的工作，并保持制动状态。

① 进站停车时，应注意车站接车人员的手信号。

② 货物列车应保压停车，直至发车前出站（发车进路）信号机开放或接到车站准备开车的通知后，方能缓解列车制动。

③ 夜间等会列车时，应将机车头灯灯光减弱或熄灭。

④ 中间站停车，有条件时应对机车主要部件进行检查。

⑤ 机车乘务员必须坚守岗位，不得擅自离开机车。

（17）机车在附挂运行中，换向器的方向应与列车运行方向相同，禁止进行电气动作试验。

（18）机车各安全保护装置和监督、计量器具不得盲目切（拆）除及任意调整其动作参数。机车各保护电器（接地、过流、超压等保护装置）动作后，在未判明原因前，不得切除各保护装置。机车保护装置切除后，应密切注视机车各仪表的显示，加强机械间的巡视。

（19）运行中，应随时注意机车各仪表的显示。发现机车故障处所和非正常情况，要迅速判明原因及时处理，并将故障现象及处理情况填记"机车运行日志"。

牵引直供电、双管供风的旅客列车时，运行中应注意确认列车供电电压及电流、列车总风管压力的显示，发现异常情况时应及时通知车辆乘务员，按其要求运行或维持到前方车站停车处理，并报告列车调度员或车站值班员。

旅客列车在区间发生故障需双管改单管供风时，司机应掌握安全速度（最高不超过 120 km/h）运行至前方站后进行，跨局旅客列车改为单管供风后，司机报告车站值班员转报列车调度员。因列车总风管压力漏泄不能维持运行，应立即停车，关闭机车后部折角塞门判断机车或车辆原因，属车辆原因应立即通知车辆乘务员处理。

（20）遇天气恶劣，应加强瞭望和鸣笛，信号机显示距离不足 200 m 时，应立即报告车站值班员或列车调度员。

（21）运行中的安全注意事项：

① 不得超越机车限界进行作业，电气化区段严禁攀登机车、车辆顶部，途中停车检查时，身体不得侵入临线限界。

② 电力机车乘务员需要登机车顶部检查弓网状态或处理故障时，应断开主断路器，降下受电弓，必须向车站值班员或列车调度员申请办理登顶作业，接到列车调度员发布接触网已停电允许登顶作业的调度命令并验电、接地后方准作业。

③ 严禁向机车外部抛撒火种，机械间严禁吸烟。

④ 列车在区间被迫停车后不能继续运行时，司机应立即使用列车无线调度通信设备通知两端站、列车调度员及运转车长（无运转车长时为车辆乘务员），报告停车原因和停车位置，根据需要迅速请求救援并按规定设置防护。机车故障后 10 分钟内不能恢复运行时，司机应迅速请求救援。

⑤ 遇天气不良、机车牵引力不足等原因，列车在困难区段可能发生坡停或严重运缓时，司机应提前使用列车无线调度通信设备通知两端站或列车调度员。

⑥ 单机进入区间担当救援作业，在自动闭塞区间正方向运行时，应使 LKJ 处于通常工作状态，严格按分区通过信号机的显示要求行车，在自动闭塞区间反方向、半自动闭塞区间及自动站间闭塞区间运行时，应使 LKJ 处于调车工作状态，在接近被救援列车 2 km 时，按规定严格控制速度。

⑦ 运行途中突发难于抵抗的身体急症，要立即报告列车调度员或车站值班员，不能维持驾驶操纵的要立即采取停车措施。

（22）多机牵引时应遵守下列规定：

① 机车重联后，相邻机车之间连接状态的检查，由相邻机车乘务员实行双确认，共同负责。

② 机车操纵应由行进方向的前部机车负责。重联机车必须服从前部机车的指挥，并执行有关鸣笛及应答回示的规定。

③ 设有重联装置的机车，该装置作用必须良好，重联运行时应接通重联线。其他各有关装置及制动机手柄的位置按重联机车制动机手柄位置处理要求执行。

④ 电力机车重联运行中，前部机车应按规定鸣示降、升弓信号，后部机车必须按前部机车的指示，立即降下或升起受电弓。

⑤ 中部、尾部挂有补机的列车，其具体操纵及联系办法由铁路局规定。

（23）组合列车前部、中部机车必须装有同步操纵装置并保持通信设备良好，其具体操纵及联系办法由铁路局规定。

（24）附挂（重联）机车连挂妥当后，附挂（重联）司机按规定操作制动机、弹停装置、电气设备等，操作完毕，具备附挂（重联）运行条件后，通知本务机车司机。

附挂（重联）机车需与本务机车或前位机车摘开时，必须恢复机车牵引条件后（闭合蓄电池开关、开启 LKJ、升弓或启机、空压机工作、总风缸压力达到定压、机车处于制动状态），方可通知前位机车进行摘挂作业。

无动力回送机车按规定开放无火回送装置，操作有关阀门。

【知识检测】

简答题

1. 电力机车运行中应注意哪些事项？
2. 装有动力制动装置的机车在列车调速时采取什么样的措施？
3. 列车施行紧急制动时注意事项有哪些？
4. 当发现列车失去空气制动力或制动力减弱危及行车安全时采取什么样的措施？
5. 多机牵引时应遵守哪些规定？

任务二　旅客列车与货物列车操纵

【任务目标】

知识目标：了解旅客列车操作和货物列车操纵。

能力目标：能够熟练进行列车的操纵。

【任务内容】

一、旅客列车操纵

旅客列车作为铁路对外经营的窗口，服务质量好坏将影响其声誉和效益。为了适应市场经济的需要，提高铁路在运输市场的地位和经济效益，必须保证列车的安全正点、平稳运行，给旅客创造一个安全舒适的旅行环境。

（一）列车起动

（1）机车与列车连挂后，认真进行制动机试验。确认列车管的贯通状态、充排风时间、漏泄量，作为途中制动时的参考。

（2）起动列车时，调速手柄移到调节区适当位置，使机车先将第一位车钩拉紧，待全列车走行 3～5 m 后再均匀地增加机车牵引力使列车加速。使用 HX_D 型机车牵引旅客列车时，待列车缓解后，操纵调速手柄离开"0"位并缓慢移向"*"位，使牵引力由 0→2 kN→4 kN→6 kN 缓慢上升，待全列车钩呈拉伸状态，列车速度稳定后，再逐渐提高手柄位置到所需级位。

（二）列车运行

列车运行应严格遵守列车运行图规定的运行时刻及各项允许和限制速度。

列车出站后，及时调整调速手柄位置，使列车强迫加速，达到运行时分所需速度时，适当调整机车牵引力，保证列车以均衡速度运行，回手柄时应逐步平稳进行，回至"*"位稍作停留，再退至"0"位。

列车运行在起伏坡道或较小的坡道区段，应采用低手柄位牵引运行，尽量避免惰力运行。

列车在长大下坡道运行中，应采用动力制动为主、空气制动为辅的操纵方法控速。当动力制动不能满足控制列车运行速度的要求时，再采取空气制动，配合调整列车运行速度。缓解列车制动时，应先缓解空气制动后，再逐步解除动力制动。

（三）列车运行中施行制动调速

列车需要减速运行时，可采用牵引辅助制动法：施行制动前，减压时应考虑列车速度、线路情况、牵引辆数、车辆种类以及闸瓦压力等条件，准确掌握制动时机和减压量，保持列车均匀减速，并根据降速情况适时进行追加减压，但追加减压量不应超过初次减压量。为了列车调速过程的平稳，可不解除牵引力。列车速度降至接近前方限速值时，再根据线路情况适时地进行缓解，保证列车按规定速度平稳运行。

（四）列车进站停车

由于旅客列车的运行速度高及列车运行监控装置对进站速度的限制，不论进正线还是进侧线停车，一般都应采用进站前调速的两段制动法。进站前调速时，可采用牵引辅助制动法一次调整妥当，列车进入道岔前应使速度降至规定速度内，同时应使列车全部缓解，避免列车在制动状态下通过道岔，防止充风不足施行再次制动。

列车进站后，应考虑因调速而使闸瓦过热、摩擦系数降低，因此再制动时应适当提前减压或加大减压量。

制动停车时，除上述因素外，司机还应根据列车速度、线路、辆数等情况准确掌握制动时机和减压量。制动前按规定加载，采用牵引辅助制动法施行制动。在列车产生制动作用并稳定降速（原则上时间应控制在 5 s 以上）后，再解除机车牵引力，并根据列车降速情况酌情追加，使列车一次稳、准停妥。

站内停车应尽量避免两段制动，如遇特殊情况须两段制动时，应严格掌握充风时间和制动距离。旅客列车停车时应采用缓解停车，缓解停车时必须掌握好缓解时机，即在列车未停稳前的瞬间，施行列车缓解，列车平稳停车后再施行制动。

（五）特殊条件的操纵

列车在运行过程中产生冲动的原因很多，从总体上可分为主观原因和客观原因。主观原因是乘务员的思想意识，乘务员应遵守"人民铁路为人民"的宗旨，敬业爱岗，在实际工作中将平稳操作与安全生产等同视之，针对不同型号机车及不同结构车辆的特点，积累经验，找准规律，探索解决问题，才能收到良好的效果。客观原因是指铁路设备、线路条件及其他各方面因素对列车平稳操纵的影响，只有掌握不同条件下诸多客观因素对列车操纵的影响，并总结出相应的操纵方法，才能有针对性地解决列车冲动问题。

（1）双机重联牵引时，由于两台机车的功率、牵引力形成不同步，制动力产生的大小、快慢也有区别，造成两台机车不易控制而使车钩间产生冲动。因此，起动列车时第一位机车先加负荷牵引列车起动后，第二位机车再加负荷，避免第二位机车牵引力过大造成冲动。运行中第二位机车要服从第一位机车的指挥，调速或停车时不得随意缓解机车制动力。

（2）列车尾部挂有空调发电车或行李、邮政车时，由于尾部车辆制动率的降低，在制动时容易发生冲动，操纵这种类型的列车时要有充分的思想准备，以克服尾部车辆的冲动。

（3）在关键地段，监控装置监控模式控制限制速度随信号、小半径曲线及施工慢行等条件变化较大时，为了防止撞线放风造成大的冲动，应根据情况作好预想，提前采取减速措施，保证列车安全、平稳运行。

（4）列车运行中如遇机车信号突然显示黄色灯光时，由于列车运行速度高，距离信号机近不能满足当时的列车限速要求，司机仓促采取大减压量制动减速，或列车运行监控装置发生作用，造成更大的冲动。为防止上述情况的发生，司机要对关键地点、关键站加强联控，联系不上时提前采取措施。机车信号突然显示黄色灯光时，惰力运行的列车应迅速制动，并禁止缓解机车制动，以免造成车钩伸张而发生冲动。

（5）长大下坡道或慢行处所前调速时，如果控速过高被迫施行二次制动时易产生冲动，因此要掌握好调速时机和减压量，尽量一次调速达到理想速度。

（6）特快列车操纵时还应注意以下几点：

① 特快列车运行速度高，长时间接近线路限速运行，因此必须熟悉担当区段线路情况，掌握区间运行的平均速度，合理调节手柄位置，避免不必要的惰力运行与调速，以减少列车冲动。

② 特快列车的车辆一般都采用盘形制动，其主要特点是制动率高，在相同的速度下，同样的减压量制动距离短，操纵列车时要充分考虑这一因素，避免制动距离判断失误造成列车区间运缓。

二、货物列车操纵

货物列车是铁路运输的重要组成部分，在我国运输行业中占主导地位。为完成运输生产任务，支援社会主义经济建设，必须掌握好货物列车的操纵。牵引货物列车时，机车乘务员必须严格执行各项规章制度，在保证机车质量和安全正点的基础上，经济合理地操纵机车，利用机车技术性能和线路纵断面的有利条件，实现安全正点、平稳操作、高能低耗。

（一）货物列车操纵基本要求

1. 列车起车

牵引货物列车时，为了便于起车，应根据需要（天气不良、轨面有露水等），挂车时适量撒砂，为起车做准备。列车起动困难时，可适当压缩车钩，但不应超过列车总辆数的 2/3。压缩车钩时，要避免压缩量过大，使后部车辆移动，应根据每两个车钩的压缩量（约 150 mm）与地面目标为参照物折算距离，特别要防止压缩车钩不当，引起尾部车辆越出警冲标造成事故。压缩车钩至发车前，不得缓解机车制动。起动列车时，应做到充满风再动车，伸开钩再加速。双机或多机重联时，要加强配合、协同动作，并根据情况适量撒砂，以防止机车发生空转。操纵司机密切注视牵引电机电流，提手柄不应过快、过高，以免造成过流。

起动列车后，司机要注意监控装置，对标开车。

2. 列车调速操纵与停车操纵

列车运行中发现危及行车、人身安全时，应及时采取停车措施，通过施工慢行地点、进出站、停车及其他非正常情况时，应按规定控制速度。货物列车牵引辆数多，列车管容积较大，排风时间和充风时间长，因而空走距离和缓解时间也长，列车编组中多有空重混编情况，车辆动力有差别，制动和缓解时间也各不相同，因此我们应按照列车制动机操纵的客观规律和制动机操纵方法进行操纵，以保证列车准确、平稳调速和停车。

1）进站停车时的操纵

货物列车应根据所牵引的列车吨数、编组情况和线路纵断面适时将调速手柄回"0"位，根据监控模式掌握进站速度，再根据列车速度、线路纵断面、站线有效长度、列车制动力等情况，确定停车目标。初次制动减压量为 50~90 kPa，并根据降速情况和停车目标要求，适当追加减压。货物列车施行制动时，由于列车长度的影响，前后车辆产生制动时差较大，又由于车辆制动机类型不同，制动性能不同，各车辆制动率不同，容易引起制动初期的压缩冲动及制动中期的拉伸或压缩冲动，因此司机应根据列车编组、前后制动力的强弱、速度等情况，确定制动时机，适当掌握减压量。若需要减少机车制动力时，应在电空制动控制器制动减压排风结束后，施行空气制动阀阶段缓解，每次缓解不应超过 30 kPa，但停车前机车制动缸压力不得低于 50 kPa。当站线为"鱼背形"时，不仅不能缓解机车制动，而且应增加机车制动力，列车保持制动状态停车，防止列车溜逸。若轻微减压停车时，应追加减压到 100 kPa 以上，以防后部车辆三通阀压力差异导致的个别车辆缓解作用不良。货物列车停车时，应使列车车钩压缩，为再起车做好准备。货物列车制动减压后，当速度在 15 km/h 以下时，不允许缓解列车制动，长大下坡道，因受制动周期等因素限制，最低缓解速度不应低于 10 km/h，重载货物列车速度在 30 km/h 以下时，不得缓解列车制动。货物列车下列情况不准低速缓解：

（1）制动力大，速度降低过急时。

（2）线路纵断面为"鱼背形"时。

（3）空重混编列车，尤其是重车在前，空车在后时。

（4）列车制动机类型不同时。

（5）站内为下坡道，缓解后可能充风不足，而用空气制动阀又停不住车时。

（6）寒冷的严冬季节时。

2）牵引不同编组列车时的操纵

（1）牵引空车时，应利用其重量轻、起速快的特点，尽快提高速度，保持均衡速度运行。空车惰力小，制动率大，因此，途中调速和站内停车时，列车管减压量要小，并适当增加机车制动力,力求平稳、均匀降速,以免发生冲动和断钩,调速后缓解时,掌握缓解速度要高,防止造成非正常停车和列车分离事故。

(2)牵引空重混编的列车时,应根据空车制动率大、重车制动率小的特点,采取小减压量、长制动距离的操纵方法。

如果列车中空车在前、重车在后,根据具体情况起车时可少压缩或不压缩车钩,调速手柄逐渐提高,使车辆车钩缓缓伸张。在起伏坡道上,除需要停车外,应尽量不间断机车牵引力,灵活掌握调速手柄提、回位置,以调整列车在上、下坡道的运行速度。需要惰力运行时,必须在全部重车越过坡顶后,逐渐回调速手柄。在制动时,根据空、重车辆制动率不一致,容易引起冲动的特点,适当早减压、少减压,用空气制动阀适当缓解机车制动力,以防止列车冲动。

若重车在前、空车在后起车时,按一般列车的起动操纵方法即可。施行制动时,根据重车制动率小、空车制动率大的特点,适当增加机车制动力;缓解列车制动时,机车的制动力缓解要稍晚些。缓解后需要提调速手柄时,应保证一定的充风时间,并缓慢提高调速手柄,防止后部空车未全部缓解而拉断车钩。

(3)牵引重车时,起车要快,尤其是在出站即进入长大上坡道的车站,起车时在前部车辆移动后,要迅速提高调速手柄位置,充分利用站内平直线路强迫加速,以较高的速度爬坡,防止途停事故发生。调速或停车时,应根据重车惰力大、制动率小的特点,适当加大减压量,根据列车降速情况,追加减压要及时准确,以免因制动力小、降速慢而造成监控器放风。

3. 各种坡道上的操纵

(1)在较平坦的线路上运行时,列车起动后应强迫加速,达到运行时分所需速度时,适当调整机车牵引力,途中根据线路纵断面情况,适当调节调速手柄位置,保证列车以均衡速度运行。

(2)列车在上坡道运行时,应采用"先闯后爬、闯爬结合"的操纵方法。上坡前力求接近限制速度,减小爬坡距离。上坡后要提高手柄位置,发挥机车最大牵引力,同时要防止空转。遇有雨雪天气或曲线半径小的弯道,应作预防性撒砂,一旦发生空转应及时将手柄回到适当位置,待空转停止后,适量撒砂,同时再提高手柄位置。爬坡时持续电流不得超过允许值。越过坡顶后,应待列车全部或大部车辆进入下坡后再回手柄。

(3)列车在上坡道停车时,尽量使列车车钩在压缩状态下停车。在电空制动控制器制动、列车管排风的同时,用空气制动阀增加机车制动力,停车前适当撒砂。再起动时,应在前部车辆已缓解、后部车辆仍在缓解过程中及时提手柄。机车起动后,在不过载、不空转条件下,迅速、准确地移动调速手柄,使列车车辆逐辆顺利起动。既要避免提手柄过慢列车起动困难,也要避免提手柄过快造成机车空转、押钩或牵引电机过流。若第一次起动失败,应先压缩车钩,同时适当撒砂,使用电空制动控制器制动(空气制动阀缓解,使机车不制动)停车,然后缓解,并不失时机地起动(后退车未停稳切忌起动)。

(4)列车在长大下坡道上运行时,要严格控制好运行速度。在接近坡道前,根据线路限制速度、运行时刻,及时移回调速手柄,并按规定提前进行制动机试验,随时注意各风表压力显示及空气压缩机工作情况。列车在长大下坡道运行需调速时,应采用动力制动为主,空气制动为辅的操纵方法,做到:

① 列车全部进入下坡道后，立即将动力制动手柄提至"*"位，待列车继续增速的同时，再逐步增加制动电流。

② 当动力制动不能满足控制列车运行速度的要求时，采用空气制动调整列车运行速度。

③ 缓解列车制动时，应在缓解空气制动后，再逐步解除动力制动。

若电阻制动故障，只能采用空气制动调速时，应选择好制动、缓解时机，掌握好制动周期。也就是制动时的速度不要太高，减压量相对要大，缓解时的速度相对要低，充风要快。即尽量延长制动周期，以保证有较充分的充风和凉闸时间，确保安全。

（5）列车在起伏坡道上运行时，要善于利用坡度变化，灵活变换调速手柄位置，以调节列车运行速度，在不超速的情况下，尽量使坡底速度接近限制速度，采用"多闯少爬"的方法，充分利用动能闯坡，列车尽量以较高的速度通过坡顶。闯坡过程中，不要等速度降低太多再提手柄，尽量减少调速手柄高位置下的爬坡距离。必须制动调速时，减压量要适当，缓解要及时，以减小制动造成的损失。

重载列车在起伏坡道上运行时，会使列车车钩伸张和压缩，因此更应谨慎操纵，掌握加速和减速时机，避免因剧烈冲动而发生断钩，造成列车分离事故。

4. 双机牵引列车的操纵

双机牵引列车时，所有机车制动机应置于规定位置，后部机车必须服从第一位机车的指挥。后部机车在列车制动时，不应过多地缓解机车制动力，以防造成列车冲动或断钩。

5. 油罐列车的操纵

油罐列车的特点是，列车编组短（俗称短粗）、重量集中、运行阻力较小。牵引运行时，油罐内的油脂会随着加速、减速、线路坡度和曲线的变化等情况而产生波动。在牵引油罐列车上坡时，除了引起重心后移，使前后台车产生负重不均匀的现象外，若一旦机车发生空转，司机退回手柄的同时，等速运行的列车突然减速，油脂必然产生前后涌动。当消除空转重新提起调速手柄的同时，若正值油脂向后涌动，瞬时增大了列车运行阻力，极易引起再次空转，由于反复空转，速度很快降低，给下一段牵引运行带来了更大的困难。因此牵引油罐列车时应注意以下几点：

（1）牵引油罐列车，起车和途中提回手柄时要缓和一些，力求列车平稳起动，均衡速度运行，尽量避免罐内油脂发生大的波动。

（2）接近坡道前要提前缓和加速，即在降速之前逐步提高牵引力，并根据情况适时撒砂，预防空转发生，保证列车以较高的速度进入坡道，保持列车运行平稳。

（3）在坡道上一旦发生空转时，应及时退回调速手柄，待空转消除后，施行适量撒砂，再提调速手柄。提手柄时，要特别谨慎缓和，防止空转再次发生，避免造成途停。

6. 重载列车的操纵

牵引重载列车时，要做好预想，加强联系，检查好机车，确保机车质量良好。挂车前要适量撒砂，发车前要压缩车钩，列车移动后要在机车不空转、不过流的前提下快提手柄，运行速度达到所需的速度后，将调速手柄退回到适当位置，以均衡速度运行。因重载列车惰力大，停车、下坡道前需要提前回手柄。调速制动时，应适当加大电空制动控制器减压量，初次减压量要比平时大，追加减压要及时准确，将速度降至限制速度以下，以免制动力小，速度不能迅速降低而造成事故。进站停车后需要二拉时，第二次起车速度不应超过 10 km/h，并要注意监控装置限速值、防止放风，确保行车安全。

7. 天气不良时操纵注意事项

（1）大风天气，列车运行阻力增大极易造成运缓。起车时，应强迫加速抢点，途中运行时调速手柄位置比平时稍高一些。加强瞭望，随时注意线路障碍及信号故障，确保运行安全正点。

（2）雾天行车，能见度低，视线受到限制，除按大雾天运行办法外，还应做到出站快、途中快，给进站信号确认留出充裕的时间，严禁臆测行车。

（3）遇有雨、雪、霜、露天气时，因轨面滑湿，容易发生空转，因此发车前应检查撒砂装置作用良好，起车时和运行途中的关键地段，应适量撒砂，并随时调整调速手柄位置，防止空转。制动时，适量掌握减压量，防止车轮滑行。

（二）重点货物列车的操纵

1. 军用列车的操纵

军用列车一般都是客、货混编，并且装载的货物一般都是军用车辆等移动装备，在其上都有人员乘坐，因此牵引军用列车时，除执行一般货物列车操纵外，还必须注意以下几点：

（1）军用列车编组一般情况下其实际载重要比编组载重少得多，因此，挂车后司机应根据载货情况判断载货量，以便于列车平稳起动和途中控速。

（2）起动列车前，确认出站信号、发车信号显示正确，后部无异常情况后，鸣笛起动列车。

起车时利用机车的平稳起动功能，使列车平稳起动（坡道上起车时除外），全列车起动后再逐位提高调速手柄加速运行。提手柄不应过快，并应尽量避开道岔和轨面湿滑处所，必要时进行撒砂，防止机车轮对发生空转，以使列车平稳、均匀加速。

（3）途中运行，应根据线路情况适时调整手柄位置，均衡控速，平稳运行。在下坡道时充分利用电阻制动进行控速，尽量减少使用空气制动（尤其在弯道）调速，防止冲动。

（4）根据军用列车货物装载特点，运行途中（尤其在弯道）应尽量避免使用紧急制动，防止因冲动过大造成军用装备的损坏或人员伤害。

（5）途中严格按运行时分要求运行，以避免非正常停车。

（6）站内停车应避免两段制动，如遇特殊情况需两段制动时，应根据站内线路情况控制好速度，必须保证留有充分的充风时间和制动距离，再次制动时一定要把握时机保证停车时的安全和平稳。

（7）在供给站需对标停车时应做到一次稳、准停妥。

2. 超限货物列车的操纵

牵引超限货物列车时，除执行一般货物列车操纵外，还必须注意以下几点：

（1）开车前认真核对调度命令内容，了解运行注意事项，清楚限速要求等。

（2）装载超限货物的车辆一般挂于列车尾部，由运转车长监护运行。因此，起车时起动电流不应过高，提手柄不能过快，尽量在尾部车辆移动后再平稳加速（上坡道起车时除外）。

（3）在下坡道时充分利用电阻制动进行控速，尽量减少或避免使用空气制动（尤其在弯道）调速，防止冲动。

（4）根据超限货物列车货物装载特点，运行途中（尤其在弯道）应尽量避免使用紧急制动，以防引起货物窜动。

3. 路用列车的操纵

路用列车的类型比较多，车况较复杂，工作条件特殊。如施工卸料车，需要在区间运行中人工（或自动）卸下石砟；工程部门宿营车，由于在一地长期停留，车辆的维护与保养跟不上，运用状态很难得到保障。因此在牵引路用列车时还应注意以下几点：

（1）起动列车要平稳，进出侧线控制好速度。

（2）路用列车限速一般都比较低，因此在下坡道运行时应充分利用电阻制动进行控速，以避免频繁使用空气制动，既不能保证运行时分又降低制动效能。

（3）站内停车应提前试闸。有的路用车辆由于条件所限，其制动性能达不到正常要求，制动距离加长，因此应提前试闸，根据制动力的大小正确判断制动距离，掌握好制动时机。

（4）牵引在区间卸料作业的路用列车时，起、停比较频繁，应考虑车辆上工作人员的安全，起动时要慢，停车时要稳，不能用空气制动阀停车，防止列车冲动，造成人员伤害。

4. 调车机车的操纵

调车作业的特点是：机车起停、换向、提回手柄、摘挂作业频繁，推峰、溜放作业及挂车少时制动主管不连通，作业时间长等。因此在操纵调车机车时应做到：

（1）调车机车乘务员要熟悉《车站行车工作细则》及有关规定，熟记站内线路（包括专用线）、信号以及各种标志等站场情况。采用无线电平面灯显调车指挥系统进行调车时，应使监控装置处于调车状态，根据信号显示和语言提示的要求进行作业。

（2）调车作业时，应遵照安全、及时、平稳的原则。站、场内车辆、行人较多，司机在操纵机车时要提前做好预想，集中精力，加强与车站调车人员联系，密切配合，发现问题及时果断地采取有效措施。

（3）严格执行调车手信号或灯显装置的显示。按"十、五、三"车距离信号要求控制速度，转场作业，按规定连接制动软管，动车前应进行制动机简略试验。

（4）单机连挂车辆时，应注意确认车辆的停留位置，当接近被连挂车辆时，速度不得超过5 km/h。平直线路上应一次提手柄加载，空气制动阀控速，无声连挂，确保平稳挂车。

（5）带有车辆且连接风管连挂时，应本着电空制动控制器调速空气制动阀连挂的原则，即先用电空制动控制器调低速度，再用空气制动阀控速连挂。接近连挂车辆时，应提前使用空气制动阀制动，将车辆车钩拉开，减少连挂时的冲动。

（6）当调车指挥人显示溜放信号时，司机应"强迫加速"以满足作业要求，显示减速或停车信号时，应迅速解除机车牵引力，立即制动。

（7）认真执行驼峰调车作业的规定，连挂车列后试拉时，注意不得越过信号机或警冲标。

推峰时要严格按信号的要求控制速度。天气不良，牵引车辆较多上驼峰时，连挂前应提前撒砂，起车时调速手柄不宜提过高（以机车不空转为准），防止在岔区发生空转造成停车。

（8）用空气制动阀制动要掌握好时机。根据牵引辆数和吨数，控制好速度，以避免空气制动阀制动时制动力过大，抱闸时间过长，造成轮箍弛缓。使用空气制动阀控速时应根据速度提前制动，制动力应由小到大，尽量避免空气制动阀来回推磨。

（9）中间站利用本务机车调车时，对附有示意图的调车作业通知单的内容和注意事项必须清楚。作业前，应使监控装置处于调车状态，作业中严格执行调车工作的规定。

【知识检测】

填空题

1. 旅客列车作为铁路_____的窗口，服务质量好坏将影响其声誉和效益。为了适应市场经济的需要，提高铁路在运输市场的地位和经济效益，必须保证列车的_____、_____，给旅客创造一个_____旅行环境。

2. 机车与列车连挂后，认真进行_____。确认列车管的_____、_____、漏泄量，作为途中制动时的参考。

3. 列车运行应严格遵守_____规定的运行时刻及各项允许和_____。

4. 大风天气，列车运行_____极易造成运缓。起车时，应强迫加速抢点，途中运行时调速手柄位置比平时稍高一些。加强_____，随时注意_____及信号故障，确保运行_____。

5. 调车作业的特点是：_____、_____、_____、_____，推峰、溜放作业及_____制动主管不连通，作业时间长等。

第三单元

行车规章与非正常行车

项目十 列车编组

铁路运输的基本任务是合理地运用铁路运输的技术设备,安全、准确、迅速、经济、便利地运送旅客和货物,保证完成和超额完成运输任务。而旅客和货物的运送过程是通过列车方式来实现的。列车是完成铁路运输任务的主要形式,是根据列车编组计划、列车运行图及《技规》的有关规定编组而成,并挂有牵引机车和规定的列车标志的车列。为确保列车在区间的运行安全,提高运输的效率,原则上,只有所编列车完全具备条件后,方能向区间正线运行。因此,编组的列车应符合保证安全,提高效率,并充分利用铁路通过能力和牵引力这一原则。

任务一 编组列车的要求与牵引定数的确定

【任务目标】

知识目标:列车编组的基本要求。

能力目标:掌握列车重量(即牵引定数)、列车长度的确定原则。

【任务内容】

一、编组列车的基本要求

列车应按《铁路技术管理规程》、列车编组计划和列车运行图规定的编挂条件、车组、重量或长度编组。

(1)必须符合《技规》有关机车车辆编入列车的技术条件、隔离和编挂要求,关闭自动制动机的车辆配挂和位置要求,以及列车后部挂车和单机挂车的规定。对装载危险、易燃品及超限货物、特殊车辆,须按原铁道部《危险货物运输规则》或临时的指示办理。

(2)必须符合列车编组计划中各次列车去向的编挂内容及车组、车辆编挂顺序的要求。

(3)必须符合列车运行图关于列车重量、长度标准的要求。当跨两个以上区段的直达(或直通)列车,各区段的牵引重量、长度不同时,还须符合列车编组计划规定的基本编组重量和长度。

二、列车重量（即牵引定数）的确定

列车重量又称列车运行图的牵引定数，即图定重量。应根据线路纵断面、机车类型、地区海拔高度、站场设备及运量等条件，进行科学计算和牵引试验来查定。并应考虑按线、按方向尽可能平衡一致，兼顾邻线衔接，减少车站作业，加速机车、车辆的周转。

实际上，在编组列车时，图定重量与列车实际重量并不一定完全相符。对此，《运规》就列车重量尾数的波动范围作了规定：货物列车牵引重量（除另有规定外）允许上下波动为81 t以内，线路坡度在12.5‰以上的区段，长大隧道牵引定数在1 500 t及其以上的尾数波动，铁路局管内由铁路局规定，跨铁路局的由所跨两局协商后报国家铁路主管部门批准，旅混列车、行包专列按牵引辆数不向上波动。冬运期间因天气严寒，需减吨时，铁路局管内可根据具体情况按牵引定数减少10%~20%；跨铁路局的列车需减吨时，须报国家铁路主管部门批准。暑期因隧道内高温或因天气不良、施工慢行、列车限速等需减吨时，铁路局管内由铁路局规定，跨铁路局的报国家铁路主管部门批准。

编组超重列车时，编组站、区段站应商得机务段（折返段）机车调度员同意，在中间站应得到司机的同意，并均须经列车调度员命令准许。

三、列车长度的确定

列车长度：根据牵引区段内各站到发线的有效长度，并预留30 m的附加制动距离后确定。该列车长度为列车运行图的规定长度。

列车长度的计算公式：

$$列车换长 = （到发线有效长度 - 30\,m） \div 11$$

超重列车：列车重量超过图定重量81 t及以上，连续运行距离超过机车乘务规定区段1/2的货物列车。在编组超重列车发往区间前，为使指挥和操纵人员做到心中有数，防止因运缓或区间停车打乱正常的运输秩序。编组站、区段站应商得机务（折返）段机车调度员的同意，在中间站应得到司机的同意，并须由列车调度员准许。

超长列车：凡超过列车运行图所规定换长的1.3倍及以上的列车。编组超长列车发往区间时，其运行办法，按铁路局的规定执行。

欠重列车：凡低于图定重量81 t及以上，同时换长欠1.3倍及以上，连续运行距离超过机车乘务规定区段1/2的列车。

欠长列车：换长低于列车运行图规定长度的1.3倍及以上的列车。

另外，对于单机、动车组及重型轨道车，因其编组内容比较简单，虽未编挂车列，但在区间运行时对行车安全和运输效率一样有着重要的影响。所以，虽然未完全具备列车的条件，在发往区间时，仍然按照列车办理。

【知识检测】

一、填空题

1. 列车是按列车种类、用途和运输性质，根据《技规》、列车编组计划和列车运行图规定的编挂条件、车组、重量和长度，将车辆或车组选编而成，并挂有牵引机车和规定的的车列。

2．在实际工作中，为充分利用机车牵引力，原则上不准编开低于＿＿＿＿＿＿＿的列车。

3．列车的实际重量，包括列车内编挂的所有车辆的＿＿＿＿＿＿＿和载重之总和。

4．编组超重列车时，编组站、区段站应商得机务段调度员同意，在中间站应得到司机的同意，并均须经＿＿＿＿＿＿＿＿＿＿准许。

二、选择题

1．货物列车牵引重量（除另有规定外）允许上下波动为（　　　）以内。
A．81 t　　　　　　B．1 500 t　　　　　　C．18 t

2．列车重量低于图定重量81 t及以上，同时换长欠1.3及以上，连续运行距离超过机车乘务规定区段1/2的列车称为（　　　）。
A．欠长列车　　　　B．欠重列车　　　　C．超长列车

3．超长列车运行办法，由（　　　）规定。
A．国家铁路主管部门　　B．铁路局　　　　C．机务段

4．跨局开行欠重列车要经（　　　）批准，并发给准许欠重的调度命令方可开行。
A．国家铁路主管部门　　B．铁路局　　　　C．机务段

5．编组超重列车时，编组站、区段站应商得机务段调度员同意，在中间站应得到司机的同意，并均须经（　　　）准许。
A．司机　　　　　　B．列车调度员　　　　C．车站值班员

三、判断题

1．列车编组计划与列车运行图有密切的联系，它是编制列车运行图的基础。（　　　）
2．编组列车时，列车实际重量与图定重量一定能完全相符。（　　　）
3．编组超重列车时，编组站、区段站应商得司机同意。（　　　）

四、简答题

1．简述列车重量的确定。
2．简述列车长度的确定。

任务二　列车中机车的编挂及单机挂车

【任务目标】

知识目标：工作机车、回送机车及单机挂车的定义。
能力目标：掌握列车中机车的编挂，单机挂车的规定。

【任务内容】

一、对出段机车基本要求

牵引列车的机车在出机务段或折返段前，必须达到机车运用状态。下列主要部件必须作用良好并符合要求。

（1）机械、走行部、空气压缩机、制动（包括手制动机）、牵引、撒砂、给油装置、发电机、信号标志、汽笛或风笛、各种监督计量器具、列车无线调度电话、机车信号，列车运行监控记录装置或自动停车装置，客运机车轴温报警装置，列尾装置控制盒。

（2）机车制动缸活塞行程按《技规》123条第9表规定执行。采用单元制动器的内燃、电力机车制动闸瓦与轮箍踏面的缓解间隙为4~8 mm。

（3）车钩中心水平线距钢轨顶面高度为815~890 mm。

（4）轮对。

① 两轮箍内侧距离为1 353 mm，容许差度不得超过±3 mm。

② 轮箍或轮毂不松弛。

③ 轮箍、轮毂、辐板（辐条）、轮辋无裂纹。

④ 轮缘的垂直磨耗高度不超过18 mm，无碾堆。

⑤ 轮箍踏面擦伤深度不超过0.7 mm。

⑥ 机车轮箍路面上的缺陷或剥离长度不超过40 mm，深度不超过1 mm。

⑦ 机车轮缘厚度在距踏面基线向上 H 距离处测量应符合表10.1规定（轮缘原设计厚度在25 mm以下的，由铁路局规定）。

表 10.1 机车轮缘厚度在距踏面基线向上 H 距离处测量

序号	机车轮箍踏面类型	测量点与踏面基线之间距离 H（mm）	轮缘厚度限制
1	ST_2	10	33~23
2	JM_1、JM_2	10	34~23
3	锥形踏面	11.25	33~23
4	JM	12	33~23
5	DJND	12	33~24

⑧ 轮箍踏面磨耗深度不超过7 mm。采用轮缘高度为25 mm的磨耗型踏面时，其磨耗深度不超过10 mm。

（5）电力机车的受电弓、牵引电机、辅助机组、高压电器、与操纵机车有关的低压电器、蓄电池组和主、辅控制电路及安全保护装置。

二、工作机车的编挂

凡担任列车牵引任务的机车称为工作机车，一般包括客运、货运、调车、局运等机车。

为了确保工作机车乘务员方便及时地瞭望信号及标志，了解线路的情况，保证行车安全，充分发挥机车最大牵引技能，规定工作机车应挂于列车的头部且须正向运行。

但对于调车、小运转、市郊、路用列车的机车，由于路程短、牵引定数少、运行速度低，为了作业需要或单端操纵且在区段内又无转向设备的牵引机车，可以逆向运行（双端操纵的机车不存在逆向运行）。而当机车逆向运行时，由于乘务员瞭望受限制，所以，在牵引货物列车对，须将牵引定数减少15‰。

为了增加整个区段的牵引重量，提高车区段的通过能力或适应全线的牵引定数，有时需采用双机或多机牵引列车。当采用双机牵引时，两台机车需重联挂于列车头部，第一位机车担任本务机车职务，第二位为重联机车；若是多机牵引，第一位以后的机车均为重联机车，重联机车均必须服从前部机车的统一指挥，并按其要求进行操纵。如果重联的各机车类型不同，应将空气压缩机功率大或有自动停车装置的机车挂于列车头部作本务机车。

为了不减少整个区段的牵引重量，在某些困难区间，可加挂补机。为便于机车之间密切联系，防止因操纵失协而挤坏车辆或断钩等事故的发生，原则上，补机应挂于本务机车的前位或次位。若非全区段加补，而需在中间站摘下补机时，为便于作业，补机最好挂于本务机车的前位，而此时则由补机临时担任本务机车的职务。当在特殊区段，如：受桥梁负重能力的影响等，或补机需要中途返回时，经铁路局批准，补机可挂于列车的后部，但需接制动软管。有时，为防止区间行车摘管造成列车起动困难而影响区间的通过能力，后部补机可不接制动软管，但须按铁路局规定的保证安全的办法执行。

三、单机挂车

单机是指未挂车辆在区间线路上运行的机车。所谓单机挂车是指单机回送或接运列车途中挂有少量车辆。在放行单机时，为了能有效利用这部分机车的牵引动力，机车运用调度员准许顺路单机连挂车辆运行，即单机挂车。单机挂车，在防护、瞭望、交接等方面诸多不便，同时考虑单机运转时分。用电标准、机车运用情况等因素，在区间作业不宜过多。单机挂车时规定：在线路坡度不超过12‰的区段，以10辆为限，若区段线路坡度超过12‰时，单机挂车的辆数，由铁路局规定。

单机挂车时，应遵守以下规定：

（1）所挂车辆的自动制动机作用必须良好，发车前列检（无列检时由车站发车人员）按规定进行制动机试验。

（2）连挂前由车站彻底检查货物装载状态，并将列车编组顺序表和货运单据交于司机。

（3）在区间被迫停车后的防护工作由机车乘务组负责，开车前应确认附挂辆数和通风状态是否良好。

（4）列车调度员应严格掌握，不得影响机车固定交路和乘务员劳动时间。

（5）不准挂装载爆炸品、超限货物的车辆。

单机挂车时，可不挂列尾装置。

单机挂车时，为防止因车辆连挂不良，在区间坡道上造成车辆回溜，与站内列车发生冲突，所以车辆的连挂状态须由车站人员负责。

四、回送机车的编挂

因配属、局间调拨及入厂（段）检修完毕后而返回本段的机车称为回送机车。

铁路局所属的机车回进时，为充分利用机车牵引力，原则上应有动力附挂货物列车（电力机车经非电化区段除外）回送，为加快机车回递进度，尽可能附挂牵引直通（直达）货物列车，但货运机车不准牵引（或附挂于）旅客列车，以确保旅客列车安全。快速旅客列车禁止附挂回送机车，但担当快速旅客列车任务的客运机车，走行部和制动装置良好时，可在保证安全的前提下随快速旅客列车附挂回送。入厂、段检修的主型机车确因技术不良及杂小型机车，因运输任务较小，在12 h内无牵引列车任务时，可不牵引列车而随货物列车无动力回送。

回送机车在非本区段担任牵引列车任务时，由于乘务员不熟悉该区段线路的路况及有关行车设备情况，须由担任该区段机车运用的机务段派出指导人员添乘带道，及时介绍线路、信号及其他行车设备情况。回送机车，应挂于本务机车次位。如挂于列车中部或后部，在列车制动时容易发生断钩，遇紧急制动时，可能将其前位的车辆挤坏。但在回送轨道起重机时，则一律挂于列车的中部或后部。有动力附挂回送机车，每列不得超过2台（专列回送时，每列不得超过5台）。20‰及其以上坡度的区段禁止办理机车专列回送。回送机车还需考虑桥梁负载能力的限制及有火机车与装载易燃危险货物车辆的隔离。受桥梁限制必须实行隔离回送的区段，其连挂台数、隔离限制由铁路局规定。

【知识检测】

一、填空题

1. 担任牵引列车任务的机车称为_____。
2. 担任牵引列车任务的本务机车应挂于列车头部，_____运行。
3. 在个别线路纵断面困难的区间，为了不降低区段列车牵引重量，可以加挂_____。
4. 回送机车，应挂于本务机车_____。
5. _____是指未挂车辆在区间运行的机车。
6. 单机挂车的辆数在线路坡度不超过12‰的区段，以_____辆为限。
7. 单机挂车时，所挂车辆的_____作用必须良好。
8. 双机牵引时，本务机车的职务由_____机车担当。
9. 单机挂车时，可不挂_____装置。
10. 单机挂车时，不准挂_____、超限货物的车辆。
11. 铁路局所属的机车跨牵引区段回送时，原则上应_____附挂货物列车回送。
12. 回送机车在所担当的区段外单机运行或牵引列车时，应派_____人员添乘。
13. 补机原则上应挂于本务机车的_____或次位。

二、选择题

1. 两轮箍内侧距离容许差度不得超过±（　　）mm。
A. 3　　　　　　　　B. 4　　　　　　　　C. 6

2. 采用单元制动器的电力机车制动闸瓦与轮箍踏面的缓解间隙为（　　）mm。
A. 2~4　　　　　　B. 4~6　　　　　　C. 4~8
3. 机车车轮踏面擦伤深度不超过（　　）mm。
A. 0.6　　　　　　B. 0.6~0.7　　　　C. 0.7
4. 机车轮箍踏面磨耗深度不超过（　　）mm。
A. 5　　　　　　　B. 6　　　　　　　C. 7
5. 机车（设双向操纵台的除外）逆向牵引货物列车时，牵引定数按正向减少（　　）。
A. 10%　　　　　　B. 15%　　　　　　C. 20%
6. 因配属、局间调拨或入厂、段检修完返回本段的机车称为（　　）。
A. 工作机车　　　　B. 回送机车　　　　C. 单机挂车
7. （　　）禁止附挂回送机车。
A. 快速旅客列车　　B. 专列回送　　　　C. 内燃、电力机车

三、判断题

1．回送轨道起重机，一律挂于列车中部或后部。（　　）
2．双机牵引时两台机车应重联挂于列车头部，由第二位机车负责驾驶列车，第一位机车根据第二位机车的要求进行操纵。（　　）
3．对于在中间站摘下的补机最好挂于本务机车前面，由补机担任本务机职务。（　　）

四、简答题

1．牵引列车的机车在出段前应符合哪些技术要求？
2．《铁路技术管理规程》对单机挂车是如何规定的？
3．简述回送机车编挂的有关规定。
4．单机挂车的辆数有何规定？
5．牵引列车的机车在出段前，对轮对踏面及轮缘的垂直磨耗有何要求？

任务三　列车中车辆的编挂

【任务目标】

知识目标：列车中车辆的编挂、机车车辆的摘挂分工有关内容。
能力目标：掌握车钩状态的确认、列车中车辆的编挂。

【任务内容】

一、列车中车辆的编挂要求

（一）客运列车中车辆的编挂

旅客列车必须严格按客车编组表所规定的车种、辆数、编挂位置编组。在旅客列车中禁

止编入超过定期检修期限的车辆（经车辆部门鉴定送厂、段施修的客车除外），装载危险、恶臭货物的车辆。

1. 旅客列车的隔离

在旅客列车编组时以发电车、行李车、邮政车等无旅客的车辆作为隔离车，它对旅客的安全起着重要的作用。在编组时，机车后第一位和列车尾部须编挂隔离车进行隔离。但在装有集中联锁计算机监测设备、列车运行监控记录装置的区段，可不挂隔离车。若隔离车在途中发生故障须摘下时，可无隔离车继续运行。局管内的旅客列车经铁路局批准，可不挂隔离车。

2. 旅客列车中编入货车

由于旅客列车运行速度、技术状态的要求，车辆的构造速度及制动力较货物列车高，牵引重量小。若在旅客列车中加挂货车，不但会降低全列车的翻动力和规定的运行速度，而且在制动时还会引起车辆的冲动。所以，为了保证旅客列车的安全、正点，规定在一般情况下不准在旅客列车中编挂货车。但在特殊情况下，如：装运抢险、救灾、救急，鲜活易腐等物资的车辆，必须要由旅客列车挂运时，局管内经铁路局批准，跨局的须经国家铁路主管部门批准，方可挂车。但全列不得超过 2 辆，且必须挂于列车的尾部，以免因货车挂于前部而增加列车长度，使后部客车不能靠近站台，影响旅客乘降、行包装卸等。所加挂货车车辆的技术状态和最高运行速度，须符合该列车规定速度要求。市郊旅客列车加挂货车的办法，由铁路局规定。

编组混合列车时，为充分保证旅客的安全并兼顾舒适。禁止编入装载爆炸品、压缩气体、液化气体的车辆，对整车装载的其他危险货物的车辆，经铁路局批准后方可挂运，并须按规定进行隔离。编组装载恶臭货物的车辆时，由列车调度员指定编挂的位置。在混合列车中，乘坐旅客的车辆应连挂在一起，根据需要挂于列车的尾部或前部，并与装有高出车帮易窜货物的车辆进行隔离。

（二）货运列车中车辆的编挂

货物列车的编组，除严格按照编组计划、列车运行图的规定编组外，对于装载危险及易燃货物的车辆在运输途中的隔离，应按原铁道部《危险货物运输规则》的规定办理。

二、列尾装置的摘挂及运用

货物列车尾部须挂列尾装置。小运转列车是否挂列尾装置，由铁路局根据列车运行距离长短等条件确定。

货物列车列尾装置主机的安装与摘解，由车务人员负责。制动软管连接，有列检作业的列车，由列检人员负责，无列检作业的列车，由车务人员负责。

列尾装置在使用前，必须按规定进行检测，合格后方可投入运用。

三、列车中车辆摘挂的分工

(一) 连挂状态的确认

列车在编组直至发车之前，有关人员必须密切配合，认真检查确认机车与车辆及车辆与车辆之间车钩的连挂状态，这一点对于确保行车安全具有特别重要的意义，应予以高度重视。列车中相互连挂的车钩中心水平线的高度差不得超过 75 mm。此高度差主要是由车辆的空重、弹簧的强弱、车轮圆周的磨耗、轴颈的大小、轴瓦的厚薄、运行中弹簧的振动及线路的状态等因索确定。如果此高度差超过 75 mm，易发生脱钩、断钩事故。所以，必须查明原因进行调整，若无法调整或仍达不到所规定的高度差时，应将该车摘下。

(二) 摘挂的分工

机车车辆的摘挂具体分工为：

（1）列车中车辆的连挂，由调车作业人员负责。连接制动软管，由列检作业的始发列车由列检人员负责，无列检作业的，由调车作业人员负责。

（2）列车机车与第一辆车的连挂，由机车乘务组负责。连接制动软管由列检人员负责，无列检作业的列车，由机车乘务组负责。

（3）列车机车与第一辆车的车钩、制动软管的摘解，由列检人员（不包括车辆乘务人员）负责，无列检作业的列车，由机车乘务组负责。

（4）无客列检作业的旅客列车机车与第一辆车的制动软管连接由车辆乘务员负责，制动软管的摘解由机车乘务员负责。

（5）列车本务机在车站调车作业时，无论单机或带有车辆，与本列的车辆摘挂和制动软管的摘解，均由调车作业人员负责。

（6）采用双管供风和电空联合制动及机车供电的旅客列车，机车与第一辆车电气控制连线的连接与摘解由客列检作业人员负责，无客列检作业人员时，由车辆乘务员负责，制动软管的连接与摘解由机车乘务员负责。

（7）客运列车在途中甩挂车辆时，车辆的摘挂和制动软管摘解由调车作业人员负责，其他由列检作业人员负责，无列检作业人员时，由车辆乘务员负责，必要时打开车门，以便于调车作业。

如货物列车在车站不进行摘挂作业，只进行摘机、转线，其车钩的摘挂及风管摘解均由机车乘务组负责。

【知识检测】

一、填空题

1. 所谓列车中相互连挂的车钩中心水平线的高度差，不得超过_____ mm。
2. 旅客列车按旅客列车编组表编组，机车后第一位编挂一辆未搭乘旅客的车辆作为_____车，列车最后一辆的后端应有压力表、紧急制动阀和运转车长乘务室。

3．在装设集中联锁的区段，并设有列车运行监控记录装置或列车_____系统时，旅客列车可以不挂隔离车。

4．列车机车与第一辆车的连挂，由机车_____负责。

5．单班单司机值乘的由_____人员负责。

6．列车机车与第一辆车的车钩摘解、制动软管摘解，由_____人员负责。

7．列车机车与第一辆车的电气连接线的连结与摘解由_____人员负责，无客列检作业人员时由车辆乘务员负责。

8．货物列车尾部须挂_____。

二、选择题

1．货物列车列尾装置主机的安装与摘解，由（　　）负责。
A．车务人员　　　　　B．列检人员　　　　　C．调车作业人员

2．列车机车与第一辆车的连挂，由（　　）负责。
A．列检作业人员　　　B．机车乘务组　　　　C．调车作业人员

三、判断题

1．在编组列车时，机车后第一位和列车尾部不需编挂隔离车进行隔离。（　　）

2．如货物列车在车站不进行摘挂作业，只进行摘机、转线，其车钩的摘挂及风管摘解均由机车乘务员负责。（　　）

3．列尾装置正常使用时，列车调度员负责列车完整。（　　）

四、简答题

1．列车中车辆连挂的基本要求有哪些？
2．哪些机车车辆禁止编入旅客列车？
3．列车中机车与第一辆车的摘挂如何分工？

任务四　列车中"关门车"的编挂

【任务目标】

知识目标：关门车的定义，编挂关门车的规定。
能力目标：掌握编挂关门车的规定及限制。

【任务内容】

在列车中一般要求机车和车辆的自动制动机全部加入进行全列制动。由于货物列车装载的货物要求须停止制动作用，或自动制动机临时发生故障，准许关闭制动支管上的截断塞门而本身失去制动力的车辆称为"关门车"。由于"关门车"的存在，会使全列的制动力相对降低，而无法确保列车正常的制动距离，同时也会给列车的正常运行带来不利的影响。所以，货物列车在主要列检所所在站编组始发及旅客列车始发时，均不准编挂"关门车"，且对允许

编挂"关门车"的编挂辆数、编挂位置等也有严格的限制。

一、货物列车中关门车的编挂

货物列车在非主要列检所所在站编组始发时，由于所装货物规定须停止制动作用，或运行中自动制动机临时发生故障不能修复时，允许编挂"关门车"。《技规》规定了每百吨列车重量的闸瓦压力最低数值，货物列车使用高摩合成闸瓦，计算制动距离 800 m 时，每百吨列车重量换算闸瓦压力，最小值不得低于 180 kN，采用踏面制动时，行包列车换算高摩合成闸瓦压力，不得低于 250 kN，快速货物列车换算高摩合成闸瓦压力不得低于 200 kN，采用盘形制动时，特快行邮行列车换算合成闸瓦压力，不得低于 320 kN。

列车制动限速受每百吨列车重量换算闸瓦压力及下坡道坡度限制。列车下坡道制动限速随下坡道千分数的增加而递减：坡道每增加 1‰，限速平均约减少 1 km/h。

当编入"关门车"的辆数不超过现车总辆数的 6%（尾数不足一辆按四舍五入计算）时，可不计算每百吨列车重量的换算闸瓦压力，不填发制动效能证明书；当超过 6% 时，须按《技规》第 201 条之规定进行闸瓦压力的计算，并填发制动技能证明书交于司机。

货物列车中"关门车"编挂位置的限制：

1. 关门车不得挂于机车后部 3 辆车之内

若机后 3 辆车内挂有"关门车"，因"关门车"制动软管只能通风而本身无制动能力，在列车制动时，势必使列车前部制动力相对削弱而导致前冲力增加，加之风路长，后部车辆制动的延迟，必然会使列车的制动距离延长，易发生危险，在紧急制动时尤甚。

2. 列车中连续连挂不得超过两辆

若"关门车"连续编挂辆数过多，当列车制动时，因"关门车"本身无制动力而无法停轮，各车辆之间将因列车制动产生瞬间的强烈冲挤，严重时会造成脱轨、断钩等事故。

3. 列车最后一辆不得为"关门车"

因"关门车"本身无制动力，若列车最后一辆是"关门车"，易发生因车钩分离而形成车辆溜逸，将会产生严重后果。

4. 列车最后第二、三辆不得连续关门

若列车最后第二、三辆为"关门车"，当列车制动时，可能使尾部车辆因冲挤而脱轨。

二、旅客列车中临时"关门车"的规定

旅客列车由于运行速度较高，为保证旅客的安全和在规定的制动距离内停车，旅客列车在始发站不准挂"关门车"。而在运行途中，若遇车辆的自动制动机临时故障，且在停车的时间内不能修复时，只准许关闭一辆且不得是列车的最后一辆。此外，当列车采用高磷铸铁闸

瓦，计算制动距离为 800 m 时，要求每百吨列车重量的换算闸瓦压力最小不得低于 660 kN；当采用盘形制动时，计算制动距离为 1 100 m 及 1 400 m 时，要求每百吨列车重量的换算闸瓦压力最小不得低于 320 kN。

【知识检测】

一、填空题

1．_____是指关闭制动支管上的截断塞门、排尽副风缸内的余风，本身失去制动力的车辆。

2．货物列车中，"关门车"数不超过现车总辆数的_____。

3．列车能否形成紧急制动，取决于列车制动主管的_____。

4．列车_____不得为"关门车"。

5．列车最后第二、三辆不得_____关门。

6．旅客在运行途中如遇自动制动机临时故障，在停车时间内不能修复时，准许关闭_____，但列车最后一辆不得为"关门车"。

7．旅客列车_____编挂"关门车"。在始发站必须保证所有车辆自动制动机作用良好。

8．在货物列车中连续连挂"关门车"不得超过_____。

9．"关门车"不得挂于机车后部_____车之内。

10．列车中的机车和车辆的自动制动机，均应加入全列车的_____系统。

二、选择题

1．旅客列车采用高磷铸铁闸瓦，计算制动距离为 800 m 时，不得低于（　　）。

A．280 kN　　　　　　B．660 kN　　　　　　C．320 kN

2．特快、快速旅客列车采用盘形制动时，换算合成闸瓦压力不得低于（　　）。

A．280 kN　　　　　　B．580 kN　　　　　　C．320 kN

3．"关门车"在列车中连续连挂不得超过（　　）。

A．一辆　　　　　　　B．二辆　　　　　　　C．三辆

4．旅客列车在最高运行速度 160 km/h 时，紧急制动距离为（　　）。

A．1 400 m　　　　　B．1 100 m　　　　　C．2 000 m

5．旅客列车在最高运行速度 200 km/h 时，紧急制动距离为（　　）。

A．1 400 m　　　　　B．1 100 m　　　　　C．2 000 m

6．货物列车在最高运行速度 90 km/h 时，紧急制动距离为（　　）。

A．1 400 m　　　　　B．800 m　　　　　　C．2 000 m

7．货物列车在最高运行速度 120 km/h 时，紧急制动距离为（　　）。

A．1 400 m　　　　　B．800 m　　　　　　C．2 000 m

三、判断题

1．停止自动制动机作用的车辆越多，闸瓦压力越小，列车制动力越大。（　　）

2．货物列车中，"关门车"数不超过现车总辆数的 6%（尾数不足一辆按四舍五入计算）

时，可不计算每百吨列车重量的换算闸瓦压力，不填发制动效能证明书。（   ）

3．旅客列车不准编挂"关门车"。（   ）

4．"关门车"不得挂于机车后部三辆车之内。（   ）

5．列车最后一辆可以为"关门车"。（   ）

6．列车最后第二、三辆不得连续关门。（   ）

四、简答题

1．什么叫"关门车"？

2．《铁路技术管理规程》对编挂"关门车"有何规定？

3．旅客列车的"关门车"是如何规定的？

项目十一　行车闭塞法

为了保证列车安全正点、方便快捷、高速高效，使同方向列车不致发生追尾，对向列车不致发生正面冲突，就必须保证列车与列车之间有一定的间隔，并通过人工或设备控制，使一个区间、线路所（或闭塞分区）在同一时间内，只有一趟列车占用。

任务一　行车闭塞法基本知识学习

【任务目标】

知识目标：了解行车闭塞法的定义、作用。

能力目标：掌握行车闭塞法的种类及行车闭塞法的使用方法。

【任务内容】

一、行车闭塞法的作用

铁路为了安全、准确、迅速、协调地完成运输任务，铁路线路的设置有单线行车区段和双线行车区段。在单线行车区段列车运行时，上下行列车均在同一条线路上行驶，在双线区段的线路上列车运行时，上下行列车分别在两条线路上行驶。但同方向运行的列车往往由于列车等级及速度不同而发生让车和越行等情况。可见无论在单线区段的列车运行或在双线段的列车运行，列车与列车之间都有可能会发生正面冲突，造成追尾等事故。为此，铁路在行车管理上设置一套行车设备及行车组织制度，来控制列车在区间的行动。这种通过对设在车站（线路所）的有关设备或通过信号机的控制（包括在设备因故障失效后的联系制度），保证在同一时间内，站间、所间、闭塞分区内只有一个列车运行的办法，称为行车闭塞法。保证一个区间或闭塞分区只准许运行一个列车的设备，称为闭塞设备。

二、行车闭塞法的种类

行车闭塞法的作用是控制列车与列车之间保持一定距离，以保证列车安全运行。列车运行的间隔制度主要分为两大类：一类是空间间隔法，另一类是时间间隔法。

区间及闭塞分区的界限，按下列规定划分：

（1）站间区间：

① 在单线上，车站与车站间以进站信号机柱的中心线为车站与区间的分界线。

② 在双线或多线上，车站与车站间分别以各线的进站信号机柱或站界标的中心线为车站与区间的分界线。

（2）所间区间：

两线路所间或线路所与车站间，以该线上的通过信号机柱的中心线为所间区间的分界线。设有进站信号机的线路所，所间区间的分界方法与站间区间相同。

（3）闭塞分区：

自动闭塞区间同方向相邻的两架色灯信号机间，以该线上的通过信号机柱的中心线为闭塞分区的分界线。

（一）空间间隔法

在铁路正线上每相隔相当距离设立一个车站（或线路所）、自动闭塞通过色灯信号机，这样把正线划分为若干个区间（或闭塞分区）。在同一时间、同一空间（站间区间，所间区间或闭塞分区）内只准许一个列车运行的方法，称为空间间隔法。

空间间隔法有以下优点：

（1）由于铁路线划分很多的区间（或闭塞分区），在一定时间内每一区间都可开行列车，这样可提高行车能力。

（2）由于在各个车站上都有为列车到、发、会让、越行而铺设的配线，可保证列车安全会让。

（3）由于在一个区间里只准许一个列车运行，列车可按规定的速度在区间内运行，这样既能提高列车行车速度，又能加速机车车辆周转。

（4）有的区段在干线上设立线路所，对提高干线的通过能力，也起到一定作用。

基本空间间隔具有以上优点，我国铁路正常行车采用空间间隔法。

（二）时间间隔法

时间间隔法是在一个区间里，用规定的时间将同方向运行的列车，彼此间隔开运行。

由于用时间间隔列车，没有设备上的控制，容易发生人为的事故，安全性较差。尤其采用这种间隔开行列车时，要求的条件也比较复杂，如区间内的坡道大了不行、瞭望条件差了不行，列车速度也因之受限制等。所以这种间隔放行列车只有在特殊情况下（如一时性的缓和列车堵塞，事故起复后的车流疏散，战时行车，一切电话中断的行车等）采用，即在同一区间内前次列车开出后，相隔一定时间再向同一方向连发第二趟列车。

三、行车闭塞法的采用

《铁路技术管理规程》规定，行车的基本方法分为基本闭塞法与代用闭塞法两类。

（一）基本闭塞法

我国铁路采用的行车基本闭塞法是：

（1）自动闭塞。

（2）半自动闭塞。

（3）自动站间闭塞。

在单线区间多采用半自动闭塞和自动站间闭塞。我国目前双线线路多是我国铁路主要干线。在双线区段，应采用自动闭塞。

各站必须装设相应的基本闭塞设备。一个区段内原则上应采用同一类型的闭塞方式。

（二）代用闭塞法

当基本闭塞设备因故不能使用时，应根据调度命令采用电话闭塞作为代用闭塞法。电话闭塞是在没有机械、电气设备条件下，仅凭联系制度来保证实现列车运行的方法，由于安全程度较低，所以只有当基本闭塞设备不能使用时，作为临时代用的闭塞方法。

【知识检测】

一、填空题

1．通过对设在车站（线路所）的有关设备或通过信号机的控制（包括在设备因故障失效后的联系制度），保证在同一时间内，站间、所间、闭塞分区内只有一列列车运行的办法称为_____。

2．保证一个区间或闭塞分区只准许运行一列列车的设备，称为_____设备。

3．行车闭塞法的作用是控制_____之间保持一定距离，以保证列车安全运行。

4．列车运行的间隔制度主要分为两大类：一类是_____，另一类是时间间隔。

5．_____是自动闭塞区间同方向相邻的两架色灯信号机间，以该线上的通过信号机柱的中心线为闭塞分区的分界线。

二、判断题

1．列车运行的间隔制度主要分为空间间隔法和时间间隔法。（   ）

2．所间区间是指车站和车站之间的区间。（   ）

3．自动闭塞区间同方向相邻的两架色灯信号机间，以该线上的通过信号机柱的中心线为闭塞分区的分界线。（   ）

4．行车的闭塞方法分基本闭塞法与代用闭塞法两类。（   ）

5．在双线区段，应采用自动站间闭塞。（   ）

6．在同一区间、同一时间内，只允许一列列车占用。（   ）

三、简答题

1．什么是行车闭塞法？

2. 什么是空间间隔法和时间间隔法？
3. 空间间隔法具有哪些优点？
4. 我国铁路目前实行的行车基本闭塞法有哪些？

任务二　自动闭塞法知识学习

【任务目标】

知识目标：掌握自动闭塞的使用方法及注意事项，特别是在非正常情况下的行车凭证更应熟悉。

能力目标：掌握自动闭塞的使用方法及注意事项，在行车工作中保证列车安全运行，优质、高效地完成运输任务。

【任务内容】

一、自动闭塞的分类

按照发送轨道信息的编码方式不同，可分为：交流计数电码自动闭塞、极频自动闭塞和移频自动闭塞3种。

按照信号显示方式，可分为：三显示自动闭塞和四显示自动闭塞。

目前我国广泛使用的是三显示自动闭塞。三显示自动闭塞有3种灯光显示，即红灯、黄灯和绿灯。红灯显示说明其防护的闭塞分区被占用，也可能是该分区设备或线路发生故障，黄灯显示则说明它防护的闭塞分区空闲，绿灯显示则说明其前方有两个及以上闭塞分区空闲。

四显示自动闭塞是在三显示自动闭塞基础上增加一种绿黄显示，它显示意义为前方有两个闭塞分区空闲，要求高速列车和重载列车减速运行，以使列车在抵达黄灯显示下运行时不大于规定的黄灯允许速度，保证在显示红灯的通过信号机前安全停车。而四显示的绿灯显示意义则为前方有3个及以上闭塞分区空闲。进站（含反方向进站）、接车进路信号机还能显示两个黄色灯光。

每一自动闭塞分区的长度：三显示自动闭塞一般为 1 200～3 000 m，四显示自动闭塞一般为 600～1 000 m。通过色灯信号机经常显示绿色灯光，随着列车驶入和驶出闭塞分区而自动转换。但进出站信号机的显示一般仍由车站实行人工控制，只有当连续放行通过列车时，才改由列车运行控制。

二、列车占用区间的凭证

（一）正常情况时的行车凭证

行车凭证——列车由车站进入区间、由车站进入闭塞分区、由一个闭塞分区进入下一个闭塞分区的依据。

使用自动闭塞法行车时,列车进入闭塞分区的行车凭证:

(1)在三显示区段,为出站或通过信号机的黄色灯光或绿色灯光,客运列车及跟随客运列车后面通过的列车,为出站信号机绿色灯光,跟随客运列车在车站始发或停车再开的非客运列车,为出站信号机黄色灯光。

(2)在四显示区段,为出站或通过信号机的黄色灯光、绿黄色灯光或绿色灯光,客运列车及跟随客运列车后面通过的列车,为出站信号机绿黄色灯光或绿色灯光,快速旅客列车由车站通过时必须为出站信号机绿色灯光。

(二)非正常情况下的发车凭证

自动闭塞区间遇下列情况,发车的行车凭证,在三显示区段如表11.1所示,在四显示区段如表11.2所示。

《技规》附件2规定的绿色许可证,其格式如图11.1所示。

表11.1 自动闭塞区段(三显示)特殊情况行车凭证表

列车出发情况	行车凭证	发给行车凭证的依据	附带条件
1.出站信号机不能显示绿色灯光,仅能显示黄色灯光时,办理特快旅客列车通过	出站信号机的黄色灯光,发给司机绿色许可证,见图11.1	监督器表示两个闭塞分区空闲,不表示时为接到列车到达邻站的通知或前次列车发出后不少于10 min的时间	
2.出站信号机故障时发出列车	绿色许可证,见图11.1	(1)监督器表示两个或第一个闭塞分区空闲(办理特快旅客列车通过必须两个闭塞分区空闲),不表示时为接到列车到达邻站的通知或前次列车发出后不少于10 min的时间; (2)确认道岔位置正确及进路空闲; (3)单线须取得对方站确认区间内无迎面列车的电话记录	从监督器上不能确认第一个闭塞分区空闲时,发车人员须书面通知司机,以在瞭望距离内能随时停车的速度,最高不超过20 km/h,运行到第一架通过信号机,按其显示的要求执行
3.由未设出站信号机的线路上发车			
4.超长列车头部越过出站信号机发车			
5.发车进路信号机发生故障时发出列车		确认道岔位置正确及进路空闲	列车到达次一信号机按其显示的要求执行
6.超长列车头部越过发车进路信号机发车			
7.自动闭塞作用良好,监督器故障时发出列车	出站信号机的绿色或黄色灯光		与邻站车站值班员及本站信号员联系
8.双线双向闭塞设备的车站,反方向发出列车	出站信号机的绿色灯光	(1)区间占用表示灯表示区间空闲; (2)双线反方向行车的调度命令	反方向发车进路表示器显示一个白色灯光

表 11.2 自动闭塞区段（四显示）特殊情况行车凭证表

列车出发情况	行车凭证	发给行车凭证的依据	附带条件
1. 出站信号机不能显示绿色灯光，仅能显示黄色灯光时，办理特快旅客列车通过	出站信号机的黄色灯光，发给司机绿色许可证，见图11.1	监督器表示两个闭塞分区空闲，不表示时为接到列车到达邻站的通知或前次列车发出后不少于10 min的时间	
2. 出站信号机故障时发出列车	绿色许可证，见图11.1	（1）监督器表示两个或第一个闭塞分区空闲（办理特快旅客列车通过必须两个闭塞分区空闲），不表示时为接到列车到达邻站的通知或前次列车发出后不少于10 min的时间； （2）确认道岔位置正确及进路空闲； （3）单线须取得对方站确认区间内无迎面列车的电话记录	从监督器上不能确认第一个闭塞分区空闲时，发车人员须书面通知司机，以在瞭望距离内能随时停车的速度，最高不超过20 km/h，运行到第一架通过信号机，按其显示的要求执行
3. 由未设出站信号机的线路上发车			
4. 超长列车头部越过出站信号机发车			
5. 发车进路信号机发生故障时发出列车		确认道岔位置正确及进路空闲	列车到达次一信号机按其显示的要求执行
6. 超长列车头部越过发车进路信号机发车			
7. 自动闭塞作用良好，监督器故障时发出列车	出站信号机的绿色或黄色灯光		与邻站车站值班员及本站信号员联系
8. 双线双向闭塞设备的车站，反方向发出列车	出站信号机的绿色灯光	（1）区间占用表示灯表示区间空闲； （2）双线反方向行车的调度命令	反方向发车进路表示器显示一个白色灯光

注：在四显示区段，因设备不同，执行上述条款困难的，可按铁路局规定办理。

许　可　证

第_____号

1. 在出站（进路）信号机故障、未设出站信号机、列车头部越过出站（进路）信号机的情况下，准许第_____次列车由_____线上发车。

2. 在出站信号机显示黄色灯光的状态下同，准许第_____次列车由_____线上发车。

站（站名印）车站值班员（签名）

年　　月　　日填发

图 11.1　绿色许可证

注：1. 绿色纸，复写一式两份，司机一份，存根一份；
　　2. 不用的字句抹消。

三、几种特殊情况的处理

（1）自动闭塞区间通过信号机显示停车信号（包括显示不明或灯光熄灭时），列车必须在该信号机前停车，司机应使用列车无线调度电话通知运转车长，通知不到时，鸣笛一长声。停车等候 2 min，该信号机仍未显示进行信号时，即以遇到阻碍能随时停车的速度继续运行，最高不超过 20 km/h，运行到次一通过信号机，按其显示的要求运行，如确认前方闭塞分区内有列车时，不得进入。

（2）装有容许信号的通过信号机，显示停车信号时，准许铁路局规定停车后起动困难的货物列车，在该信号前不停车，按最高不超过 20 km/h 的速度通过。当容许信号灯光熄灭或容许信号和通过信号机灯光都熄灭时，司机在确认信号机装有容许信号时，仍按上述速度通过该信号机。

（3）装有连续式机车信号机的列车，遇通过信号机灯光熄灭，而机车信号显示进行信号时，应按机车信号的显示运行。

（4）司机发现通过信号机故障时，应将信号机号码通知前方站。

（5）未装机车信号或运行途中机车信号机发生临时故障的列车，在自动闭塞区段，列车调度员接到车站或司机报告天气恶劣难以辨认信号时，应改接站间区间掌握行车，天气转好时，应及时报告列车调度员，恢复正常行车。

四、自动站间闭塞

（1）使用自动站间闭塞法行车时，列车凭出站信号机显示的进行信号进入区间。

（2）自动站间闭塞须与集中联锁设备结合使用，采用轨道检查装置自动检查区间空闲，发车站办理发车进路后即自动构成站间闭塞。列车到达接车站或返回发车站并出清区间后，自动解除闭塞。

（3）发车站在办理发车进路前，须确认区间空闲、接车站未办理同一区间的发车进路，并向接车站预告。

（4）发车站已向接车站预告，但列车不能发出时，在取消发车进路后，须通知接车站。

（5）自动站间闭塞的行车办法，由铁路局规定。

【知识检测】

一、填空题

1. 自动闭塞按轨道电路的特征分为交流计数电码自动闭塞、极频自动闭塞、_____闭塞。

2. 自动闭塞按通过信号机显示分为三显示自动闭塞和_____自动闭塞。

3. 通过色灯信号机经常显示绿色灯光，随着列车驶入和驶出闭塞分区而自动转换。但_____信号机的显示一般仍由车站实行人工控制，只有当连续放行通过列车时，才该由列车运行控制。

4. _____是列车由车站进入区间、由车站进入闭塞分区或由一个闭塞分区进入下一个闭塞分区的依据。

5．在三显示区段，列车进入闭塞分区的行车凭证为出站或通过信号机的＿＿＿＿＿＿＿＿＿＿，客运列车及跟随客运列车后面通过的列车，为出站信号机绿色灯光；跟随客运列车在车站始发或停车再开的非客运列车，为出站信号机黄色灯光。

6．在四显示区段，列车进入闭塞分区的行车凭证为出站或通过信号机的黄色灯光、绿黄色灯光或绿色灯光，＿＿＿＿＿＿＿＿＿＿＿＿＿列车由车站通过时，为出站信号机绿黄色灯光或绿色灯光。

7．自动闭塞区段的车站，办理发车前应向接车站预告，单线自动闭塞区段的车站，还须得到＿＿＿＿＿＿＿＿＿＿＿的同意。已向接车站预告，但列车不能出发时，发车站须通知接车站取消预告。

8．在实行自动闭塞法的区段，列车进入第一闭塞分区的凭证，是出站信号机显示的＿＿＿＿＿＿＿＿＿＿＿＿＿＿＿信号。列车进入下一个闭塞分区的行车凭证，是次一通过信号机显示的进行信号。

9．装有＿＿＿＿＿＿＿＿＿＿＿＿＿机车信号机的列车，遇通过信号机灯光熄灭，而机车信号显示进行信号时，应按机车信号的显示运行。

10．司机发现通过信号机＿＿＿＿＿＿＿＿＿时，应将信号机号码通知前方站。

二、判断题

1．在自动闭塞区段，通过色灯信号机的显示是随着列车的运行通过列车自动控制的，不需要人工操纵。（　　）

2．自动闭塞按通过信号机显示分为三显示和五显示自动闭塞。（　　）

3．三显示自动闭塞有三种灯光显示，即红灯、黄灯和绿灯。（　　）

4．四显示绿灯显示表示前方有两个及以上闭塞分区空闲。（　　）

5．使用自动闭塞法行车时，在三显示区段，客运列车进入闭塞分区的行车凭证为出站信号机黄色灯光或绿色灯光。（　　）

6．使用自动闭塞法行车时，在四显示区段，特快旅客列车进入闭塞分区的行车凭证为出站信号机绿黄色灯光或绿色灯光。（　　）

7．司机发现通过信号机故障时，不需要将信号机号码通知前方站。（　　）

三、简答题

1．什么是自动闭塞？
2．自动闭塞主要优点是什么？
3．正常情况时自动闭塞区段的行车凭证是什么？
4．三显示自动闭塞区段特殊情况的行车凭证是什么？
5．四显示自动闭塞区段特殊情况的行车凭证是什么？
6．在自动闭塞区间，特殊情况下行车有哪些规定？
7．三显示自动闭塞区段，在什么情况下应使用绿色许可证？
8．四显示自动闭塞区段，在什么情况下应使用绿色许可证？

任务三　半自动闭塞办理

【任务目标】

知识目标：掌握自动闭塞的使用方法及注意事项，特别是在非正常情况下的行车凭证更应熟悉。

能力目标：掌握自动闭塞的使用方法及注意事项，在行车工作中保证列车安全运行，优质、高效地完成运输任务。

【任务内容】

一、半自动闭塞办理程序

半自动闭塞是利用装在区间两端车站行车室内半自动闭塞机和两站相对出站信号机之间实现相互控制的一种闭塞设备，此种设备的行车闭塞作用一部分是人工操纵（办理闭塞及开放出站信号机），另一部分是靠运行列车自动完成的（出站信号机在列车进入闭塞轨道电路时自动关闭），故称为半自动闭塞。

单线半自动闭塞的简要办理过程如表11.3所示。

表11.3　半自动闭塞简要程序

发 车 站	接 车 站
1．车站值班员用闭塞电话向接车站请求发车	
	2．车站值班员同意接车
3．按一下闭塞按钮，发车表示灯亮黄灯，电铃鸣响	
	4．接车表示灯亮黄灯，电铃鸣响
	5．按一下闭塞按钮，接车表示灯变为亮绿灯
6．发车表示灯为亮绿灯，电铃鸣响。车站值班员在发车进路准备妥当后开放出站信号机	
7．列车出发进入发车轨道电路区段，出站信号机自动关闭，发车表示灯变为红灯	
	8．接车表示灯亮灯，电铃鸣响。在进路准备妥当后，开放进站信号机
	9．列车进入接车轨道电路区段，接车表示灯和发车表示灯均亮红灯
	10．确认列车整列到达后，关闭进站信号机，按一下闭塞按钮，接车表示灯和发车表示灯均亮熄灭
11．接车表示灯红灯熄灭，电铃鸣响	
	12．通知邻线列车到达时刻

二、行车凭证

（1）半自动闭塞在正常情况下的行车凭证为：出站信号机或线路所通过信号机显示的进行信号。

出站信号机的开放条件（印发给行车凭证的根据）：单线区间为接车站的同意闭塞信号，双线区间为前次列车到达前方站的到达信号。

（2）非正常情况时。

半自动闭塞区段遇下列情况，发车的行车凭证规定如表11.4所示。

表 11.4 半自动闭塞区段非正常情况下发车的行车凭证规定

列车出发情况	行车凭证	发给行车凭证的根据		附带条件
		双线	单线	
1. 没有钥匙路签设备的车站，发出挂有由区间返回后部补机的列车	出站信号机显示的进行信号，并发给补机司机由区间返回的钥匙路签	前次列车到达前方车站的到达信号	接车站的同意闭塞信号	发给两个司机及运转车长调度命令（固定使用补机区段除外）
2. 超长列车头部越过出站信号而未压上出站方面的轨道电路	出站信号机显示的进行信号，并发给司机调度命令			

【知识检测】

一、填空题

1. 半自动闭塞在正常情况下的行车凭证为出站信号机或线路所通过信号机显示的_____信号。

2. 出站信号机或通过信号机的开放条件（即发给行车凭证的根据）：单线区段为接车站的同意闭塞信号、双线区段为前次列车到达前方站的_____信号。

3. 在实行半自动闭塞法的区段，列车进入区间的凭证，是出站信号机或线路所的通过信号机显示的进行信号。机车乘务员对信号的显示确认无误后，即取得了列车进入区间的行车凭证，方可发车，对特殊情况下发给的_____，必须逐字、逐项确认无误后方可发车。

二、判断题

1. 半自动闭塞是利用装在区间两端车站行车室内半自动闭塞机和两站相对出站信号机之间实现相互控制的一种闭塞设备。（　　）

2. 列车进入区间后，出站信号机自动关闭，在列车未到达对方车站以前（区间有列车占用），两站相对出站信号机都可以开放。（　　）

3. 半自动闭塞在正常情况下的行车凭证为出站信号机或线路所通过信号机显示的进行信号。（　　）

4. 出站信号机或通过信号机的开放条件（即发给行车凭证的根据）：单线区段为前次列车到达前方站的到达信号。（　　）

5. 出站信号机或通过信号机的开放条件（即发给行车凭证的根据）：双线区段为接车站

的同意闭塞信号。（　　）

三、简答题

1. 什么是半自动闭塞？
2. 在半自动闭塞区间的行车凭证是什么？

任务四　电话闭塞的办理

【任务目标】

知识目标：掌握电话闭塞的使用方法及注意事项，特别是在非正常情况下的行车凭证更应熟悉。

能力目标：掌握电话闭塞的使用方法及注意事项，在行车工作中保证列车安全运行，优质、高效地完成运输任务。

【任务内容】

一、电话闭塞的使用条件

当出现下列情况时可采用电话闭塞。
（1）基本闭塞设备故障不能使用时。
（2）闭塞设备不能满足列车运行的要求时。

电话闭塞不论单线还是复线，均按站间区间办理，同一区间、同一线路在同一时间内不能使用两种闭塞方法，故基本闭塞与电话闭塞相互转换时，必须确认区间空闲，并应根据列车调度员的调度命令办理。

二、行车凭证及填发要求

使用电话闭塞法行车时，列车占用区间的行车凭证为路票（见图11.2）。当挂有由区间返回的后部补机时，另发给补机司机路票副页。

单线或双线反方向发车（正方向首列发车）时，根据《行车日志》查明区间已空闲，并取得接车站承认，在发车进路准备妥当后，方可填发路票。双线正方向发车时，根据收到的前次发出的列车到达的电话记录，在发车进路准备妥当后，即可填发路票。

三、电话闭塞的办理手续

电话闭塞法是当基本闭塞设备不能使用时，根据列车调度员的命令所采用的代用闭塞法电话闭塞手续，必须严格根据电话记录查明区间确实空闲后，方可办理。

（1）单线或双线反方向发车办理闭塞的简要程序如表11.5所示。

表11.5 单线或双线反方向发车办理闭塞的简要程序

车站 程序	发车站	接车站
办理闭塞	1. 确认区间空闲后，请求闭塞："××次可否发车"	
		2. 确认区间空闲及接车线可以接车，答："电话记录×号，×时×分，同意接××车次"，同时记入《行车日志》
	3. 复诵并记入《行车日志》	
发车与接车	4. 填写路票并进行自检及互检	
	5. 将路票交给司机，指示发车。通知接车站："××次×时×分发车"并向列车调度员报点	
		6. 复诵并准备接车进路，开放信号
区间开通		7. 列车到达收回路票划×注销，向发车站办理区间开通手续"电话记录×号，××次×时×分到，区间开通"并记入《行车日志》，向列车调度员报点
	8. 复诵电话记录，并记入《行车日志》	

（2）双线区间电话闭塞简要程序如表11.6所示。

（3）《行车日志》的填写。

《行车日志》是车站记录列车运行情况的原始资料。凡是在车站办理列车到发、通过的一切列车（包括单机、各种轨道车），均须在《行车日志》内记载。《行车日志》有3个作用：

① 记载列车到发时刻，作为填记货车出入登记薄（运统—4）的依据。

② 记载列车运行的实际情况，作为向分局或铁路局列车调度员报告的资料。

③ 确认区间是否空闲的依据。

办理电话闭塞时，下列各项应发出电话记录号码，并记入《行车日志》。

① 承认闭塞。

② 列车到达，补机返回。

③ 取消闭塞。

④ 单线或双线反方向越出站界调车。

电话记录号码自每日0时起至24时止，按日循环编号，编号办法由铁路局规定。

表 11.6　双线区间电话闭塞简要程序

程序＼车站		发　车　站	接　车　站
预报发车		1. 预报开车："××次预计×点×分开"	
			2. 复诵："××次预计×点×分开"并准备进路
		3. 根据前次发出列车到达接车站的电话记录号码填写路票，并进行自检及互检	
发车与接车		4. 将路票交司机，指示发车	
		5. 通知接车站："××次×点×分开"并报告列车调度员	
			6. 复诵："××次×点×分开"准备进路，开放信号
区间开通			7. 列车到达收回路票，划×注销。通知发车站："电话记录×号，××次×时×分到，区间开通"并记入《行车日志》，向列车调度员报点
		8. 复诵："电话记录×号，××次×时×分到，区间开通"并记入《行车日志》	

四、路票及其填记与使用

（一）路票格式

路票为预先印好区间（即站名）和编号的硬卡，如图 11.2 所示。

（二）路票的填记与使用

（1）单线或双线反方向发车（正方向首列发车）时，根据《行车日志》查明区间已空闲，取得接车站的承认，在发车进路准备妥当后，方可填发路票。

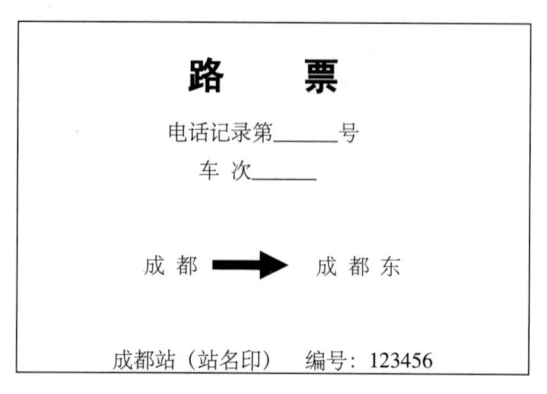

```
           路　　票

        电话记录第_____号
          车　次_____


          成都 ——▶ 成都东


        成都站（站名印）　编号：123456
```

图 11.2

注：1. 路票为预先印好区间（即站名）和编号的硬卡片（规格 75mm×88mm）。
　　2. 加盖 副 字戳记，为路票副页。

（2）双线正方向发车时，根据收到前次发出的列车到达的电话记录后，在发车进路准备妥当后，方可填发路票。

（3）路票应由车站值班员或指定的助理值班员填写。对于填写的路票，车站值班员应根据《行车日志》的记录，认真确认并与助理值班员（作业员）或指定办理行车的人员相互检查、复诵，确认无误，并加盖站名印，方可交送司机。

（4）填记内容：电话记录号码、列车车次、加盖专用站（场）名戳（可预先加盖）。字迹要清楚，不得涂改。

（5）路票内容如未按规定使用或有涂改时，均应作废，另行填写。

（6）路票只填写一张交给司机。路票编号应填记在《行车日志》的"记事"栏内。

（7）列车由区间返回或在双线反方向及多线区段运行时，须在调度命令中注明，仍使用该区间路票。

（8）列车运行至前方站，司机应将路票交给接车人员。接车站收到路票后，应该核对是否正确，在路票上划"×"注销。

五、电话中断时的行车

（一）电话中断时的行车方法

车站一切电话中断时，单线行车按书面联络法，双线行车按时间间隔法。列车进入区间的行车凭证为红色许可证。红色许可证格式如图11.3所示。

```
                        许   可   证
    现在一切电话中断，准许第_____次列车自_____站至_____站，本列车前于_____时
分发出的第_____次列车，邻站到达通知 已 收到。
                                    未

                        通   知   书
  1. 第_____次列车到达你站后，准接你站发出的列车。
  2. 于_____时____分发第_____次列车，并于_____时____分再发出第_____次列车。
                                       站（站名印）车站值班员（签名）
                                             年    月    日
```

（规格 90 mm × 130 mm）

图 11.3　红色许可证

注：1. 红色纸，复写一式三份，司机、运转车长各一份，存根一份。
　　2. 不用的字句抹消。

（1）在自动闭塞区间，如闭塞设备作用良好时，列车运行仍按自动闭塞法行车，列车必

须在车站停车联系（说明车次及注意事项等）后再开车。列车无线调度电话作用良好时，车站可与列车司机直接联系。

（2）单线按书面联络法行车时，下列车站可以优先发车：
① 已办妥闭塞而尚未发车的车站。
② 未办妥闭塞时：
a. 单线区间为开下行列车的车站。
b. 双线改单线行车时，为该线原定发车方向的车站。
c. 同一线路同一方向运行的列车，有上下行两种车次时，铁路局规定优先发车的车站。

第一个列车的发车权为优先发车的车站所有，如优先发车的车站没有待发列车时，应主动用附件3（红色许可证，见图11.3）的通知书通知非优先发车的车站。非优先发车的车站，如有待发列车时，应在得到通知书以后方可发车。

第一个列车的发车站，在发车前应查明区间已空闲，并在附件3（红色许可证，见图11.3）的通知书上记明下一个列车的发车权。如（2）中①规定的发车站发车时，持有行车凭证的列车，还应发给附件3（红色许可证，见图11.3）的通知书；如无行车凭证，列车应持红色许可证开往邻站。以后开行的列车，均凭附件3（红色许可证，见图11.3）的通知书上记明的发车权办理。

附件3（红色许可证，见图11.3）的通知书，应采取最快的方法传送，优先方向车站如无开往区间的列车时，在确认区间空闲后，可使用重型轨道车或单机传送。

（3）双线按时间间隔法行车时，只准发出正方向的列车。非自动闭塞区间发出第一个列车时，在发车前应查明区间已空闲。

（4）一切电话中断后，连续发出同一方向的列车时，两列车的间隔时间，应按区间规定的运行时间另加3 min，但不得少于13 min。

（二）一切电话中断后禁止发出的列车

（1）在区间内停车工作的列车（救援列车除外）。
（2）开往区间岔线的列车。
（3）必须由区间内返回的列车。
（4）挂有须由区间内返回后部补机的列车。
（5）列车无线调度电话故障的列车。

六、封锁区间的行车办法

在一切电话中断时间内，如有封锁区间抢修施工或开通封锁区间时，由接到请求的车站值班员以书面通知封锁区间的相邻车站。

单线区间的车站，经以闭塞电话、列车调度电话或其他电话呼唤5 min无人应答时，由列车调度员查明该站及其相邻区间确无列车（包括单机、动车及重型轨道车）后，可发布调度命令，封锁相邻区间，按封锁区间办法向不应答站发出列车。

该列车应在不应答站的进站信号机外停车，判明不应答原因及准备好进路后，再行进站。司机（运转车长）或车站值班员应将经过情况报告列车调度员。

【知识检测】

一、填空题

1．电话闭塞不论单线还是复线，均按站间区间办理，同一区间、同一线路在同一时间内不能使用两种闭塞方法，故基本闭塞与电话闭塞相互转换时，必须确认区间空闲，并应根据列车调度员的_____办理。

2．使用电话闭塞法行车时，列车占用区间的行车凭证为_____。当挂有由区间返回的后部补机时，另发给补机司机路票副页。

3．单线或双线反方向发车（正方向首列发车）时，根据《行车日志》查明区间已空闲，并取得_____站承认，在发车进路准备妥当后，方可填发路票。双线正方向发车时，根据收到的前次发出的列车到达的电话记录，在发车进路准备妥当后，即可填发路票。

4．电话闭塞法是当_____设备不能使用时，根据列车调度员的命令所采用的代用闭塞法。电话闭塞手续，必须严格根据电话记录查明区间确实空闲后，方可办理。

5．一切电话中断是指车站_____内的一切电话，如行车闭塞电话、调度电话、各站电话均告中断。其他与行车无关的电话（包括无线电台）不可用于办理行车闭塞。

二、判断题

1．一切电话中断是指车站行车室内的一切电话，如行车闭塞电话、调度电话、各站电话均告中断。（　）

2．其他与行车无关的电话（包括无线电台）也可用于办理行车闭塞。（　）

3．车站行车室内一切电话中断时，单线行车按书面联络法，双线行车按时间间隔法。列车进入区间的行车凭证为绿色许可证。（　）

4．一切电话中断禁止发出在区间内停车工作的列车（包括救援列车）。（　）

5．一切电话中断禁止发出列车无线调度通信设备故障的列车。（　）

6．列车向不应答车站运行时，进入封锁区间的凭证为调度命令。（　）

三、简答题

1．单线按书面联络法行车时，哪些车站可以优先发车？

2．车站行车室内一切电话中断后禁止发出的列车有哪些？

3．简述封锁区间的行车办法。

4．在什么情况下应停止基本闭塞法，改用电话闭塞法行车？

5．简述路票的填记与使用方法。

6．车站行车室内一切电话中断时如何行车？

项目十二　列车运行

列车运行是完成铁路运输任务的重要环节，是行车组织的一项主要内容。它由铁路运输各部门、各工种互相配合，协调动作，并正确合理使用铁路技术设备来完成。列车运行关系到人民生命财产的安全和铁路的运输效益。为此，有关行车人员必须严格执行各项规章制度，确保列车运行安全。

任务一　列车运行的基本要求

【任务目标】

知识目标：列车运行的基本要求。
能力目标：掌握列车运行中对司机的要求及列车运行的限制速度。

【任务内容】

为了能顺利完成列车运行中的各项作业，及时处理运行中发生的问题，确保列车安全、正点。列车在发往区间运行时，应具备一定的条件。

一、行车组织原则与行车指挥

（一）行车组织原则

行车工作必须坚持集中领导，统一指挥，逐级负责的原则。
（1）铁路局与铁路局由国家铁路主管部门、铁路局管内各区段由局一个调度区段内的本区段列车调度员统一指挥。
（2）车站由车站值班员，线路所由线路所值班员统一指挥。凡划分车场的车站，车场间接发列车进路互有关联的行车工作，由指定的车站值班员统一指挥。
（3）列车和单机由司机负责指挥，有运转车长的列车由运转车长负责指挥。列车或单机在车站时，所有乘务人员应按车站值班员的指挥进行工作。
（4）在调度集中设备的区段内，有关行车工作由该区段列车调度员直接指挥，但转为车站控制时，由车站值班员指挥。

（二）行车指挥

（1）有关行车人员必须执行列车调度员命令，服从调度指挥。

列车调度员应负责组织实现列车运行图、编组计划、运输方案。为此必须：

① 检查各站执行列车运行图和编组计划的情况，及时发布有关行车命令和口头指示。

② 严格按列车运行图指挥行车，遇列车发生晚点时，应积极采取措施，组织有关人员恢复正点。

③ 注意列车在车站到发及区间内的运行情况，正确、及时地处理临时发生的问题，防止列车运行事故。

（2）指挥列车运行的命令和口头指示，只能由列车调度员发布。列车调度员在发布命令之前，应详细了解现场情况，并听取有关人员意见。

遇如表 12.1 所列情况，须发布调度命令。

表 12.1　行车调度命令基本内容表

顺序	命 令 项 目	受令者		
		司机	运转车长	车站值班员
1	封锁、开通区间			○
2	向封锁区间开行救援列车、路用列车	○		○
3	临时变更或恢复原行车闭塞法	○	○	○
4	双线反方向行车及由双线改为单线或恢复双线行车	○	○	○
5	变更列车径路	○		○
6	列车在区间内停车或返回	○	○	○
7	去区间内岔线的列车	○	○	○
8	临时由区间内返回后部补机的列车	○	○	○
9	发生行车设备故障、灾害或封锁施工后，以及列车中挂有限速的机车、车辆等，需要使列车临时减速运行、一停再开或特别注意运行	○	○	○
10	半自动闭塞区间使用故障按钮、自动闭塞区间使用总辅助按钮			○
11	超长、欠轴列车或列车挂有装载超限货物的车辆	○	○	○
12	旅客列车加挂货车	○	○	○
13	单机附挂车辆	○		○
14	半自动闭塞区间，超长列车头部越过出站信号机（未压上出站方面的轨道电路）发车	○		○
15	在非到发线上接发列车	○		○
16	临时加开或停运列车	○	○	○
17	货物列车违反列车编组计划			○
18	双线区间在区间内进行跨线装卸作业时，对开入其邻线的列车	○	○	○
19	双线区间在区间内有除雪机、起重机工作时，对开入其邻线的列车	○	○	○
20	双线区间在区间内发生特别重大、重大、大事故，对开入其邻线的列车	○	○	○

续表 12.1

顺序	命令项目	受令者		
		司机	运转车长	车站值班员
21	临时利用本务机车调车作业	○		○
22	利用天窗施工、维修			○
23	利用施工特定行车办法行车	○		○
24	较规定时间提前或延迟施工	○	○	○
25	电气化区段正线、到发线接触网停电或送电	○	○	○
26	列车调度员认为有必要记录的上述以外的命令	有关人员		

注：划○者为受令人员。上述调度命令，如涉及其他单位和人员时，应同时发给。

① 列车调度员向司机、运转车长发布调度命令时，应发给有关站段（所、室），由受令站段（所、室）负责转达。当乘务人员已出乘时，应发给列车始发站或进入关系区间前的停车站由其交付，如来不及而必须在进入关系区间前交付时，通过列车应停车交付。

② 对跨局的列车，接车铁路局列车调度员可委托发车铁路局列车调度员发布调度命令。更换机车或变更限速条件时，应由有关铁路局列车调度员重新发给机车所担当全区段的调度命令。途中乘务人员换班时，应将调度命令内容交接清楚。

③ 发收调度命令时，应填记《调度命令登记簿》（附件七），指定受令人员中一人复诵，并记明发收人员姓名及时刻。使用计算机、传真机、无线传送系统发布调度命令时，命令接受人员确认无误后应及时反馈回执。在具备良好转接设备或通信记录装置的条件下，可根据国家铁路主管部门有关规定，使用列车无线调度通信设备向司机、运转车长发布、转达调度命令或口头指示。

二、列车乘务组

为了完成列车运行中的各项作业，及时处理运行中发生的各种情况，以及在有碍安全时采取临时措施，根据列车的任务、要求和运行条件，配备了由直接为列车服务的人员组成的列车乘务组。列车乘务组包括：运转车长、机车乘务组、车辆乘务人员及旅客乘务组。

（1）运转车长负责指挥本列有关行车工作。现部分货物列车已取消了守车和运转车长。

（2）机车乘务组负责操纵机车和在特殊情况下对列车的防护。

（3）车辆乘务人员旅客列车和机械冷藏车组，均应配有车辆乘务人员，负责该车辆的及时检修和故障处理。装载超限货物的车辆，是否需派添乘人员应根据装运的命令办理。

（4）旅客乘务组由列车长、列车广播员、列车员、行李员、乘警及餐车工作人员等组成，负责旅客的旅行安全、各项服务及行李包裹的作业等。

混合列车的编组内容各不相同，对其旅客乘务组的派出，全路不做统一规定，由各铁路局根据具体情况确定。

三、列车运行时限制速度的规定

列车应按规定速度运行，不得超过规定的限制速度，以确保列车安全、正点。
列车运行限制速度规定如表12.2所示。

表12.2　列车运行限制速度表

项　目	速　度/(km·h^{-1})
四显示自动闭塞区段通过显示绿黄色灯光的信号机	在前方第三架信号机前能停车的速度
通过显示黄色灯光的信号机及位于定位的预告信号机	在次一架信号机前能停车的速度
通过显示一个黄色闪光灯光和一个黄色灯光的信号机	80
通过减速地点标	标明的速度，未标明时为25
推进	30
退行	15
接入站内尽头线，自进入该线起	30

下列构造的单开道岔、对称道岔、交分道岔侧向容许通过速度规定如表12.3、12.4、12.5所示。

表12.3　单开道岔侧向容许通过速度

道岔号数	导曲线半径/m	客车通过速度/(km·h^{-1})	货车通过速度/(km·h^{-1})
30	2 700	140	90
18	≥860	80	
	800	75	
12	350	50（45）*	
	330	45	
9	180~190	30	

注：1. 保留使用的8号、10号、11号单开道岔侧向通过的最高速度分别为25 km/h、35 km/h和40 km/h；
　　2. * 括号内数据为75 kg/m钢轨12号道岔的侧向容许货车通过速度。

表12.4　对称道岔容许通过速度

道岔号数	导曲线半径/m	客车、货车通过速度/(km·h^{-1})
9	355	50
6	180	30

表12.5　交分道岔侧向容许通过速度

道岔号数	导曲线半径/m	客车、货车通过速度/(km·h^{-1})
12	380	45
9	220	30

其他构造道岔的侧向通过速度，由铁路局规定。

四、列车运行中对司机的要求

列车在运行中，司机应正确驾驶机车，严格按信号行车，这是确保列车运行安全正点的重要条件。列车在运行中，司机应做到：

（1）在列车出发前输入监控装置有关数据，按规定对列车制动机进行机能试验，在制动保压状态下列车制动主管的压力 1 min 内漏泄不得超过 20 kPa，确认列尾装置作用良好。

（2）遵守列车运行图规定的运行时刻和各项容许及限制速度。彻底瞭望，确认信号，认真执行呼唤应答制度，严格按信号显示要求行车，确保列车安全正点。遇有信号显示不明或危及行车和人身安全时，应立即采取减速或停车措施。特快旅客列车发生意外，不危及本列车安全时，可不停车，继续运行，同时用列车无线调度通信设备报告就近车站处理。

（3）机车信号、列车无线调度通信设备、列车运行监控记录装置必须全程运转，严禁擅自关机。

运行途中，遇列尾装置、机车信号、列车运行监控记录装置发生故障时，司机应立即使用列车无线调度通信设备报告车站值班员、列车调度员，并根据实际情况掌握速度运行；遇机车信号、列车运行监控记录装置发生故障时，列车以不超过 20 km/h 的速度运行至前方站；遇列车无线调度通信设备发生故障时，列车应在前方站停车报告。

（4）起动稳，加速快，精心操纵，停车准确，按规定鸣笛，防止列车冲动和断钩。

（5）随时检查机车总风缸、制动主管的压力。检查内燃机车柴油机的润滑油压力、冷却水的温度及其转数等情况。注意电力机车的各种仪表的显示及接触网状态。

（6）在区间内列车停车进行防护、分部运行、装卸作业或使用紧急制动阀停车后再开车时，司机必须检查试验列车制动主管的贯通状态，确认列车完整，具备开车条件后，方可起动列车。有运转车长的列车，应按运转车长的发车信号起动列车。

（7）等会列车时，不准关闭空气压缩机，并应将头灯灯光减弱或熄灭。

（8）负责货运票据的交接与保管。

（9）无运转车长的列车，应将列车运行中发生的问题及使用紧急制动阀的情况，及时报告列车调度员。

（10）除国家铁路主管部门机车运用规程指定的人员外，其他人员登乘机车时，须持有添乘证、登乘证。登乘机车的人员，在不影响乘务人员工作的前提下，经检验准许后方可乘坐。

【知识检测】

一、填空题

1. 行车工作必须坚持集中领导、统一指挥、_____负责。
2. 列车乘务组包括_____、运转车长、车辆乘务员及旅客乘务组。
3. 机车乘务组负责_____和特殊情况下对列车的防护。
4. 车站由_____统一指挥，线路所由线路所值班员统一指挥。
5. 列车和单机由_____负责指挥，有运转车长的列车由运转车长负责指挥。

二、选择题

1. 列车通过显示一个黄色闪光灯光和一个黄色灯光的信号机时,限制速度是( )km/h。
   A. 100　　　　　B. 80　　　　　C. 30
2. 列车推进运行时,限制速度是( )km/h。
   A. 30　　　　　B. 15　　　　　C. 20
3. 列车退行运行时,限制速度是( )km/h。
   A. 30　　　　　B. 15　　　　　C. 20
4. 列车通过减速地点标(未标明)时,限制速度是( )km/h。
   A. 30　　　　　B. 15　　　　　C. 25
5. 客运列车通过30号单开道岔时,侧向限制速度是( )km/h。
   A. 140　　　　　B. 90　　　　　C. 80

三、简答题

1. 何为机车乘务组?
2. 简述列车运行时对司机的要求。

任务二　列车在区间被迫停车的处理与防护

【任务目标】

知识目标:列车在区间被迫停车时对司机的要求。
能力目标:列车在区间被迫停车时的处理与防护。

【任务内容】

列车在区间除有计划的(乘降、装卸、施工、救援)停车外,由于事故或行车设备故障等原因,造成列车在区间的停车,称为列车在区间被迫停车。当列车在区间被迫停车后,不仅造成该线行车中断,还可能造成追踪列车的追尾、列车脱轨、颠覆或货物脱落,而且在双线区段还可能妨碍邻线行车。因此,在区间被迫停车的情况下,要求司机(或运转车长)应充分利用列车无线电话与有关部门密切联系、迅速通知、及时防护、尽快处理,使线路及时复原开通。

一、列车在区间被迫停车时的处理

(1)列车在区间被迫停车后,不能继续运行时,司机应立即使用列车无线调度通信设备通知两端站、列车调度员及运转车长(无运转车长为车辆乘务员),报告停车原因和停车位置,根据需要或运转车长指示迅速请求救援

(2)如遇自动制动机故障,旅客列车司机应通知运转车长(无运转车长为车辆乘务员)

立即组织列车乘务人员拧紧全列人力制动机，以保证就地制动，其他列车司机应立即采取安全措施，并向列车调度员报告，请求救援。

（3）对已请求救援的列车，不得再行移动，并按规定对列车进行防护。

（4）车站值班员接到司机通知后，应将区间内列车运行情况通知司机，并立即使用列车无线调度通信设备转告区间内有关列车。在停车原因消除前不得再放行追踪、续行列车。

（5）列车被迫停车可能妨碍邻线时，司机应立即用列车无线调度通信设备通知邻线上运行的列车和两端站，并与运转车长（无运转车长为车辆乘务员）分别在列车的头部和尾部附近邻线上点燃火炬，在自动闭塞区间，还应对邻线来车方向短路轨道电路。司机应亲自或指派人员沿邻线一侧对列车进行检查，发现妨碍邻线时，应立即派人按规定防护。如发现邻线有列车开来时，应鸣示紧急停车信号。

车站值班员接到列车被迫停车可能妨碍邻线的通知后，在原因消除前不得向邻线放行列车。

二、列车在区间被迫停车时的防护

为确保列车在区间内被迫停车后，本线及邻线上列车的安全，防止追踪运行列车尾追及开来救援的列车与停留列车发生冲突，除按规定进行充分联系、处理外，还必须按规定进行防护。

当列车在区间被迫停车需防护时，列车前方由司机负责，列车后方由运转车长负责，无运转车长时仍由司机负责。允许机车乘务组及运转车长指派其他铁路职工进行防护，但须交给防护用具，说明防护方法，防护未结束或无人接替前，防护人员不得擅离防护岗位。

使用响墩对列车进行防护的办法：

（1）已请求救援的列车，从救援列车开来方向（方向不明时，从停留列车前后两个方向）距停留列车不少于 300 m 处（见图 12.1）放置响墩进行防护。因列车调度员已在调度命令中指明了被迫停车列车的位置，救援列车司机可以提前减速，能在 300 m 的距离内停车。

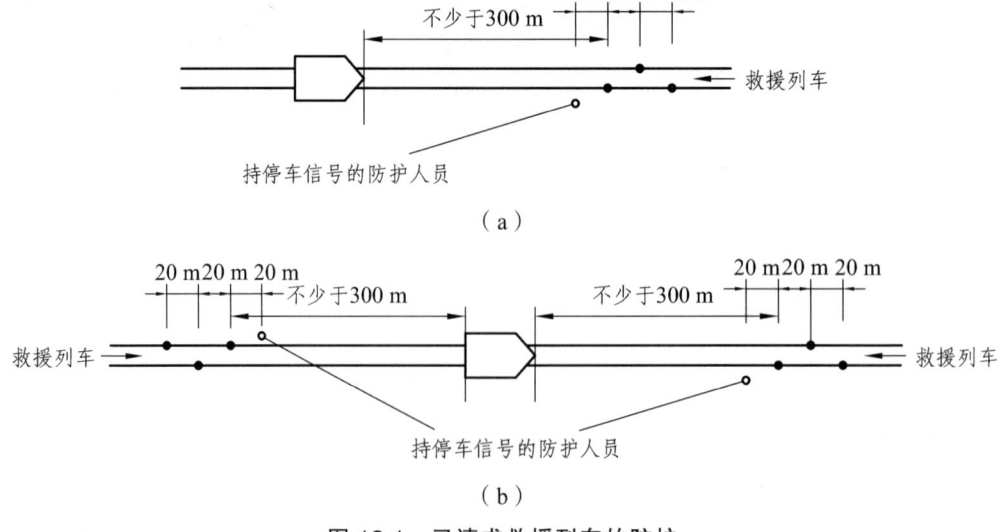

图 12.1 已请求救援列车的防护

（2）当电话中断后发出的列车（持有红色许可证通知书之一的列车除外），应于停车后，立即从列车后方接线路最大速度等级规定的列车紧急制动距离处放置响墩进行防护。因电话中断后，从停留车后方开来的追踪列车对停车没有准备，所以防护距离不得少于列车的紧急制动距离，如图12.2所示。

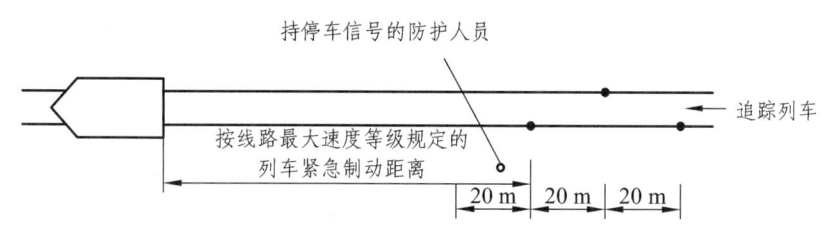

图 12.2 有追踪列车运行的防护

（3）当有妨碍邻线行车的地点时，若不知邻线来车方向，须从该地点的两方按线路最大速度等级规定的列车紧急制动距离处放置响墩进行防护（见图12.3）。若已确定邻线来车方向，则仅对来车方向进行防护，如图12.4所示。考虑邻线可能反方向行车，当被迫停车列车妨碍邻线时，若未确认来车方向，应从两端进行防护。由于邻线运行的列车没有停车准备，故放置响墩距离不应少于紧急制动距离。

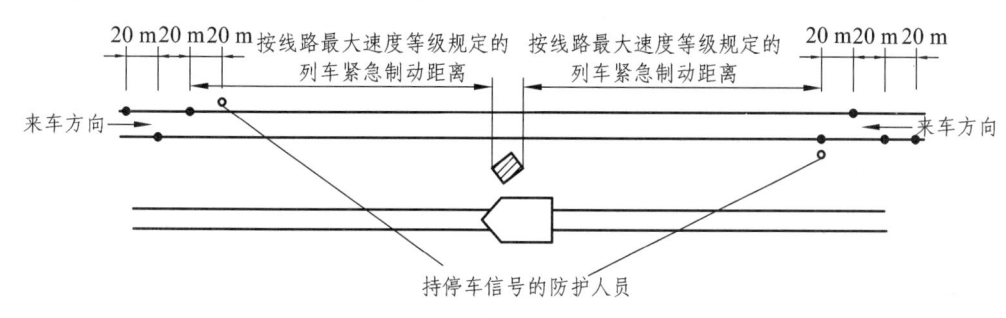

图 12.3 妨碍邻线行车地点两方向的防护

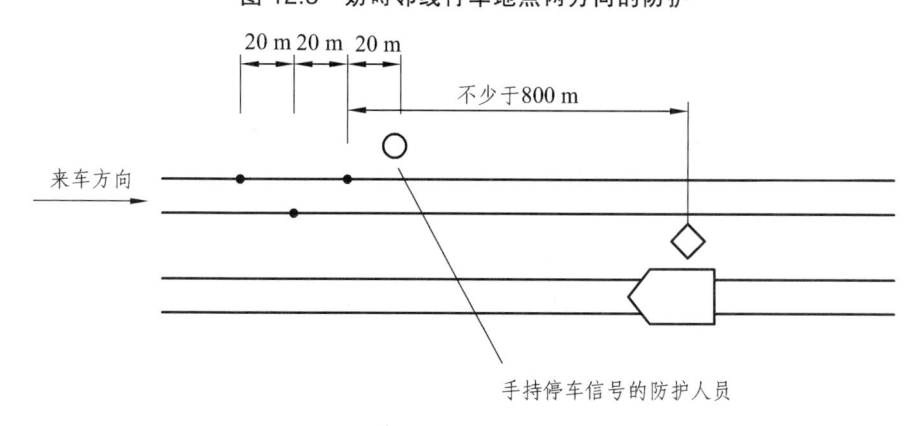

图 12.4 妨碍邻线来车方向的防护

（4）列车分部运行，机车进入区间挂取遗留车辆时，应从车列前方距离不少于300 m处防护，如图12.5所示。

（5）为了防止防护人员在撤除响墩后，走向本列车的途中，后续列车盲目闯入防护地段，与停留车发生冲突，防护人员设置的响墩在停车原因消除后可不撤除。

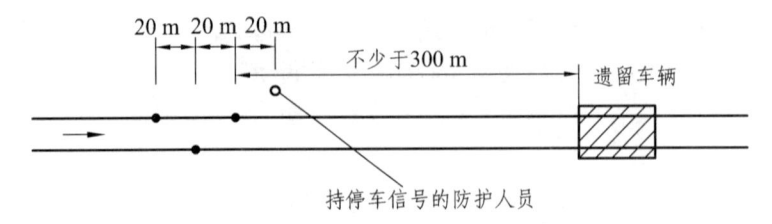

图 12.5　分部运行时机车挂取遗留车辆的防护

【知识检测】

一、填空题

1．列车在区间被迫停车是指列车在区间除有计划的（乘降、装却、施工、救援）停车外，由于＿＿＿＿＿＿＿＿＿＿或行车设备故障等原因，造成列车在区间的停车。

2．列车在区间被迫停车后，对已＿＿＿＿＿＿＿＿＿＿的列车不得再行移动，并按规定对列车进行防护。

3．列车在区间被迫停车后，不能继续运行时，司机应立即使用列车无线调度通信设备报告两端站、＿＿＿＿＿＿＿＿＿＿、列车调度员及运转车长。

4．防护人员设置的响墩，待停车原因消除后可＿＿＿＿＿＿＿＿＿＿＿＿响墩。

5．当列车在区间被迫停车需要防护时，列车前方由＿＿＿＿＿＿负责，列车后方由运转车长负责，无运转车长时由司机负责。

6．列车在区间被迫停车后，如遇自动制动机故障时，旅客列车司机应通知运转车长，运转车长（无运转车长为车辆乘务员）立即组织＿＿＿＿＿＿＿＿拧紧全列人力制动机，以保证就地制动。

7．列车在区间被迫停车后，如遇自动制动机故障时，其他列车司机应立即采取安全措施，并向＿＿＿＿＿＿＿＿＿报告，请求救援。

二、选择题

1．已请求救援时，从救援列车开来方面（不明时，从列车前后两方面），距离列车不少于（　　）m 处防护。

A．100　　　B．800　　　C．300

2．列车分部运行，机车进入区间挂取遗留车辆时，应从车列前方距离不少于（　　）m 处防护。

A．1 000　　　B．800　　　C．300

3．电话中断后发出的列车（持有附件3通知书之1的列车除外），应于停车后，立即从列车后方（　　）位置处防护。

A．按线路最小速度等级规定的列车紧急制动距离

B．按线路最大速度等级规定的列车常用制动距离

C．按线路最大速度等级规定的列车紧急制动距离

4．对于邻线上妨碍行车地点，应从两方面（　　）位置处防护，如确知列车开来方向时，仅对来车方面防护。

A．按线路最小速度等级规定的列车紧急制动距离

B．按线路最大速度等级规定的列车常用制动距离
C．按线路最大速度等级规定的列车紧急制动距离

三、简答题

1. 列车在区间被迫停车后不能继续运行时，司机应如何处理？
2. 列车在区间被迫停车后，已请求救援时，如何设置响墩防护？
3. 列车在区间被迫停车后，分别根据哪些规定放置响墩防护？
4. 列车被迫停车可能妨碍邻线时，司机应如何处理？

任务三　列车的分部运行与退行

【任务目标】

知识目标：掌握列车分部运行及退行的基本知识。
能力目标：掌握列车分部运行及退行的禁止与允许规定、办法。

【任务内容】

一、列车的分部运行

列车由于超重、断钩、制动主管破裂以及车辆脱轨颠覆等原因被迫停车后，司机将部分车辆遗留原地，而将列车的前部车辆牵引运行至前方车站的行车处理办法称为列车分部运行。它是列车在区间被迫停车后最常用的一种方法。

（一）禁止列车分部运行的情况

（1）采取措施后可以整列运行的。
（2）对遗留车辆未采取防护、防溜措施的。
（3）遗留车辆无人看守的。
当内燃和电力机车牵引货物列车时，机车乘务组仅两人，由于无运转车长，列车在区间运行时按规定须两人确认信号，若列车分部运行将出现无人看守遗留车辆，而构成极大安全隐患。所以，无运转车长值乘的列车，原则上不采用分部运行的方法。
（4）列车无线调度电话故障的。
在以上的4种情况下，只要有一条不满足要求，均应禁止分部运行。但在不得已的情况下，如危及列车、乘务员的安全时，列车也必须分部运行。

（二）列车分部运行的具体办法

（1）在不得已情况下，列车必须分部运行时，司机应使用列车无线调度通信设备报告前

方站和列车调度员。

（2）做好遗留车辆的防溜和防护工作。这是防止事故扩大，保证遗留车辆及追踪列车运行安全的关键性环节。车辆溜逸事故，对行车安全危害极大，造成的影响、损失巨大。为了防止遗留车辆溜逸，能连挂的连挂在一起、不能连挂的分组分别拧紧两端车辆的手制动机，并以铁鞋（止轮器、防溜枕木等）牢靠固定。

（3）司机在记明遗留车辆辆数和停留位置后，方可牵引前部车辆运行至前方站。在运行中仍按信号机的显示进行，但在半自动闭塞区间，该列车必须在进站信号机外停车（司机已用列车无线调度通信设备通知车站值班员列车为分部运行时除外），将情况通知车站值班员后再进站。

（4）车站值班员应立即报告列车调度员封锁区间，待将遗留车辆拉回车站，确认区间空闲后，方可开通区间。

二、列车的退行

列车在区间由于坡停、遇线路故障及自然灾害阻断等原因无法向前继续运行，而须倒退至后方车站的行车方法称为列车退行。

（一）禁止列车退行的情况

（1）按自动闭塞法运行时，不得退行，这样可防止退行列车与追踪列车发生冲突。但列车调度员或后方站车站值班员已确认退行区间内无列车，并准许退行的除外。

（2）电话中断后发出的列车，不得退行，防止与间隔一定时间发出的追踪列车发生冲突。但持有《技规》附件三通知书之一的列车除外。

（3）在降雾、暴风雨雪及其他不良条件（如高山、深壑）下，难以辨认信号时。

（4）无运转车长值乘的列车。已指派胜任人员并携带列车无线调度电话、简易紧急制动阀时除外。

（5）挂有后部补机的列车。

除上述情况外是否退行，由铁路局规定。另外，持有因区间内施工不能退行调度命令的列车，不准退行。

（二）列车退行的具体办法

除上述禁止列车退行的情况外，如列车在区间遇坡停线路故障、自然灾害等情况必须退行时，应按以下办法执行：

（1）运转车长或指派人员听到司机鸣笛两长声或无线电话通知退行后，应站在列车尾部注视运行前方，当发现有危及行车或人身安全的情况时，应立即使用紧急制动阀（或简易紧急制动阀）或列车无线调度电话通知司机停车。

（2）列车退行的速度不得超过 15 km/h，确保在遇意外情况时能及时停车。

（3）未得到后方站（线路所）车站值班员或列车调度员的准许时，退行列车不得越过后方车站（线路所）最外方预告标或预告信号机（双线区间为邻线的预告标或特设的预告标），停车后向车站值班员报告。这样主要是防止退行列车与跟踪出站调车的机车车辆发生冲突。

（4）车站值班员接到列车退行报告后，立即报告列车调度员并根据车站线路占用情况，开放进站信号机或按引导接车办法，将列车接入站内。

【知识检测】

一、填空题

1．列车分部运行指列车由于超重、断钩、制动主管破裂、货物倒塌及车辆脱轨等原因被迫停车后，司机将部分车辆＿＿＿＿＿＿＿＿，而将列车前部车辆运行至前方站的行车办法。

2．在不得已情况下，列车必须分部运行时，司机应使用列车无线调度通信设备报告前方站和＿＿＿＿＿＿＿＿＿。

3．列车分部运行时，必须做好遗留车辆的＿＿＿＿＿＿＿＿工作。

4．列车分部运行时，司机在记明遗留车辆辆数和＿＿＿＿＿＿＿＿＿＿后，方可牵引前部车辆运行至前方站。

5．列车在区间运行时，由于坡停、前方线路中断及自然灾害等原因无法继续运行，而须退行至后方车站的行车办法称为＿＿＿＿＿＿＿＿＿。

6．按＿＿＿＿＿＿＿＿＿＿运行时（列车调度员或后方站车站值班员确知区间内无列车，并准许时除外），列车不准退行。

7．电话＿＿＿＿＿＿＿＿后发出的列车[持有附件3（红色许可证）通知书1的列车除外]，不准退行。

二、选择题

1．在不得已情况下，列车必须退行时，列车退行速度不得超过（　　）km/h。
A．5　　　　　　B．15　　　　　　C．20

2．列车分部运行时，（　　）取得调度命令。
A．必须　　　　　B．不须　　　　　C．可以

3．遇（　　）时，列车不准分部运行。
A．电台故障　　　B．无运转车长　　C．无调度命令

4．遇（　　）时，列车不准分部运行。
A．可整列运行　　B．无运转车长　　C．无调度命令

5．无（　　）值乘的列车（已指派胜任人员并携带列车无线调度通信设备、简易紧急制动阀时除外），不准退行。
A．电台故障　　　B．无运转车长　　C．无调度命令

三、简答题

1．列车在区间被迫停车后需要分部运行时，司机应怎样做？
2．哪些情况下列车不准分部运行？
3．哪些情况下列车不准退行？

4．列车退行有何规定？

5．列车在区间被迫停车后，放置响墩防护有何规定？

6．在不得已情况下，列车必须分部运行时，司机应如何处理？

任务四　救援列车与路用列车的开行

【任务目标】

知识目标：救援列车、路用列车的行车凭证、开行办法。

能力目标：重点掌握救援列车、路用列车的行车凭证、开行办法。

【任务内容】

一、救援列车

当站内或区间发生列车冲突、脱轨、颠覆及发生自然灾害危及行车安全，而需尽快排除障碍，开通区间，恢复正常行车时，专为事故救援、抢修、抢救而开往事故现场的列车称为救援列车。如开往事故现场的单机、动车、重型轨道车及事故救援的列车均统称为救援列车。事故救援列车一般由起重吊车、修理车、工具车、宿营车及工程材料、发电车等组成，配备有一定数量的救援人员。救援列车不受列车等级的限制，应优先办理。根据国家铁路主管部门的要求，在重点地区机务段设置的救援列车，在接到命令后需 30 min 内出动。

（一）救援列车的请求与派遣

1．救援请求

救援列车的开行首先需要运转车长、司机或工务、电务部门人员根据事故的具体情况，向车站值班员或列车调度员提出救援请求，若是车站值班员接到救援请求，须立即报告列车调度员。

2．救援派遣

当列车调度员接到救援请求的报告后，立即向事故区间的两端车站发出调度命令封锁区间，并根据具体情况派出救援列车。当列车调度电话不通时，则由接到救援请求的车站值班员根据救援请求办理。

（二）救援列车的开行

救援列车运行在非封锁区间时，与其他列车一样，仍按该区间的行车闭塞法运行，行车凭证为该行车闭塞法的正常行车凭证。

救援列车进入事故封锁区间时，不办理行车闭塞手续，不开放出站信号机，以列车调度员的调度命令作为进入封锁区间的许可，这样，一方面可区别于正常行车，另一方面可引起救援列车司机的注意，必须按调度命令的要求运行。调度命令的内容应包括：往返车次、运行速度、事故地点、工作任务及要求等。当列车调度电话不通时，救援列车以接到救援请求的车站值班员的命令作为进入封锁区间的许可。

（三）对开行救援列车乘务员的要求

（1）司机接到救援的调度命令后，机车乘务人员必须对命令各项认真确认，凡调度命令不清、停车位置不明确时，不准动车。

（2）当救援列车进入事故封锁区间后，在接近被救援列车或车列 2 km 时，必须严格控制速度。

（3）在接近被救援列车或车列 2 km 时，使用列车无线调度电话与请求救援的司机（或请求救援的运转车长、工务、电务等人员）进行联系，或以在制动距离内能随时停车的速度（最高不超过 20 km/h）运行至防护人员处或压上响墩后停车，再联系确认，然后按要求进行作业。

（四）救援列车进出封锁区间的联系

凡救援列车进出封锁区间、到发时刻、由区间拉回的车数及现场救援进度等情况均应通知列车调度员及对方站，以便列车调度员能及时掌握救援进度，合理安排人力、材料。

当救援工作复杂时，可在事故的现场设置临时线路所，以及时了解和指挥现场的救援工作。在车站值班员发车前，应商得临时线路所值班员的同意，以便临时线路所做好接车前的准备及防护工作。临时线路所向区间两端车站发车时，也必须取得列车调度员的命令及接车站的同意。而当救援列车向临时线路所运行时，须在防护地点外停车，待引导人员将事故地点的情况告知司机及有关人员，撤除防护后，列车按调车办理进入指定地点，发车时，先撤除防护后发车。

1. 现场指挥

在事故调查处理委员会到达前，为加强事故现场救援工作的指挥，发出第一列救援列车，由车站的站长或车站值班员携带行车紧急备品搭乘第一列救援列车（分部运行时挂取遗留车辆的机车除外）到事故现场，负责指挥救援列车的有关工作，成立临时线路所并担任临时线路所车站值班员的工作。而列车分部运行，机车开往事故区间挂取遗留车辆时，由于处理比较简单，车站站长或车站值班员不必前往，而由运转车长或司机处理。

2. 区间的开通

当列车调度员接到事故现场负责人关于列车可以安全通过的事故现场报告后，查明区间已无救援列车、机车、车辆等，确已空闲后，方可向两端车站发布开通区间的命令。若列车尚需限速运行，调度员还必须发布限速运行的调度命令。假如调度电话不通，由接到通知的车站值班员，在确认区间空闲后，可通知邻站办理区间的开通。

二、路用列车

不以营业为目的而专为运输铁路内部自用物资（如枕木、道砟等）所开行的列车称为路用列车。

（一）行车凭证

路用列车运行在非封锁区间时，仍按该区间的基本行车闭塞法或电话闭塞法办理的行车凭证进入区间运行。向施工封锁区间运行时，路用列车与救援列车一样，行车凭证为调度命令。在调度命令中，应指明列车车次、运行速度、停车地点、到达车站的时刻等注意事项。司机和施工负责人应严格执行调度命令，并按规定的时间到达车站。当调度电话中断而又急需紧迫施工进料时，路用列车进入封锁区间的行车凭证为发车站车站值班员的命令。

（二）注意事项

（1）向施工封锁区间开行路用列车，原则上每端只准进入一列。如因作业需要超过一列时，同向列车的间隔、前后列车的运行速度等运行办法和安全措施，由铁路局规定。

（2）路用列车应由施工单位指派胜任人员携带列车无线调度电话值乘于列车尾部，并在区间协助司机作业。

（3）路用列车或线路施工机械进入施工地段时，应在施工防护人员显示的停车手信号前停车。然后，根据施工领导人的要求，按调车办法，进入指定地点。

（三）路用列车在区间卸车的要求

由于施工或其他需要，列车可能在区间内进行卸车作业。在封锁区间卸车时应凭调度命令进入区间，在办理闭塞进入区间卸车继续运行到前方站时，仅限于非自动闭塞法，自动闭塞区间应改为电话闭塞。列车进入区间后，卸车负责人根据现场卸料与用料实际情况变更卸车地点时，卸车负责人可以指挥列车移动位置，但不得延长卸车时间。卸车完毕后，卸车负责人应检查卸货距离，清理道沿，关好车门。确认无碍行车安全后，才可通知司机开车。

【知识检测】

一、填空题

1. 根据国家铁路主管部门的要求，在重点机务段设置救援列车，在接到调度命令后，应迅速做好准备，保证在_____ min 内出动。

2. 救援列车不受列车等级的限制，应_____办理。

3. 救援列车进入封锁区间时，不办理行车闭塞手续，以列车调度员的_____

作为进入封锁区间的许可。

4. 当救援列车进入事故封锁区间后，在接近被救援列车或车列_____ km 时，必须严格控制速度。

5. 司机接到救援命令后，机车乘务员必须认真确认。命令不清、_____位置不明确时，不准动车。

6. 路用列车进入封锁区间的行车凭证中应包括列车车次、运行速度、_____停车时间、到达车站的时刻等有关事项。

二、选择题

1. 救援列车进入封锁区间的许可是（ ）。
A. 调度命令　　　　　B. 路票　　　　　C. 出站调车通知书

2. 救援列车进入封锁区间后，在接近被救援列车或车列（ ）m 时，要严格控制速度。
A. 500　　　　　　　B. 1 000　　　　　C. 2 000

三、简答题

1. 何为救援列车？
2. 对救援列车的开行有哪些要求？
3. 救援列车进入封锁区间的行车凭证是什么？
4. 救援列车进入封锁区间后如何运行？
5. 何为路用列车？
6. 简述开行路用列车的有关规定。

任务五　列车在区间发生伤亡事故的处理

【任务目标】

知识目标：防止伤亡事故的措施及处理方法。
能力目标：掌握防止伤亡事故的措施及处理方法。

【任务内容】

一、防止路外伤亡事故的措施

（1）运行中按规定地点鸣示一长声注意信号。加强瞭望，多鸣笛，鸣长笛，防止伤亡事故。
（2）运行中认真执行不间断瞭望和呼唤应答制度，机车乘务人员不同时点烟、喝水等，摸清行人多的区间及道口，注意行人车辆动态，发现线路有行人及危及安全时，应果断采取减速或停车措施。

（3）在减速或停车过程中，学习司机要继续鸣笛，注视速度、使闸地点、行人去向，认真执行先鸣笛后动车，严禁先动车后鸣笛或边鸣笛边动车。

二、发生路外伤亡事故的处理

（1）在铁路区间，凡因机车、车辆碰、轧行人或车辆上旅客坠下造成伤亡时，特快列车及专特运列车，不危及本列车长安全时，可不停车，同时用列车无线调度通信设备报告就近车站处理。

（2）其他列车均应立即停车。自动闭塞区间司机因立即呼叫追踪列车，并通知后方车站、列车调度员、运转车长及机务本段调度室。

（3）按照"先防护后处理以及迅速开通线路"的原则，迅速组织勘察处理。

（4）处理完毕，可继续运行时应联控开车，通知就近站处理，不能继续运行时，应迅速请求救援。

（5）发生路外伤亡事故须报告的内容：

① 路外伤亡事故发生时间及发生地点（包括线别、站名或区间及公里）。

② 发生事故列车车次、种类、牵引机车型号及配属、列车编组、司机、运转车长及关系人姓名和职务。

③ 发生事故的交通车辆基本情况及驾驶员姓名、住址、车牌号、交通车辆破损情况。

④ 伤亡人员姓名、性别、年龄及职业。

⑤ 伤亡事故概况及原因。

⑥ 铁路人员伤亡及机车、车辆、线路等设备损坏情况，是否影响邻线行车及是否需要救护车和救援。

⑦ 事故责任者及其所属单位。

⑧ 线路开通时间。

【知识检测】

一、填空题

1．在铁路区间，发生路外伤亡或与其他交通车辆发生冲撞时，特快列车及专特运列车，不危及＿＿＿＿＿＿时，可不停车，同时用列车无线调度通信设备报告就近车站处理。

2．在铁路区间，发生路外伤亡或与其他交通车辆发生冲撞时，其他列车均应立即停车。自动闭塞区间司机应立即呼叫追踪列车，并通知前后方车站、列车调度员、＿＿＿＿＿＿及机务本段调度室。

3．在铁路区间，发生路外伤亡或与其他交通车辆发生冲撞时，处理完毕，可继续运行时应联控开车，通知＿＿＿＿＿＿处理，不能继续运行时，应迅速请求救援。

二、简答题

1．简述防止路外伤亡事故的措施。

2．简述发生路外伤亡事故的处理办法。

项目十三 非正常行车办法

任务一 非正常行车时的应急处理

【任务目标】

知识目标：非正常行车办法。

能力目标：熟练掌握非正常行车办法。

【任务内容】

一、列车发生火灾、爆炸时的应急处理方法

（1）列车发生火灾、爆炸时，须立即停车（停车地点应尽量避开特大桥梁、长大隧道等）。电气化区段，并应立即通知供电部门停电。

（2）列车需要分隔甩车时，应根据风向及货物性质等情况而定。一般为先甩下列车后部的未着火车辆，再甩下着火车辆，然后将机次未着火车辆拉至安全地段。

对甩下的车辆，由车站值班员（在区间由司机、运转车长、车辆乘务员）负责采取防溜措施。

二、汛期暴风雨行车的应急处理方法

（1）列车通过防洪危险地段时，司机、运转车长要加强瞭望，并随时采取必要的安全措施。"防洪危险处所"年度查定公布的同时，所属铁路局须抄送跨局列车运行相关铁路局。

（2）当洪水漫到路肩时，列车应按有关规定限速运行；遇有落石、倒树等障碍物危及行车安全时，司机应立即停车，排除障碍并确认安全无误后，继续运行。

（3）列车遇到线路塌方、道床冲空等危及行车安全的突发情况时，司机、运转车长应立即采取应急性安全措施，并立刻通知追踪列车、邻线列车及邻近车站。

三、遇响墩爆炸声及火炬信号的火光时的应急处理方法

遇响墩爆炸声及火炬信号的火光时，均要求紧急停车。停车后如无防护人员，机车乘务人员应立即检查前方线路，如无异状，列车以在瞭望距离内能随时停车的速度继续运行，但

最高不得超过 20 km/h。在自动闭塞区间，运行至前方第一个通过信号机前，如无异状，即可按该信号机显示的要求执行，在半自动闭塞区间，经过 1 km 后，如无异状，可恢复正常速度运行。

四、向封锁区间发出救援列车时的规定

向封锁区间发出救援列车时，不办理行车闭塞手续，以列车调度员的命令，作为进入封锁区间的许可。

当列车调度电话不通时，应由接到救援请求的车站值班员根据救援请求办理，救援列车以车站值班员的命令，作为进入封锁区间的许可。

司机接到救援命令后，机车乘务员必须认真确认。命令不清、停车位置不明确时，不准动车。

救援列车进入封锁区间后，在接近被救援列车或车列 2 km 时，要严格控制速度，同时，使用列车无线调度通信设备与请求救援的机车司机进行联系，或以在瞭望距离内能够随时停车的速度运行（最高不得超过 20 km/h），在防护人员处或压上响墩后停车，联系确认，并按要求进行作业。

五、列车在区间被迫停车后，不能继续运行时的处理方法

列车在区间被迫停车后，不能继续运行时，司机应立即使用列车无线调度通信设备通知两端站、列车调度员及运转车长（无运转车长为车辆乘务员），报告停车原因和停车位置，根据需要或运转车长指示迅速请求救援。需要防护时，列车前方由司机负责，列车后方由运转车长（无运转车长为车辆乘务员，无车辆乘务员为列车乘务员）负责。

如遇自动制动机故障，旅客列车司机应通知运转车长（无运转车长为车辆乘务员）立即组织列车乘务人员拧紧全列人力制动机，以保证就地制动，其他列车司机应立即采取安全措施，并向列车调度员报告，请求救援。

对已请求救援的列车，不得再行移动，并按规定对列车进行防护。

车站值班员接到司机通知后，应将区间内列车运行情况通知司机，并立即使用列车无线调度通信设备转告区间内有关列车。在停车原因消除前不得再放行追踪、续行列车。

六、列车被迫停车可能妨碍邻线时的处理方法

列车被迫停车可能妨碍邻线时，司机应立急用列车无线调度通信设备通知邻线上运行的列车和两端站，并与运转车长（无运转车长为车辆乘务员）分别在列车的头部和尾部附近邻线上点燃火炬，在自动闭塞区间，还应对邻线来车方向短路轨道电路。司机应亲自或指派人员沿邻线一侧对列车进行检查，发现妨碍邻线时，应立即派人按规定防护。如发现邻线有列车开来时，应鸣示紧急停车信号。

七、列车在区间被迫停车后，放置响墩防护的规定

（1）已请求救援时，从救援列车开来方面（不明时，从列车前后两方面），距离列车不小于 300 m 处防护。

（2）电话中断后发出的列车[持有附件3（红色许可证）通知书1的列车除外]，应于停车后，立即从列车后方按线路最大速度等级规定的列车紧急制动距离位置处防护。

（3）对于邻线上妨碍行车地点，应从两方面按线路最大速度等级规定的列车紧急制动距离位置处防护，如确知列车开来方向时，仅对来车方面防护。

（4）列车分部运行，机车进入区间挂取遗留车辆时，应从车列前方距离不小于 300 m 处防护。

防护人员设置的响墩待停车原因消除后可不撤除。

八、使用特定行车办法时的有关规定

遇有施工又必须接发列车的特殊情况时，可按以下施工特定行车办法办理：

（1）车站采用固定进路的办法接发列车。施工开始前，车站须将正线进路开通，并对进路上所有道岔按规定加锁（有关道岔密贴的确认及具体的加锁办法，由铁路局规定）。

（2）引导接车并正线通过时，准许列车司机凭特定引导手信号的显示，以不超过 60 km/h 速度进站。

（3）准许车站不向司机递交书面行车凭证和调度命令。但车站仍按规定办理行车手续，并使用列车无线调度通信设备（其通信记录装置须作用良好）将行车凭证号码（路票为电话记录号码、绿色许可证为编号）和调度命令号码通知司机，得到司机复诵正确后，方可显示通过手信号。列车凭通过手信号通过车站。

其他具体安全行车办法，由铁路局规定。

九、列车不准分部运行的规定

下列情况列车不准分部运行：
（1）采取措施后可整列运行时。
（2）对遗留车辆未采取防护、防溜措施时。
（3）遗留车辆无人看守时。
（4）列车无线调度通信设备故障时。

十、列车必须分部运行时的规定

在不得已情况下，列车必须分部运行时，司机应使用列车无线调度通信设备报告前方站和列车调度员，并做好遗留车辆的防溜和防护工作。司机在记明遗留车辆辆数和停留位置后，

方可牵引前部车辆运行至前方站。在运行中仍按信号机的显示进行，但在半自动闭塞区间，该列车必须在进站信号机外停车（司机已用列车无线调度通信设备通知车站值班员列车为分部运行时除外），将情况通知车站值班员后再进站。车站值班员应立即报告列车调度员封锁区间，待将遗留车辆拉回车站，确认区间空闲后，方可开通区间。

十一、列车不准退行的规定

下列情况列车不准退行：
（1）按自动闭塞法运行时（列车调度员或后方站车站值班员确知区间内无列车，并准许时除外）。
（2）无运转车长值乘的列车（已指派胜任人员并携带列车无线调度通信设备、简易紧急制动阀时除外）。
（3）在降雾、暴风雨雪及其他不良条件下，难以辨认信号时。
（4）电话中断后发出的列车[持有附件3（红色许可证）通知书1的列车除外]。
挂有后部补机的列车，除上述情况外，是否准许退行，由铁路局规定。

十二、列车必须退行时的规定

在不得已情况下列车必须退行时，运转车长（无运转车长时为指派的胜任人员）应站在列车尾部注视运行前方，发现危及行车或人身安全时，应立即使用紧急制动阀或列车无线调度通信设备通知司机，使列车停车。

列车退行速度，不得超过 15 km/h。未得到后方站（线路所）车站值班员准许，不得退行到车站的最外方预告标或预告信号机（双线区间为邻线预告标或特设的预告标）的内方。

车站接到列车退行的报告后，除立即报告列车调度员外，根据线路占用情况，可开放进站信号机或按引导办法将列车接入站内。

十三、遇天气恶劣，信号机显示距离不足200 m时的行车办法

司机或车站值班员须立即报告列车调度员，列车调度员应及时发布调度命令，改按天气恶劣难以辨认信号的办法行车。
（1）列车按机车信号的显示运行。当接近地面信号机时，司机应确认地面信号，遇地面信号与机车信号显示不一致时，应立即采取减速或停车措施。
（2）当无法辨认出站（进路）信号机显示时，在列车具备发车条件后，司机凭车站值班员（运转车长）列车无线调度通信设备（其通信记录装置须作用良好）的开车通知，起动列车，在确认出站（进路）信号机显示正确后，再行加速。
（3）天气转好时，应及时报告列车调度员发布调度命令，恢复正常行车。

十四、列车运行途中发生车辆故障时的处理方法

（1）发现客车车辆轮轴故障、车体下沉（倾斜）、车辆剧烈振动等危及行车安全的情况时，须立即采取停车措施。由司机、车辆乘务员检查，对抱闸车辆应关闭截断塞门，排除副风缸中的余风，确认安全无误后，方可继续运行，如车轮踏面损坏超过限度或车辆故障不能继续运行时，应甩车处理。

（2）列车调度员接到热轴报告后，应按热轴预报等级要求果断处理。必要时，立即安排停车检查（司机应采用常用制动，列车停车后由车辆乘务员负责检查，无车辆乘务员的由司机确认能否继续安全运行）或就近站甩车处理。

（3）遇客车安全监控系统报警或其他故障需要列车限速运行时，运转车长（无运转车长时为车辆乘务员）应使用列车无线调度通信设备通知司机，由司机报告车站值班员、列车调度员。

十五、停止使用基本闭塞法，改用电话闭塞法的规定

遇下列情况，应停止使用基本闭塞法，改用电话闭塞法行车：
（1）基本闭塞设备发生故障（包括自动闭塞区间内两架及其以上通过信号机故障或灯光熄灭）时。
（2）发出挂有由区间返回后部补机的列车时，或自动闭塞区间发出由区间返回的列车时。
（3）无双向闭塞设备的双线区间反方向发车或改按单线行车时。
（4）半自动闭塞区间，发出须由区间返回的列车，由未设出站信号机的线路上发车或超长列车头部越过出站信号机并压上出站方面轨道电路发车时。
（5）在夜间或遇降雾、暴风雨雪，为消除线路故障或执行特殊任务，开行轻型车辆时。

十六、自动闭塞区间通过信号机显示停车信号（包括显示不明或灯光熄灭）时的规定

自动闭塞区间通过信号机显示停车信号（包括显示不明或灯光熄灭）时，列车必须在该信号机前停车，司机应使用列车无线调度通信设备通知运转车长（无运转车长为车辆乘务员），通知不到时，鸣笛一长声。停车等候 2 min，该信号机仍未显示进行的信号时，即以遇到阻碍能随时停车的速度继续运行，最高不超过 20 km/h，运行到次一通过信号机，按其显示的要求运行。在停车等候同时，与车站值班员、列车调度员、前行列车司机联系，如确认前方闭塞分区内有列车时，不得进入。

装有容许信号的通过信号机，显示停车信号时，准许铁路局规定停车后起动困难的货物列车，在该信号机前不停车，按上述速度通过。当容许信号灯光熄灭或容许信号和通过信号机灯光都熄灭时，司机在确认信号机装有容许信号时，仍按上述速度通过该信号机。

装有连续式机车信号的列车，遇通过信号机灯光熄灭，而机车信号显示进行的信号时，应按机车信号的显示运行。

司机发现通过信号机故障时，应将故障信号机的号码通知前方站。

十七、车站行车室内一切电话中断，列车进入区间行车凭证的规定

车站行车室内一切电话中断时，单线行车按书面联络法，双线行车按时间间隔法。列车进入区间的行车凭证均为红色许可证。

在自动闭塞区间，如闭塞设备作用良好时，列车运行仍按自动闭塞法行车，但车站与列车司机应以列车无线调度通信设备直接联系（说明车次及注意事项等）。如列车无线调度通信设备故障时，列车必须在车站停车联系。

十八、列车在站内临时停车，再开车时的规定

列车在站内临时停车，待停车原因消除且继续运行时，应按下列规定办理：
（1）司机主动停车时，自行起动列车。
（2）其他乘务人员使用紧急制动阀停车时，由运转车长（无运转车长为车辆乘务员）通知司机开车。
（3）车站接发列车人员使列车在站内临时停车时，由车站按规定发车。
（4）其他原因的临时停车，车站值班员会同司机、运转车长、车辆乘务员等查明停车原因，在列车具备运行条件后，由车站按规定发车。
遇上述第（1）、（2）、（4）项情况，司机应向车站值班员报告停车原因。

十九、向施工封锁区间开行路用列车时，列车进入封锁区间行车凭证的规定

向施工封锁区间开行路用列车时，列车进入封锁区间的行车凭证为调度命令。该命令中应包括列车车次、运行速度、停车地点、到达车站的时刻等有关事项。

向施工封锁区间开行路用列车，原则上每端只准进入一列，如超过时，其安全措施及运行办法按铁路局规定执行。

【知识检测】

一、填空题

1．列车发生火灾、爆炸时，须＿＿＿＿＿＿＿＿（停车地点应尽量避开特大桥梁、长大隧道等）。

2．列车发生火灾、爆炸时，若在电气化区段，还应立即通知供电＿＿＿＿＿＿＿＿。

3．列车通过防洪危险地段时，司机、运转车长要加强＿＿＿＿＿＿＿＿，并随时采取必要的安全措施。

4．当洪水漫到路肩时，列车应按规定＿＿＿＿＿＿＿＿运行。

5．列车遇到线路塌方、道床冲空等危及行车安全的突发情况时，司机、运转车长应立即

采取应急性安全措施，并立刻通知＿＿＿＿＿＿列车、邻线列车及邻近车站。

6．发现客车车辆轮轴故障、车体下沉（倾抖）、车辆剧烈振动等危及行车安全的情况时，须立即采取＿＿＿＿＿＿措施。

二、选择题

1．在不得已情况下，列车必须退行时，列车退行速度不得超过（　　）km/h。
A．5　　　　　　B．15　　　　　　C．20

2．列车分部运行时，（　　）取得调度命令。
A．必须　　　　B．不须　　　　C．可以

3．遇（　　）时，列车不准分部运行。
A．电台故障　　B．无运转车长　　C．无调度命令

4．救援列车进入封锁区间的许可是（　　）。
A．调度命令　　B．路票　　　　C．出站调车通知书

5．救援列车进入封锁区间后，在接近被救援列车或车列（　　）m 时，要严格控制速度。
A．500　　　　B．1 000　　　　C．2 000

6．遇天气恶劣，信号机显示距离不足（　　）m 时，司机或车站值班员须立即报告列车调度员，列车调度员应及时发布调度命令，改按天气恶劣难以辨认信号的办法行车。
A．500　　　　B．300　　　　　C．200

三、简答题

1．哪些情况下列车不准分部运行？
2．哪些情况下列车不准退行？
3．列车发生火灾、爆炸时如何应急处理？
4．列车在区间被迫停车后不能继续运行时，司机如何处理？
5．汛期暴风雨行车应急情况如何处理？
6．遇响墩爆炸声及火炬信号的火光时如何应急处理？

任务二　非正常情况下的监控操作

【任务目标】

知识目标：非正常情况下的监控操作。
能力目标：熟练掌握非正常情况下的监控操作办法。

【任务内容】

一、自动闭塞区间行车

分区通过信号机前机车信号显示红黄灯、白灯、单红灯或灭灯时，监控装置监控列车在

该信号机自动停车 2 min 后自动解除停车控制功能，从停车位置开始限速 21 km/h，监控列车以不超过 20 km/h 的速度运行至次一信号机，然后按其显示的机车信号控制列车运行。

在装有容许信号的通过信号机前，机车信号为停车信号，货物列车自动解除停车控制功能，监控列车以不超过 20 km/h 的速度越过该信号机并运行至次一架信号机。

二、改基本闭塞为电话闭塞行车

（一）有计划使用电话闭塞法行车

机车出段前接到改用电话闭塞的调度命令时，调度员将该命令内容写入 IC 卡，司机将其正确输入监控装置，在机车越过该电话闭塞起始站的第一接近信号机（半自闭区段为预告信号机）后，显示器自动弹出电话闭塞揭示窗口，当列车运行速度低于 60 km/h 时，自动弹出"路票输入"窗口；若开车始发站即为有计划电话闭塞的起始车站，在开车设定后显示器弹出电话闭塞揭示窗口，同时弹出提示"路票输入"窗口。司机将路票的电话记录号输入路票编号栏内，按压【确认】键，在出站（发车进路）信号机前按压【解锁】键+【确认】键，监控装置解除出站信号机（或发车进路信号机）至下一站间所有分区通过信号机的停车控制功能。列车运行至下站进站信号机前，监控装置恢复正常控制状态，按信号机显示要求监控列车运行。

注意：

（1）路票输入窗口自动弹出后保持 15 s 时间，若 15 s 内未做任何操作，则路票输入窗口自动关闭，此时可持续按压【↑】键 2 s，显示器弹出"非正常行车确认"窗口，选择"3. 路票"，调出路票输入窗口。

（2）在降级状态下输入，须按压【解锁】键+【确认】键进入路票控制模式后，方可"开车对标"。

（二）临时使用电话闭塞法行车

站内停车状态下，持续按压【↑】键 1 s，监控装置显示"非正常行车确认"窗口，将光标移至"3. 路票"处，按压【确认】键，进入路票输入窗口。正确输入调度命令号和路票的电话记录号后，将光标移至"确定"处，再按压【确认】键，确认发车条件具备后，按压【解锁】键+【确认】键，监控装置解除对本架出站信号机、发车进路信号机及下一站进站信号机前所有信号机的控制功能。

注意：在降级状态下输入，须按压【解锁】键+【确认】键进入路票控制模式后方可"开车对标"。

（三）注意事项

（1）在改用电话闭塞法行车的区间，对客运列车，监控装置按该次列车在对应的区间最高允许速度的80%自动调整固定模式限速值监控列车运行,该区间限速值低于上述取值的按低值监控。对货运列车,按规定速度监控列车运行。

(2)遇单线自动(计轴)闭塞区间改站间闭塞(不使用路票,列车占用区间的行车凭证为出站信号机或线路所通过信号机显示的进行信号,相对方向进站信号机背面同时点亮一个白色灯光,表示:前方区间改按站间区间行车,区间通过信号机显示无效),监控装置须进入路票模式控制列车行车。在停车状态下,输入调度命令号,并将调度命令编号中末尾二位数作为路票电话记录号输入监控装置。

(3)在一站多场的情况下,车站只填发一张路票时:对连续的多个关闭的发车进路信号机,只在第一个发车进路信号机前操作,对在关闭的发车进路信号机机间隔有接车进路信号机的,必须在每个间隔有接车进路信号机的发车进路信号机前重复操作,每次输入的调度命令号和路票电话记录号均相同。

(4)对开通两条线路方向以上的车站,IC卡写入有计划"路票",会导致LKJ多控,允许机车乘务员在确认相关凭证后,对无须控制线路进行IC卡内揭示解锁(输入前发调度命令号),解除LKJ多余的控制,并在退勤时汇报。

(5)以调度命令为行车凭证行车的区段,调度集中控制时,遇使用电话闭塞法行车,监控装置须进入路票模式控制列车行车。在停车状态下,输入调度命令号,并将调度命令编号中末尾二位数作为路票电话记录号输入监控装置。

三、使用绿色许可证

(一)有计划使用绿色许可证

机车出段前接到某站使用绿色许可证的调度命令时,调度员将该命令内容写入IC卡,司机将其正确输入监控装置。在机车越过使用绿色许可证车站的第一接近信号机(半自闭区段为预告信号机)后,显示器弹出绿色许可证揭示窗口,当列车运行速度低于45 km/h,自动弹出绿色许可证的输入窗口,输入相应的绿色许可证编号,在出站(发车进路)信号机前按压【解锁】键+【确认】键,解除出站或发车进路信号机前的停车控制功能,监控列车以不超过45 km/h的速度通过出站道岔(如道岔限速低于45 km/h时,按道岔限速控制)。

(二)临时使用绿色许可证

列车运行至改用绿色许可证发车车站的出站信号机或发车进路信号机前停车,确认绿色许可证填写无误后,持续按压【↑】键2 s,监控显示"非正常行车确认"窗口,将光标移至"2. 绿色许可证"处,按压【确认】键,正确输入绿色许可证编号,确认发车条件具备后,再按压【解锁】+【确认】键,解除对本架出站信号机或发车进路信号机前的停车控制功能,监控列车以不超过45 km/h的速度通过出站道岔(如道岔限速低于45 km/h时,按道岔限速控制)。

注意：在输入绿色许可证编号后，未按压【解锁】键+【确认】键前，无论机车信号为任何色灯显示信号，监控装置均按关闭信号进行停车控制。

四、使用临时使用红色许可证

在得到使用书面联络法发车通知后，又遇临时无法开放出站信号机或发车进路信号机信号不良，机车乘务员确认红色许可证填写无误，确认车站发车信号正确无误后，自动闭塞区段按临时使用绿色许可证、半自闭区段按临时使用路票的方式操作监控装置，调度命令号、绿色许可证号、路票电话记录号均为车站填发的红色许可证号。

五、信号突变

（一）自动闭塞区段信号突变

在自动闭塞区段，当监控装置计算距前方信号机距离≤50 m时，机车信号由黄灯、双黄灯突变为红黄灯、白灯，监控装置自动解除对当前信号机的停车控制功能，并消除剩余距离，语音提示"注意距离"，按次一信号机的显示要求监控列车运行。

注意：当监控装置计算距前方信号机距离>50 m时，监控装置按停车信号控制，若接近信号机时变灯，将直接产生紧急制动。

（二）半自动闭塞区段信号突变

在半自动闭塞区段，当监控装置计算距前方信号机距离≤100 m时，机车信号由黄灯、双黄灯突变为红黄灯、白灯，监控装置持续发出"信号突变"语音报警，确认地面信号升放后，7 s内按压【警惕】键后停止报警，解除对当前信号机的停车控制，并按次一信号机的显示要求监控列车运行；如不按压【警惕】键，则报警7 s后按信号关闭控制列车。若在报警过程中，装置计算已越过信号机，终止停车控制。

注意：当监控装置计算距前方信号机距离>100 m时，监控装置按停车信号控制，若接近信号机时变灯，将直接产生紧急制动。

六、使用引导信号行车

（一）机车信号机显示引导信号

在进站信号机前，机车信号机显示半红半黄闪信号时，监控装置监控列车以不超过20 km/h的速度越过该进站信号机。列车进站后，按出站信号机的显示要求监控列车运行。

（二）手信号引导

在进站信号机或接车进路信号机前，机车信号为红黄灯、白灯、单红灯或灭灯时，当列车运行速度低于 20 km/h 时，确定引导信号开放后，允许司机按压【解锁】键解除停车控制模式，监控装置监控列车以最高不超过 20 km/h 的速度越过该进站信号机。列车进站后，按出站信号机的显示监控列车运行。

对于进站方向为上坡道，且停车后起动困难的车站，允许列车速度在 20 km/h 以上，按压【解锁】键，解除停车控制，监控列车以不超过 20 km/h 的速度越过进站信号机。

对于同时具有接发车功能的信号机（"进出站"类型），司机按【解锁】键解锁时，作为引导解锁处理。

引导解锁后可以输入侧线股道号。

注意：引导解锁后，当前分区若机车信号变化，解锁一直有效。若机车信号开放为允许信号，监控限速仍保持 21 km/h 直至越过该信号机。

（三）特定手信号引导

（1）机车出段前司机将引导进站的调度命令内容及编号（含车站编号）载入监控装置。

（2）列车运行至引导站进站信号机前，并且运行速度低于 60 km/h 时，司机按压【开车】键后再按压【解锁】键，解除对该信号机的停车控制功能，监控装置监控列车以不超过 60 km/h 的速度越过该进站信号机，列车进站后按出站信号机的显示要求监控列车运行。

（3）在接车进路信号机或四显示区段的分割信号机前，当列车运行速度低于 60 km/h 时，司机按压【开车】键后再按压【解锁】键，解除停车控制功能，监控装置监控列车以不超过 60 km/h 的速度越过该信号机。

注意：对于允许特定手信号引导的信号机，不再具备普通手信号引导解锁功能。遇特定引导临时取消恢复普通引导时，可采取解锁"特定引导揭示"的方式恢复该信号机的普通引导解锁功能。

七、站内停车靠标

（一）客运列车

在规定的靠标困难的特殊股道停车，当列车运行速度低于 20 km/h 且监控显示距离小于 200 m 时，允许司机按压【解锁】键，监控列车以最高不超过 20 km/h 的速度运行。

说明：列车在站内靠标解锁停车 5 min 后，监控装置恢复对出站信号机的停车控制，出口限速恢复为 0，本站不再允许进行解锁操作。

注意：监控数据越过出站信号机后，监控限速上升为侧线道岔限速或线路限速。

（二）货运列车

站内停车后，列车头部必须越过 LKJ 停车控制曲线速度为 0（关闭点）的位置尾部才能过标时，机车司机可根据列车前部距出站信号机的实际距离，申请列车允许前行距离，列车调度员下达调度命令，确认后方可使用 LKJ "特殊前行"功能。

（1）进入"特殊前行"的条件

货物列车站内停车后，同时满足以下条件时，LKJ 允许通过显示器操作进入"特殊前行"控制模式：

① 货物列车。

② 机车运行速度为 0。

③ 监控显示的前方信号机为出站或进出站信号机（线路所除外）。

④ 监控显示的前方信号机未设定为货车靠标停车困难特殊车站。

⑤ 监控显示距前方信号机距离<70 m。

⑥ LKJ 不处于"20 km/h 限速工作状态"下。

⑦ LKJ 接收的机车信号为停车信号（无码单红灯和低频"H"码单红灯除外）或按停车信号控制时。

（2）进入"特殊前行"的操作

司机按压显示器【↑】键持续 2 s，显示器弹出"非正常行车确认"窗口，选择"5. 货车特殊前行"，如果进入"特殊前行"的各种条件都同时满足，LKJ 进入"特殊前行输入"界面。如果此时进入"特殊前行"的条件不能同时满足，LKJ 将显示进入"特殊前行"操作无效，并提示有效的操作方法。

在"特殊前行输入"界面，前行距离默认为 50 m，并在显示界面中用红色字体提示前行距离的有效范围（1~100 m）。输入完成并确认后，LKJ 对输入的调度命令号和前行距离进行判断，如果调度命令号为 0 或者前行距离不满足有效范围，LKJ 显示器进行相应的提示。当进行了正确输入后，LKJ 进入"特殊前行"控制模式，显示器在屏幕上方提示特殊前行信息。

（3）进入"特殊前行"后的控制

① LKJ 监控列车以不超过 15 km/h 的速度运行，显示器显示"特殊前行"剩余距离提示窗口。当剩余距离为 0 时，LKJ 限速突降为 0，若此时列车运行速度非 0，LKJ 立即输出紧急停车指令。

② LKJ 接收到机车信号单红灯（包含无码单红灯和低频"H"码单红灯）时立即输出紧急停车指令（考虑压钩起动，速度从 0 开始且走行距离小于 10 m 除外）。

③ 若前行停车后，列车尾部仍未越过警冲标，允许重复进入"特殊前行"控制模式。

（4）退出"特殊前行"的条件

当满足下列任何一个条件时，LKJ 自动退出"特殊前行"控制模式。

① LKJ 接收到机车信号为开放信号且 LKJ 未按停车信号控制时。

② LKJ 进入调车或降级工作状态。

③ LKJ 显示位于出站信号机前且停车时间超过 5 min。

④ LKJ 显示位于出站信号机前且 LKJ 显示前行剩余距离为 0 停车后。

⑤ LKJ 显示位于出站信号机前且接收到机车信号单红灯（包含无码单红灯和低频"H"码单红灯）停车后。

八、揭示解锁操作

当机车运行至距前方临时限速点 3 000 m 以内或满足特定引导、有计划路票和绿色许可证揭示弹出条件时,在显示器右上方自动弹出揭示窗口,该窗口一次最多只能显示 5 条揭示,按照距离的远近其序号依次为 01、02、03、04、05。

(一)运行中解除揭示

列车运行中,司机接到列车调度员发布的取消前发临时限速调度命令,当有临时限速提示框显示时,允许司机按压【转储】键,弹出"揭示解锁"字样,在该字样没有消失前按压该揭示"序号"(数字键 1、2、3、4、5),弹出取消揭示的调度命令输入窗口,输入取消揭示的调度命令号,按压【确认】键,该条揭示的控制被解除。

(二)列车停车时解除揭示

列车停车时,司机接到列车调度员发布的取消前发调度命令的调度命令时,允许司机按压【查询】键,弹出"查询选择"窗口,选择"揭示信息"后按压【确认】键,弹出"全部揭示查询"窗口。用【+】键将光标移至要取消的揭示上,按压"选择"按钮将该条揭示选中,再按压"全部揭示查询"窗口中的"解锁"按钮,弹出取消揭示输入调度命令窗口,输入取消前发调度命令的调度命令号,按压【确认】键后该条揭示的控制被解除。

(三)车站内临时限速解除

车站内存在临时限速时,须将临时限速的调度命令内容写入监控装置 IC 卡中。若列车经过无临时限速的股道,机车乘务员在确认进路后,输入发布临时限速的调度命令号,解除监控装置临时限速控制。

九、出站绿灯(绿黄灯)确认

在自动闭塞区段,对于规定车站的出站(或发车进路)信号机前,地面信号显示绿灯或绿黄灯,机车信号为双黄灯。列车距出站(或发车进路)信号机 400 m 内时,需手动按【+】键持续 2 s 进入"非正常行车确认"窗口,选择"1. 地面信号"按【确认】键,进入"绿灯/绿黄灯确认"对话窗口,司机确认地面信号机显示绿灯或绿黄灯后,将光标移至"确定"处,再按压【确认】键,监控装置解除当前和次一信号机前的白灯停车控制,显示器左上角显示"已确认地面信号为绿/绿黄灯"的窗口,当机车信号接收到下一信号机的显示后,按其显示监控列车运行。

注意:如不进行确认操作,机车越过该信号机后机车信号掉码时,监控装置将启动停车控制功能,要求在次一信号机前停车。

十、侧线固定无码

对于固定无码的侧线，列车进站后机车信号由进站前的双黄灯转白灯（单红灯）时，列车距出站信号机 400 m 以内，确认地面信号开放后，按压【解锁】键+【确认】键，解除监控装置站内停车控制，监控列车以不超过侧线道岔限速出站。

十一、固定无码信号机

在监控装置设置为固定无码的信号机前，当机车信号为白灯（单红灯），运行速度低于 45 km/h，确认地面信号开放后，按压【解锁】+【确认】键，解除该信号机前的停车控制。

十二、站内机车信号临时无码或掉码

列车在站内机车信号为白灯（单红灯），停车后，司机确认地面信号开放，按压【解锁】+【确认】键，监控装置解除停车控制。若列车在侧线股道内，监控列车以不超过该股道侧向道岔限速越过出站信号机，若列车在正线，监控列车以不超过该车站最低侧线股道限速越过出站信号机。

注意：解锁后站内一直有效。

十三、站内机车信号为红黄灯

列车在站内，机车信号为红黄灯，而地面信号为进行信号，确认地面信号开放后，采用降级后重新"开车对标"的方法越过该出站信号机，按次一信号机的显示监控列车继续运行。

十四、进站信号前机车信号为红黄灯、白灯、单红灯或灭灯

在进站信号机或接车进路信号机前，若机车信号显示红黄灯、白灯、单红灯或灭灯时，确认地面信号开放后，按引导进站控制模式操作。

十五、机车信号故障

运行中机车信号故障，列车维持进前方站停车后，机车信号未恢复正常，须报告调度，更换机车。

运行中机车信号的显示含义与列车接近的地面信号机显示不匹配（包括机车信号升级、降级显示，有码区段显示白灯等情况），连续运行通过两个地面信号机后，机车信号显示未恢

复正常，判定为机车信号故障，若机车信号出现多灯、灭灯时，直接判定为机车信号故障。

（一）自动闭塞区间

自动闭塞区间，列车在运行中发生机车信号故障后，机车乘务员应立即停车，将监控装置转入"20 km/h 限速模式"状态，并以不超过 20 km/h 的速度按地面信号显示要求维持运行至前方车站停车，报告车站值班员或调度员。

1. 进入、退出"20 km/h 限速模式"的条件及要求

仅在自动闭塞区间允许进入"20 km/h 限速模式"。

列车运行途中，若机车信号故障，机车乘务员应使列车立即停车，将监控装置转为"20 km/h 限速模式"，并按地面信号显示要求维持运行至前方车站停车。

若机车信号恢复正常，机车乘务员应及时向列车调度员汇报，并在站内退出"20 km/h 限速模式"，重新执行"开车对标"操作。

2. "20 km/h 限速模式"的控制

进入"20 km/h 限速模式"后，显示器显示"20 km/h 限速模式"，限速为 0，等待 2 min，监控装置限速自动上升为 21 km/h。监控装置不再按机车信号的显示监控列车运行，监控列车以不超过 20 km/h 的速度运行至前方车站（不含线路所）的出站（或发车进路）信号机前停车。

进入"20 km/h 限速模式"后，取消人工股道选择及靠标解锁功能，装置不进行过机自动校正。

3. 进入、退出"20 km/h 限速模式"的操作

（1）进入操作：在停车状态下持续按压【↑】键 2 s，显示器显示"非正常行车确认"窗口，将光标移至"4. 转入 20 km/h 模式"选项，按压【确认】键，进入"20 km/h 限速模式"，进入后限速立即降为 0。

（2）退出操作：在停车状态下持续按压【↑】键 2 s，显示器显示"非正常行车确认"窗口，选择"4. 转出 20 km/h 模式"选项，按压【确认】键，监控装置立即进入降级状态。

（二）半自动闭塞区间

半自动闭塞区间，列车运行至进站信号机前发生机车信号故障，机车乘务员确认地面信号开放后，按引导进站控制模式操作，列车进站后停车，报告车站值班员或调度员。

十六、双线反向行车操作

输入反向运行的交路号、车站号，在正线出站信号机处"开车对标"。

十七、监控装置关机规定

运行途中严禁擅自关机。

遇 LKJ 故障时,机车乘务员应将 LKJ 装置关闭,以不超过 20 km/h 的速度运行至前方站停车。自闭区段前方站更换机车,其他闭塞区段前方站停车向调度员报告,得到维持运行的调度命令后,方可继续运行,运行中要严格按地面信号显示行车,适当降低速度,防止列车超速。

(一)关机规定

列车运行中遇监控装置故障(系统故障,显示器白屏、黑屏、花屏,按键无效,速度显示不正常,监控装置无故排风或卸载两次及以上,监控装置接收的机车信号与机车信号显示不一致,监控数据错乱,无法进入监控状态等),按监控装置故障判定程序操作。无法恢复时,机车乘务员应及时将监控装置故障信息向列车调度员汇报(区间无线通信盲区无法联系时,可关机并以不超过 20 km/h 的速度,维持运行到能以无线调度通信设备同调度联系的地点),维持运行至前方车站。

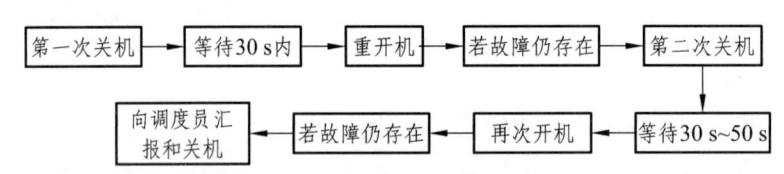

(二)监控装置故障判定程序

监控装置故障判定程序如图 13.1 所示。

第一次关机 → 等待30 s内 → 重开机 → 若故障仍存在 → 第二次关机 → 等待30 s~50 s → 再次开机 → 若故障仍存在 → 向调度员汇报和关机

图 13.1 监控装置故障判定程序

(三)监控装置途中关机后再开机的操作

(1)列车运行在区间(进站分区除外):开机后监控进入降级状态时,将监控装置车站代号设定为上一车站,有速度时按压【开车】键,前方信号机处将距离校正准确。

(2)列车运行在进站信号机外方或站内:开机后监控进入降级状态时,将监控装置车站代号设定为本车站,列车出站叫重新"开车对标"。

(3)列车运行在进站分区:开机后监控进入降级状态时,将监控装置转入调车状态,控速 20 km/h 以下,按地面信号显示行车,进站后重新进行降级开车对标。

十八、重联机车及列车后部补机的监控设置

(1)在参数输入时,修改"本/补"项选择为"补机"即可进入补机控制模式,此时显示

器窗口左上角将显示"补机运行"字样。

（2）由本务运行状态变为补机运行状态，或由补机状态变为本务运行状态时必须在停车状态下进行设定。

（3）在补机状态下运行时，只有语音提示和记录功能，不产生控制。

【知识检测】

简答题

1．如何进行重联机车及列车后部补机的监控设置？
2．监控装置故障时判定程序是怎样的？
3．监控装置途中关机后再开机的操作方法？
4．临时使用电话闭塞法行车的监控操作方法？
5．有计划使用绿色许可证时的监控操作方法？

第四单元

职业道德

项目十四　职业道德

任务一　对职业道德内涵与特征的分析

【任务目标】

知识目标：掌握职业道德的内涵及其基本要求。

能力目标：能够遵守职业道德。

【知识内容】

一、道德的含义

学习职业道德，首先碰到的就是"道德"二字。对于道德，人们并不陌生。一方面，在日常生活中，随时随处都有道德问题；另一方面，我们每个人也经常对别人进行道德评价。事实上，凡是有人群的地方就有道德问题存在，人们的思想和行为都反映着一定的道德观念和道德水平。人人都与道德有关，只是自觉或不自觉而已。

那么，究竟什么是道德呢？道德是调节个人与自我、他人、社会和自然之间关系的行为规范的总和。

首先，道德是行为的准则。道德作为行为准则指引人们应该怎样选择自己的行为，怎样调整彼此之间的关系，具有什么样的人格，树立什么样的人生观，做好事，还是做坏事，做有利于人民的人，还是做危害人民的人，等等。每个人都在根据道德这个行为准则作出选择。

其次，道德是评价行为的标准。道德作为评价标准，可以对人们的行为选择、关系调整作出是与非、善与恶的评判。如善良、忠诚、热爱职业、艰苦奋斗、团结互助等都是道德行为；损人利己、假公济私、出口伤人、打骂成性等都是不道德行为。

第三，道德是靠社会舆论、传统习俗和人们的内心信念来发挥作用的。道德是通过社会舆论、传统习俗和人们的内心信念等力量来倡导和维持的。这种道义的力量对于人们行为的约束，是法律等其他行为规范所不能替代的。

道德是一种特殊的社会意识形式，归根到底是由经济基础决定的，是社会经济关系的反映。社会存在对道德的决定作用主要表现在以下几方面：首先，社会经济关系的性质决定着各种道德体系的性质。其次，社会经济关系所表现出来的利益决定着各种道德的基本原则和主要规范。第三，在阶级社会中，社会经济关系主要表现为阶级关系，因此，道德带有阶级性。第四，社会经济关系的变化必然引起道德的变化。同样，道德可以能动地反作用于社会存在。如道德对人们的物质生活活动具有积极的导向和规范作用，对错误的思想行为有抑制和劝导作用。

道德渗透于各种社会关系中，并广泛干预人们的社会生活。在现代社会，无论是哪个民族、哪个阶层、哪个行业，人们在社会中生活，都要接受和遵循社会公认的道德规范。同时，为调节各个方面的矛盾，各种道德也应运而生，如职业道德、社会公德、家庭美德、环境道德等。没有一定的道德规范，人类社会既不能生存，也无法发展。我们要树立道德观念，处处都要讲求道德。

二、职　业

职业是人们从事的比较稳定的、有合法收入的、专门业务的工作。职业具有以下几个特征：

首先，职业是劳动者在社会分工体系中获得的一种劳动角色。在整个社会生产过程中，有诸多的工种和岗位。这些不同的工种、岗位赋予劳动者以不同的工作内容、劳动方式、知识经验、技能技巧，以及不同的劳动规范、工作职责、行为模式和社会位置，于是劳动者便具有了特定的社会标记和专门的劳动角色，如农民、工人、医生、教师等。

其次，职业是一种社会性的劳动，具有社会性。职业是劳动者在特定的社会环境中所从事的某种社会生产劳动或社会工作，并为社会其他成员所需要及被国家认可。

第三，职业具有连续性和稳定性。劳动者只有在较长时间内连续进行某种社会劳动，并通过这项劳动较稳定地获得一定的经济收入，这种劳动才被视为职业活动。

一般来说，职业活动是我们大多数人人生历程中的重要内容和主要活动。那么，人们为什么要从事职业活动？或者说，职业活动在人的一生中具有什么意义呢？

首先，职业是人的谋生需要。在现实社会中，为了自身的生存和发展，人们必须进入一定的职业活动。因为只有从事一定的职业，人们才能获取赖以生存的物质资料。有劳动能力的人，只有从事某种正当的社会职业，才能成为被社会认可的社会成员，从而有尊严地生活在社会中。我国现阶段实行的是"按劳分配"的原则和"效率优先、兼顾公平"的政策，劳动者参加职业劳动的数量与质量将直接决定其获得财富的多少。

其次，职业能促进人的全面发展。职业劳动是人们谋生的手段，但谋生并不是人们生活的全部内容。通过从事一定的职业活动，从业者必然地与社会、他人发生各种各样的职业交往与联系，从而促进自身从自然人转化为社会人；通过从事一定的职业活动，从业者必然与职业的特定活动结构相联系，个人的智力、体力、知识与技能都会得到提高，并逐步形成和完善自己的个性；通过从事一定的职业活动，从业者才能真正地认识到自己存在的意义和价值，才能真正地享受人生的乐趣和美好。

第三，职业是劳动者为社会作贡献的途径。在职业活动中劳动为与生产资料结合在一起，它体现着人与人之间的社会关系。人们从事职业活动，在为个人获得生活资料的同时，也为社会创造了财富。现代社会的劳动者有着十分明确的分工，劳动者通过各自的劳动成果的相互交换，既体现出为他人服务的程度，又衡量出对社会和国家所作贡献的大小。

因此，我们必须以严肃的态度从事职业活动，尊重劳动者以及他们的劳动成果。

三、职业道德的内涵和特征

在社会生活中,每个人都从事着不同的职业。由于职业的不同,人们对社会所承担的职责各不相同,为保证职业责任的履行和实现,社会和行业对从事本职业的人们规定了起码的道德要求,这就是职业道德。所谓职业道德,是指从事一定职业的人们在职业生活中应当遵循的具有职业特征的道德要求和行为准则。职业道德是社会主义精神文明建设特别是社会主义公民道德建设的重要内容之一。《公民道德建设实施纲要》指出公民应遵守的基本道德规范是:"爱国守法,明礼诚信,团结友善,勤俭自强,敬业奉献,职业道德是所有从业人员在职业活动中应该遵循的行为准则,涵盖了从业人员与服务对象、职业与职工、职业与职业之间的关系。随着现代社会分工的发展和专业化程度的增强,市场竞争日趋激烈,整个社会对从业人员职业观念、职业态度、职业技能、职业纪律和职业作风的要求越来越高。要大力倡导以爱岗敬业、诚实守信、办事公道、服务群众、奉献社会为主要内容的职业道德,鼓励人们在工作中做一个好建设者。"这既明确了职业道德的基本内涵、重要意义,又确定了职业道德的主要规范和加强职业道德建设的落脚点。《纲要》对职业道德的这种规定,既体现了时代的鲜明特征,又概括了社会主义市场经济条件下各种职业道德的共同特点,所以,它适用于各行各业,是对各种职业道德的共同要求。

(一)职业道德的主要内容

1. 爱岗敬业

爱岗敬业是社会主义职业道德最基本、最起码、最普通的要求。爱岗,就是热爱自己的工作岗位,热爱自己的本职工作。敬业,就是以极端负责的态度对待自己工作。宋朝朱熹对"敬业"的解释是:"专心致志,以事其业"。就是说,敬业的核心要求是严肃认真,一心一意,精益求精,尽职尽责。古人提倡的这种工作态度今天仍然没有过时。

爱岗与敬业是紧密联系在一起的。爱岗是敬业的前提,敬业是爱岗情感的进一步升华,是对职业责任、职业荣誉的深刻认识。不爱岗的人,很难做到敬业;不敬业的人,很难说是真正的爱岗。所以,不论做任何工作或劳动,只要认真负责,精益求精,不辞辛苦,就可以说是爱岗敬业。

2. 诚实守信

诚实守信是做人的基本准则,也是社会道德和职业道德的一个基本规范。在中国传统儒家伦理中,诚实守信被视为"立政之本"、"立人之本"、"进德修业之本"。孔子曾说:"民无信不立。"他把信摆到了关系国家兴亡的重要位置,认为国家的朝政得不到人民的信任是立不住脚的。《纲要》把诚实守信列为社会主义职业道德的一项基本内容,真可谓顺应天意,合乎民心。

诚实就是真实无欺,既不自欺,也不欺人。对自己,要真心诚意地为善去恶,光明磊落;对他人,要开诚布公,不隐瞒,不欺骗。一句话,诚实就是表里如一,说老实话,办老实事,做老实人。守信就是信守诺言,讲信誉,重信用,忠实履行自己承担的义务。诚实和守信是统一的。守信以诚实为基础，离开诚实就无所谓守信。在我们的社会生活中，每个人每天都要与他人或单位打交道，根据与他人、与单位达成的协议来安排自己的会议、学习、工作、劳动和其他活动。如果人人都不诚实，不守信，那么，人和人之间的一切交往就无法进行，一切会议、学习、工作和劳动就无法开展，整个社会就会陷入一场无序、混乱之中。

3. 办事公道

办事公道是指对于人和事的一种态度，也是千百年来人们所称道的职业道德。它要求人们待人处世要公正、公平。公正、公平要以公心为基础，从个人的感情和利益出发，很难做到公正、公平。当然，公正、公平也包括平等的内涵。

4. 服务群众

服务群众就是为人民群众服务。在社会生活中，人人都是服务对象，人人又都为他人服务。就是说，任何人要生存、要发展、要工作、要劳动，首先总是要接受社会和其他人提供的大量服务；同时，任何一位从业者也总是在自己本职的岗位上通过自己具体的工作、劳动，为他人、为社会提供服务。所以，服务群众是社会全体从业者通过互相服务，来达到社会发展、共同幸福。服务群众是一种现实的生活方式，也是职业道德要求的一个基本内容。

5. 奉献社会

奉献社会就是积极自觉地为社会作贡献。奉献，就是不论从事任何职业，从业人员的目的不是为了个人、家庭，也不是为了名和利，而是为了有益于他人，为了有益于国家和社会。正因为如此，奉献社会就是社会主义职业道德的本质特征。在以私有制为基础的社会里，少数统治阶级的利益和广大人民的利益是相对立的。虽然，他们也提倡职业道德，但出发点和最终目的却是为了少数剥削阶级的私利。社会主义建立在以公有制为主体的经济基础之上，广大劳动人民当家作主，因此，社会主义职业道德必须把奉献社会作为自己重要的道德规范，作为自己根本的职业目的。

奉献社会自始至终体现在爱岗敬业、诚实守信、办事公道和服务群众的各种要求之中。试想，一个从业者如果不爱岗敬业、诚实守信、办事公道、服务群众的话，那么，奉献社会就是一句空话。可以说，奉献社会是社会主义职业道德的最高要求和最终目的。当然，奉献社会也是在爱岗敬业、诚实守信、办事公道、服务群众等优良职业道德品质长期积累的基础上产生的。我们社会中像雷锋、孔繁森、李润五、徐虎、李国安、范匡夫等同志，之所以受到社会的崇敬，就是因为他们在各自的工作岗位上默默地为社会作了无私的奉献。

（二）职业道德的鲜明特征

1. 职业道德具有职业性和行业性

首先，职业道德主要约束从事本职业的人员，只适用于这类人员在职业活动中所发生的行为。其次，职业道德主要调节职业活动中形成的特殊关系，包括同一职业的从业人员之间的关系、本职业同职业服务对象、行业集团、社会整体等方面的关系。第三，职业道德规范的内容往往鲜明地反映出社会对具体职业的特殊要求，与本职业的行业特点结合在一起，带有明显的行业特征。

2. 职业道德具有多样性和一定的权力强制性

首先，不同的职业有不同的职业道德要求。其次，职业道德往往采取规章制度、职工手册、岗位守则、服务公约、奖惩条例、行政纪律甚至誓词、口号等多种形式公布于众，用以约束和激励本职业的从业人员。第三，职业道德往往与行政纪律、规章制度等权力规范结合在一起，如有违反，通常会受到经济以及行政纪律的惩罚，这就使得职业道德不仅通过传统习惯、社会舆论和内心信念等方式对人们进行软约束，而且还具有一定的权力强制性。

3. 职业道德具有广泛性和层次性

广泛性表明职业道德是对所有职业从业人员提出的要求。无论你从事什么职业，无论你在职业活动中扮演什么角色，在职业活动中都应该讲职业道德，这是社会进步和个人职业生涯发展的基本要求。层次性是说，职业道德能容纳多层次、不同水准的道德内容。较低层次的职业道德要求人们尽职尽责地完成本职工作，这是对每个从业人员的基本要求；中层次的职业道德则要求从业者有较强的敬业精神和成就意识，较好地或出色地履行职责；高层次的职业道德则蕴含着把职业活动升华为高尚的人生追求、人生理想的道德意境。这些不同层次的职业道德的水准不同，对人的道德觉悟的要求不同，实现的难易度不同，能够达到的普遍程度也不同。

职业道德体现了本行业对社会所承担的道德责任和道德义务，是社会和行业对从业人员在职业活动中的态度和行为要求。这种要求主要体现在以下三个方面：一是对本职工作应有的态度和行为的道德要求。如热爱本职的敬业精神、行业内部群体的团结协作精神等。各种职业大都把这部分内容放在首位，要求从业人员不断提高对本职工作的价值、意义以及对职业责任的认识，形成一定的荣誉感、责任感，从而更加热爱本职工作。二是对本职业技术应有的态度和行为的道德要求。这方面的内容以对技术精益求精、强调效率、讲求质量的敬业精神为主。它同技术的规范要求不同，是从人的思想道德的角度要求从业人员不断熟悉业务、钻研技术、讲求效益。三是对本职业服务对象应有的态度和行为的道德要求。这就是要求从业人员在从事职业活动时，不仅要履行职业责任，强调诚实守信，注重行业信誉，还要以平等、热情、周到的态度对待服务对象，同时做到办事公道、服务群众、奉献社会，尽量满足服务对象的要求。

四、社会主义职业道德的核心和基本原则

为人民服务是社会主义职业道德的核心。道德建设核心的问题，实质上是一个"为什么人服务"的问题，它决定并体现了道德建设的根本性质和发展方向，规定并制约着道德领域中的种种道德现象。

始终一贯、坚持不懈地一切从人民的利益出发，以人民的利益为标准，为人民的利益而努力奋斗，这些内容归于一句话就是"为人民服务"。为人民服务是毛泽东同志高度概括并具有鲜明的中国化特点的马克思主义道德观，是无产阶级道德观的核心和精神实质。

那么，我们为什么要把为人民服务作为社会主义职业道德的核心呢？

首先，为人民服务既是中国共产党的一贯宗旨，也是党领导下社会主义国家的主导价值观念，是各项社会主义事业的共同实质和价值导向。

其次，为人民服务是社会主义经济制度和人际关系的客观要求。在我国社会主义基本经济制度的条件下，每个职业劳动者都在为社会、为他人同时也是为自己而劳动和工作。各行各业的劳动者只是社会分工不同，没有高低贵贱之分。每个职业岗位上的劳动者都是服务对象，又都为他人服务。全体人民通过社会分工和相互服务来实现共同利益。

第三，为人民服务贯穿于社会主义各行各业具体的职业道德规范中，居于核心地位，起着主导作用。各行各业具体的职业道德规范中都体现着为人民服务的要求，都应把为人民服务作为其职业活动的出发点和归宿，指导和规范人们的职业行为。

第四，为人民服务体现了一种新的劳动态度，是履行职责的精神动力。为人民服务把"主观为自己，客观为他人"的旧职业道德提高到了一种新的职业道德境界，变"客观为他人"为"主观为他人"，从而把人的发展与事业的发展、人生价值实现的目的与手段、爱祖国爱人民与个人自爱自强在职业岗位上统一起来。

在社会主义初级阶段，对于不同利益群体和不同觉悟程度的人们，为人民服务的具体要求是不完全一样的。毫不利己、专门利人、无私奉献是为人民服务；顾全大局、先公后私、爱岗敬业、办事公道是为人民服务；同事之间、上下级之间互相关心、互相爱护、互相帮助是为人民服务；热心公益、助人为乐、见义勇为、扶贫济困、帮残助残是为人民服务；遵纪守法、诚实劳动并获取正当的个人利益，同样是为人民服务。事实证明，在我们的社会中，不论从事何种职业、处于何种岗位，也不论能力大小、职务高低，每个人都能够通过不同形式实践为人民服务的道德要求。

集体主义是社会主义职业道德的基本原则。它是正确处理国家、集体、个人关系的最根本的准则，也是衡量个人行为和品质的基本标准。那么，我们应该怎样理解这个原则呢？

第一，集体主义强调集体利益和个人利益的辩证统一。在社会主义国家中，国家利益、社会利益体现着个人根本的长远的利益，是集体所有成员共同利益的统一。同时，每个人的正当利益，又都是集体利益不可分割的组成部分。在现实生活中，集体利益和个人利益是相辅相成的。

第二，集体主义强调重视和保障个人的正当利益。所谓个人利益是在正常情况下个人生活、工作所必需的物质精神文化要求。社会主义集体主义促进和保障个人正当利益的实现，使个人的才能、价值得到充分的发挥。这不但与集体主义不矛盾，而且正是集体主义思想的应有之义。

第三，集体主义强调当个人利益与集体利益发生矛盾时，人们必须坚持集体利益高于个人利益的原则，即个人应当以大局为重，使个人利益服从集体利益，在必要时，为集体利益作出牺牲。社会主义集体主义之所以强调个人利益要服从集体利益，归根到底，既是为了维护集体的共同利益，也是为了维护个人的根本利益。

【知识检测】

一、选择题

1."道德"一词主要是指人们的（　　）以及与之相联系的品性。

A. 道德规范　　　B. 行为规范　　　C. 操作规范　　　D. 社会规范

2. 职业在社会生活中，主要体现出（　　）三方面要素。

A. 职业行为、职业权利、职业利益

B. 职业职责、职业道德、职业利益

C. 职业职责、职业权利、职业内容

D. 职业职责、职业权利、职业利益

3. 职业道德不仅是从业人员在职业活动中的行为标准和要求，而且是本行业对社会所承担的（　　）和义务。

A. 道德责任　　　B. 产品质量　　　C. 社会责任　　　D. 服务责任

二、简答题

1. 什么是职业道德？职业道德有哪些特征？
2. 为什么说为人民服务是社会主义职业道德的核心？
3. 如何理解集体主义原则？

任务二　对铁路职业道德内涵和特点的分析

【任务目标】

知识目标：熟知铁路职业道德的内涵、宗旨和原则。

能力目标：熟知铁路职业道德的基本规则。

【任务内容】

一、铁路职业道德的内涵与特点

铁路职业道德是社会主义社会对铁路提出的行业道德要求，是铁路职工在铁路运输生产活动和与此有关的工中应遵守的行为规范的总和。

对于铁路职业道德，我们应从以下几个方面来理解：

首先，铁路运输部门是整个铁路系统中最重要的部分，是铁路与社会各经济部门直接发生关系，并为国民经济和人民生活提供服务的部门。它的职业特点最集中地反映了铁路行业的特征，其职业道德规范最集中地体现了铁路职业的基本要求。

其次，铁路职业道德是社会主义道德规范在铁路领域中的具体体现。铁路职业道德是社会主义道德规范体系的重要组成部分。社会主义道德规范体系对铁路职业道德具有指导和统帅作用。铁路职业道德与社会主义道德是一致的。比如，为人民服务是社会主义职业道德建设的核心，体现在铁路职业道德上就是"人民铁路为人民"这一根本宗旨，并要求铁路职工把尊客爱货等作为自己的行为规范。

第三，铁路职业道德作为一种行为规范，调整着铁路各方面的关系。铁路职业道德具有特定的原则和具体岗位的道德要求，用以调节铁路职工在职业活动中的行为以及所遇到的各种利益关系。一方面调节着铁路行业内部的各种利益关系，另一方面铁路职业道德也调节着铁路与国家以及其他行业之间，铁路职工与旅客、货主之间的利益关系。因此，铁路职业道德是调整铁路职工个人利益、职业集团利益和社会整体利益的重要手段。

铁路企业的组织结构和铁路运输生产活动的特点，决定了铁路职业道德具有以下特点：

第一，铁路职业道德既包含有服务行业活动的要求，又包含有工业企业所特有的要求。铁路是在流通领域进行生产，通过运输活动将货主的各种货物，或是将千千万万旅客从出发点运送到目的地。2004年和2005年铁路完成货物发送量分别为2 496亿吨和2 686亿吨，其中大部分是国家经济建设和社会发展急需的物资。这组数据告诉我们，铁路是大众化的交通运输工具，铁路的产品就是为货主的货物或旅客实现"位移"。铁路就是要在这种"位移"中保证货主的货物或旅行的旅客安全、快捷、舒适地到达目的地。因此，就要像服务部门一样，把尊客爱货、优质服务等作为铁路职业道德中最起码的职业道德规范。同时，铁路行业又具有工业企业的特征，工业企业的一些职业道德规范也适用于铁路。如讲究质量、注重信誉，也是铁路部门的基本职业道德要求。因此，铁路职业道德是一个包括铁路所有部门和工种职业道德的内涵丰富的体系。

第二，铁路职业道德与铁路职业纪律密不可分。铁路运输的活动特点决定了它必须以铁的纪律和严格的规章制度来维护正常的生产秩序。铁路的职业纪律，往往是通过规章、守则、条例、制度等形式表现出来，具有强制性的特点。而铁路职业纪律的许多要求同时也是铁路职业道德的要求，如遵章守纪、安全生产等。因此，遵守铁路职业纪律本身就是一种职业道德行为，而良好的职业道德又反过来促进铁路职工遵守铁路职业纪律。

第三，铁路职业道德的影响非常广泛。我国的铁路纵横全国，南来北往的旅客和货主直接与铁路部门打交道。铁路同社会有着广泛的联系，是社会关注的焦点。应该说，世界铁路发展至今，还没有哪个时期、哪个国家的铁路职业道德像中国一样，受到社会如此广泛的关注。对内，铁路职业道德直接关系到能否形成良好的路风；对外，铁路职业道德直接影响到整个社会的精神风貌。所以，我们应当十分重视铁路职业道德的这个特点，积极树立铁路职工的高尚职业道德风貌，促进社会主义精神文明的建设。

铁路职业道德往往以规章、制度、守则、公约、操作规程等形式表现出来，简明、规范、通俗、具体。铁路职业道德采用这些表现形式，一是具体明确，便于铁路职工在职业活动中遵照执行；二是能使铁路职业道德规范落到实处；三是有利于铁路职工养成良好的职业道德习惯；四是有利于监督和检查工作。总之，铁路职业道德的表现形式是非常特殊的，它既是道德的要求，也是纪律的要求，同时也是法律的要求。

二、铁路职业道德的宗旨和原则

"人民铁路为人民"是新中国铁路的光荣传统，是人民铁路的一贯宗旨和基本原则。

改革开放前，当时铁路对"人民铁路为人民"宗旨的理解，主要在于多拉快跑，当好先行，在于安全生产，畅通无阻。十一届三中全会后，为了更好地满足人民生活和国民经济顺利发展的需要，铁路开始进行全面治理整顿。在铁路职业道德建设方面，为了树立"人民铁路为人民"的良好路风，防止"两野两乱"、以车谋私、以票谋私等不良现象，着重把尊客爱货、优质服务作为企业整顿的重要内容。在1982年提出了"安全正点、尊客爱货、优质服务"。1995年铁道部提出了以"人民铁路为人民"为基本原则，以"尊客爱货、热情周到，遵章守纪、保证安全，团结协作、顾全大局，注重质量、讲究信誉，艰苦奋斗、勇于奉献，廉洁自律、秉公办事，爱路护路、尽职尽责，率先垂范、当好公仆"为基本规范的人民铁路职业道德规范体系，使铁路职业道德进一步规范化、系统化。进入21世纪，铁路职工为"人民铁路为人民"增添了更加丰富的内涵。党的十六大以来，中国铁路发生了深刻而巨大的变化，铁路运输生产力水平实现了大的跨越，铁路对经济社会发展的保障水平明显提高，铁路管理体制创新取得重大进展，铁路经济实力和自我发展能力有较大增强，向着又好又快发展迈出了重要步伐。但是，铁路运输服务水平距人民群众日益增长的物质文化要求还有相当大的差距。因此，在全面推进和谐铁路建设，加快铁路技术创新、体制创新、管理创新的新形势下，我们依然要坚持"人民铁路为人民"的宗旨和基本原则。

首先，"人民铁路为人民"是铁路职业道德的总纲和精髓。

"人民铁路为人民"的宗旨，在铁路职业道德体系中处于核心的地位。"人民铁路为人民"，以最概括、最精炼的形式表达了铁路部门的职业道德要求，它是铁路不同部门道德行为的总方向，也是铁路职工在职业活动中所应遵守的基本行为准则。"人民铁路为人民"集中回答了如何处理铁路运输生产过程中所涉及的各种利益关系，通过这个口号，我们可以深刻认识到铁路职业工作的本质是什么。铁路职业道德的各个基本规范，如爱路护路、尽职尽责，尊客爱货、热情周到，遵章守纪、保证安全等，都是"人民铁路为人民"这一宗旨和基本原则的具体化和职业化。所以说，铁路职业道德以"人民铁路为人民"为总纲，由人民铁路职业道德规范体系和各个部门职业道德的具体规范共同构成。

其次，"人民铁路为人民"是统一协调铁路经济效益和社会效益的根本原则。

"人民铁路为人民"是在社会主义道德原则指导下，根据铁路职业工作的特点提炼出来的。铁路是我们国家的重要的基础设施之一，是社会经济发展的大动脉，是大众化的交通运输工具，具有基础性、公益性和商业性等特点。在铁路生产活动中，必然会涉及国家利益、社会利益、铁路企业利益和职工个人利益。这些利益关系会不断发生矛盾，而解决这些矛盾就要用到社会主义道德原则，要求铁路职工在运输生产活动中，始终坚持"人民铁路为人民"的根本原则，坚持铁路利益服从国家利益，局部利益服从全局利益，个人利益服从集体利益，促进各种利益共同发展。铁路职工在自己的职业劳动中，应自觉按照"人民铁路为人民"的这一宗旨和原则来要求和规范自己的职业行为。

第三，"人民铁路为人民"是铁路职工职业道德实践的行动指南。

在社会主义条件下，人与人之间是一种平等互助的合作关系，铁路部门和其他生产单位之间也是一种平等互助的协作关系。这种关系反映到铁路生产过程中，必然要求全体铁路职工在其职业活动中，严格贯彻"人民铁路为人民"的宗旨，自觉地把"人民铁路为人民"作为铁路一切职业活动的出发点和归宿，作为铁路职业工作的思想基础；要求我们每个铁路职工始终坚持以"人民铁路为人民"的宗旨来要求和规范自己的职业行为，全心全意地为旅客和货主服务，为社会服务。

三、铁路职业道德基本规范

（一）尊客爱货，热情周到

尊客爱货指的是铁路职工对自身服务对象的态度和道德情感。也就是说，铁路职工应坚持"人民铁路为人民"的宗旨，树立全心全意为人民服务的观念，自觉履行职业责任，时时注意尊重旅客货主的意志和愿望，处处关心和维护旅客货主的利益，及时为旅客货主排忧解难，通过主动积极的服务，让旅客货主切实感受到铁路职工对人民、对社会的满腔热情和责任感。

热情周到指的是铁路运输服务的优质程度及所要达到的效果。它要求铁路职工在从事职业活动时，要通过端庄整洁的仪表，文明礼貌的语言，娴熟完美的技能，细致周到的服务，达到"以人为本，以客为尊"的服务目标和职业道德境界。

尊客爱货、热情周到是铁路行业服务性的客观要求，是铁路职业活动的内在需要，是铁路职工在长期的实践活动中并结合时代的特点形成的职业行为准则。它集中地反映了铁路行业服务态度和服务质量的具体要求，直接体现了"人民铁路为人民"的宗旨，是铁路大企业在市场竞争中以质取胜的可靠保证。

（二）遵章守纪，保证安全

遵章守纪指的是铁路职工在从事各自的职业活动中，始终按照明文规定的各种行为规则，一丝不苟地完成生产作业的行为。它包括遵章和守纪两层意思。

保证安全指的是在铁路这部大联动机里，运输生产各部门、各环节要始终处于有序可控、基本稳定的状态。对于铁路运输来讲，保证安全主要是指保证行为安全，防止出现各种行车重大事故，尤其是注意避免旅客列车重大事故的发生。因为，安全是铁路运输的永恒主题，是铁路的生命线，确保安全是每个铁路职工的首要职责。确保行车安全是确保铁路运输安全最重要、最核心的部分。

（三）团结协作，顾全大局

团结协作是指在铁路职业工作中，为了实现共同的利益和目标，各部门、各工种、各职工之间应该互相尊重、互相支持、团结互助、共同发展。团结协作的具体含义有两点。一是立足本职，做好本职，只有每个岗位、每道工序的工作质量和安全保证了、工作任务完成好了，铁路运输的生产任务才能完成，运输安全才能实现；一个环节出事故，相关岗位、部门的工作都付诸东流。从这个意义上说，做好本职，亦是顾全大局，履行职责，也是一种协作。二是主动配合，良性沟通，相互支持，互相连锁，为上下左右的工作创造条件，为其他岗位、工序、部门的安全提供方便、打好基础。铁路运输生产涉及的部门众多，工种繁杂，但若干部门、工种的工作，围绕的是共同的运输目标，彼此分工不分家，是协同作战的兄弟，所以，支持他人，做好"分外事"，换个角度看，也是"分内事"。

顾全大局是指在铁路职业活动中，应把国家利益和个人利益、集体利益统一起来，从全局利益出发，立足本职。主动协作，共同完成铁路运输生产任务。

（四）注重质量，讲究信誉

注重质量、讲究信誉是铁路职工在职业活动中必须共同遵守的一条基本行为准则。

质量，通常是指产品、工作或服务的优劣程度。信誉是信用和名誉在职业活动中的统一。每一种职业活动都存在质量和信誉问题。注重质量、讲究信誉就是指在职业工作中，把提供优质服务和生产高质量的产品，维护企业信誉作为自己最重要的工作目标的作风和行为。

注重质量、讲究信誉是对国家、对人民负责的表现。在铁路运输生产过程中，整个铁路就像一架巨大的联动机，各铁路局、各站段、各工种成千上万人的作业必须互相衔接、紧密配合、准时有序地进行，才能顺利地完成铁路运输任务。

（五）艰苦奋斗，勇于奉献

所谓艰苦奋斗，就是一种不怕艰难困苦，奋发图强，艰苦创业，为国家和人民的利益乐于奉献的英勇顽强的斗争精神。从本质上说，是一种不畏艰难、顽强拼搏、开拓进取、勇于献身的革命精神，是一种崇俭、求真、务实的人生态度。也是一种着眼于开拓进取的有理性的自觉原则。

所谓勇于奉献，就是要求作业人员在自己的工作岗位上树立奉献社会的职业精神，并通过兢兢业业的工作，自觉为社会和他人作贡献。这是一种无私忘我的精神，是职业道德的出发点和归宿，是每个从业者职业道德修养的最终目标。

（六）廉洁自律，秉公办事

在人们的观念中，廉洁自律、秉公办事历来是和清官的德行相联系的，即使在今天，人们也往往把廉洁自律、秉公办事看作是对领导干部的道德要求。其实，廉洁自律、秉公办事不仅仅是领导干部的职业道德，也是铁路职工应该自觉遵循的一种职业行为规范。

廉洁自律，指的是铁路职工应严格按照有关规章制度行使职业权力，纪律严明，主动为旅客货主提供优质服务，自觉保护旅客、货主和铁路的利益，杜绝以职谋私。

秉公办事，主要是要求铁路工作人员在职业活动中应做到公平、公正，不谋私利，不徇私情，不以权损公，不以私害民，不假公济私。

廉洁自律、秉公办事是铁路职工正确处理职业权力与个人关系的行为准则，是铁路职工对企业和国家应尽的道德义务。

（七）爱路护路，尽职尽责

爱路护路是指铁路职工要热爱铁路事业，热爱本职工作，爱护和保卫铁路的一切设施，维护铁路治安和运输生产的正常秩序，同一切扰乱铁路治安和运输生产的正常秩序，盗窃、损害和破坏铁路设施的不法分子和行为作斗争。

尽职尽责就是要求铁路职工用一种严肃的态度对待自己的工作，勤勤恳恳、兢兢业业，忠于职守，忠实地履行岗位职责。

俗话说："干一行，爱一行。"热爱本职工作是对人们工作态度的一种普遍要求。对铁路职工来讲，就是要热爱本职岗位，热爱铁路事业。

（八）率先垂范，当好公仆

率先垂范、当好公仆，集中体现了铁路企业干部的职业道德的特点。率先，是相对职业群众而言的。率先垂范、当好公仆就是要求铁路企业的干部在职业活动中，必须站在时代的前列，事事、处处起表率作用，当好人民的勤务员，全心全意为人民服务，成为铁路职业道德的积极倡导者和模范实践者。它包括忠于职守、勇于进取、求真务实、作风民主、公正廉洁、以身作则等内容。

【知识检测】

简答题

1. 为什么说"人民铁路为人民"是铁路职业道德的宗旨和原则？
2. 加强铁路职业道德对个人有什么意义？
3. 为什么说铁路职业道德是和谐铁路建设的重要保证？

参考文献

[1] 铁路职工岗位培训教材编审委员会. 电力机车司机[M]. 北京：中国铁道出版社，2012.
[2] 铁道部人才服务中心. 电力机车司机[M]. 北京：中国铁道出版社，2009.
[3] 张曙光. HXD_1型电力机车[M]. 北京：中国铁道出版社，2009.
[4] 中华人民共和国铁道部. 铁路技术管理规程[M]. 10版. 北京：中国铁道出版社，2006.
[5] 杨瑞柱，张龙. 电力机车运用与规章[M]. 北京：中国铁道出版社，2010.
[6] 李益民. 电力机车制动机[M]. 北京：中国铁道出版社，2008.
[7] 那利和. 电力机车制动机[M]. 北京：中国铁道出版社，2002.
[8] 廖锦春. 机车车辆制动装置[M]. 北京：中国铁道出版社，2008.
[9] 张曙光. HXD_3型电力机车[M]. 北京：中国铁道出版社，2009.